# The Empire
# of
# Civilization

〔澳〕
**布雷特·鲍登** /著
**Brett Bowden**

杜富祥　季澄　王程 /译

# 文明的帝国

帝 / 国 / 观 / 念 / 的 / 演 / 化

The Evolution
of an
Imperial Idea

社会科学文献出版社
SOCIAL SCIENCES ACADEMIC PRESS (CHINA)

纪念我的奶奶帕尔·鲍登（Pearl Bowden, 1906 – 2007）
一位最杰出、最鼓舞人心的女人

# 序言和致谢

撰写本书是受到一篇有关需要制定文明新标准文章的触动。这篇文章出于好意，为全世界人类状况勾勒出一系列可知利益，但几乎未能顾及这一连串行动中可能出现的负面因素。鉴于文明话语涉及很多既定理论，这一疏忽和相关提议令人尤为不安。此文发表后不久"9·11"事件爆发，全球反恐战争随后发起。时任美国总统乔治·W. 布什认为这是"为文明而战"。这一界定甚至更加令人担忧。不只是因为文明话语有着诸多过时的观念，而且因为通常所有遵循文明话语的行为绝不是文明的。这两个并不是不相关的发展，一个源自学术界及相关理念，另一个则直接出自全球政治的"现实世界"。这让我想起阿尔贝·加缪在《鼠疫》一书中的警告："人世间的罪恶总是由愚昧无知造成，若缺乏理解，好心好意亦能造成和恶意同等的危害。"鉴于此，本书关乎增进理解，更好地理解文明话语以及倾向于遵循文明话语的行为。在某种程度上，本书也关乎加深自我理解。

为寻求理解，本书涵盖了一系列广泛、时空跨度极大、相互关联的思想和事件，从 11 世纪十字军东征到发现新大陆，再到全球反恐战争。约翰·哥特弗雷德·赫尔德有一句至理名言——现在充溢着过去，本书小心谨慎地探寻这条漫长曲折甚至有时变化莫测的路径。为了能够更好地厘清当下，我们必须充分了解历史。这反过来给予我们一种希望，即更好地为未来可能出现的前景做好准备。2008 年 2 月 13 日（周三），新当选的澳大利亚总理陆克文代表议会和政府就过去将世居民族的儿童（即"被偷走的一代"）带离其父母身边的行为向澳大利亚世居民族正式道歉。我当天深切感受到过去与现在的相关性以及未来的前景。此类政策和实践在很大程度上受到本书所述关于文明的想法的指引。

在加深自身对现世运转之道的理解并努力通过本书传递给更多读者的过程中，我有幸从多人的智慧和慷慨之举中获益。首先，我要感谢巴里·辛德斯。他从一开始就充分深入参与了该项目。除了他广博的知识、探究问题的精神以及睿智的建议，我们之间的友谊也令我心存感激。帕尔·阿鲁瓦利亚、大卫·阿米蒂奇、约翰·霍布森、保罗·基尔、伦纳德·西布鲁克、安德鲁·舒勒通篇阅读了本书的早期手稿。他们深思熟虑的评论和富有洞察力的建议帮助本书趋于完善。我对此深表感谢。我还要向阿里·阿斯兰、玛丽亚·巴奇、布鲁斯·巴肯、费德里科·达尔潘、克里斯·霍布森、辛迪·奥哈根、蒂姆·卢瑟、迈克尔·斯齐亚文、尼古拉斯·惠勒表达谢意。他们参与了本书诸多章节的工作，或者与我进行了相关交流，或者两者兼而有之。他们提供了很多大有裨益的建议。我还必须对澳大利亚国立大学社会科学研究院政治科学项目和监管机构网络、昆士兰大学欧洲语史中心、澳大利亚新南威尔士大学国防学院人文与社会科学系等诸多机构所发挥的重要作用表示感谢。它们为本书的研究和撰写工作提供了必要的空间、资源和学术环境。

　　我要向安德鲁·舒勒深表谢意。尽管他说自己即将退休，但仍慷慨地付出时间和精力帮我寻得合适的出版公司。在出版事宜确定后，美国芝加哥大学出版社的大卫·珀文与我共事时一直展现出极高的专业造诣。我要谢谢他在本书出版过程中的奉献、睿智的建议以及持续的帮助。非常感谢帮助本书出版的芝加哥大学出版社的每一名成员。我还要感谢那些全面深入参与本书的匿名评审。他们给予我一系列有益的意见和建设性的评论，使本书愈加完善。

　　从更为私人的层面而言，我对以各种令人愉快和惊喜的方式所体现出来的支持和友谊感激不尽。正是这些使此书的筹备有了更加愉悦的经验分享。我想衷心感谢简·莫里森及其家人、莎拉·朗瓦、金·斯蒂芬、艾米丽·特鲁多等远方的朋友。我也有幸结交了维多利亚·比克福德、莎伦·希克斯、布兰登·麦金利等一些离我家较近的好友。我特别要对雅各布·拉姆齐的友谊和与其愉快的交流表示感谢。愿我们的友谊天长地久。

　　没有我的父母艾伦、米丽娅姆·鲍登无尽的鼓励和慷慨的支持，出版此书以及更多的事情是不可能实现的。我永远也不可能完全报答他们的付出。谢谢爸妈！最后，我很幸运地拥有一位体贴入微、通情达理的伴侣——格尔达·鲁维恩克。我们共同分享这一过程的高潮与低谷。她也向我分享自己的心路历程，这令我非常感激。格尔达，谢谢你不断给予我无限的鼓励和支持，虽未总是公开表示，但我确实万分感激。

对于所有人和集体给予的慷慨支持，我深表感谢。没有你们的大力支持，这本书很可能举步维艰。当然，本书若存在任何错误之处，皆由我个人所为，或我的不足或固执所致。

# 拼写说明

在本书所引用文本中，"文明"一词的拼写有"civilization"或"civilisation"两种变化形式，这让我在写作过程中产生不少焦虑。当不直接引用文本时，我通常参照《牛津英语大词典》，使用"civilization"一词，即它最初使用的拼写，而"civilisation"则作为一种备选。此指导原则亦有例外，在第二章关于"文明"一词的法语起源和对文明概念的讨论中，我发现法语拼写本身就具有某种词源意义。当直接引用文本时，我遵循一字不差、忠实原文的做法。事实上，我所引用的不少文本都使用了这两种拼写，这应该可以解释任何明显的前后矛盾之处。

# 目　录

# 第一章

## 引言：基佐难题——世界文明？

文明既构成威胁又面临威胁，这只是近些年来越来越有紧迫感的诸多矛盾主题中的两种而已。在对立的冲突中，文明既是威胁亦受到威胁，既施加迫害又遭到迫害。

——瑞士思想史家让·斯塔罗宾斯基：《因祸得福——道德之恶》

Jean Starobinski, *Blessings in Disguise*; *or*, *The Morality of Evil*

## 基佐难题

19 世纪早期，著名的法国历史学家弗朗索瓦·基佐（François Guizot）发问："这是不是一个普遍的事实：是否存在人类物种的普遍文明、一种人类整体的命运；民族是否世世代代传承着一些从未消逝的事物，这些事物日积月累、越聚越多，从而延续到时间的尽头？"随即他回答道："对我而言，我相信在现实中人类存在某种普遍的命运、某种整体文明的传播，因此可以撰写一部文明通史。"[1]

本质上，本书旨在探讨当下撰写文明通史的尝试以及由此产生的影响，或者说本书考察在全球各地向人们灌输"文明"的共同努力，不妨称之为"文明帝国的扩张"。这是一个关于精心编写普遍目的论历史的故事及其在历史长河中的时间和地理方位对某些民族的归类和态度所产生的影响。从事此项课题，跨学科的研究必不可少，涵盖社会科学和人文学科的诸多领域，包括人类学和民族学、政治理论和政治思想史、历史哲学、国际政治、国际法以及世界历史。

与基佐的观点类似，美国知名评论员、学者罗伯特·赖特（Robert Wright）最近指出，人们越是仔细审视"生物进化的趋势，尤其是人类历史发展方向，这一切似乎就越有意义"。此外，他指出，对文化演进的研究使我们能够解释和"明确从生命起源的'原始汤'到万维网的生命历史走向"。基于这些颇为大胆的看法，赖特进一步指出："全球化……并非在电报或轮船甚至文字或轮子发明之后才出现，而是自生命创造以来就存在。"[2]

我的研究目标没有那么远大，考察研究的范围与赖特相比可谓相形见绌。"原始汤"以及随后130多亿年的大部分历史无法考证，任何对其进行合理解释的尝试亦然，但是它们之间存在细微的关联。基佐、赖特与历史上其他思想家和编年史家将进化逻辑视为自然而然、不可避免的事件转变，我认为这种逻辑是行不通的。相反，本书概述了人们长期以来如何通力合作不断将某种特殊意识形态理论强加给历史进程。通过对人类近代史的研究，本书试图解释当代的某些趋势和正在发生的事

件背后的逻辑。换言之，我认为某些力量在世界政治舞台上正
努力让我们的世界在短期内和未来具有目的明确的"方向
性"——至少在政治、经济、法律、社会、文化组织方面有
所体现。简而言之，本书详细描述了在国际社会体系内部和基
于国际社会体系行事的主要力量如何构想未来国际社会形态的
清晰愿景以及为实现愿景采取的措施。也就是说，国际社会上
的主流设计师们仍受到启蒙运动中的进步概念和人类朝着现代
性方向前进的普遍线性进步观的影响。这种现代性外化为自由
主义民主、市场资本主义和世界主义的形式。为此，本书不仅
涉及从事国际事务的实务界，而且涉及那些推动构建过程理论
化和合理化、如同"密涅瓦的猫头鹰"一样的文士。

这仍然是一个相当庞大和雄心勃勃的工程，但这不是不进
行研究的充分理由；它只是让一切变得更有趣、更耐人寻味、
更富有挑战性，最终变得更有必要。之所以有必要，是因为人
们很少将此处探讨的塑造世界的思想和事件作为一个更宏大过
程的片段来考虑或研究。有些作为独立的概念或事件来研究，
有些则基本上被忽略了。人们偶尔会在两个或两个以上思想或
事件之间建立关联，但很少将其整合在一起，形成一个连贯而
全面的理论，以解释世界政治和历史的进程。[3]在此方面，我在
一定程度上以塞缪尔·亨廷顿（Samuel Huntington）为榜样
（尽管多年来我对他的诸多立场有颇多疑虑）。他在《士兵与
国家》（*The Soldier and the State*）的序言中提出了一些中肯的
观点。大约在 50 年前，亨廷顿提出："理解需要理论，理论需
要抽象，抽象则需要对现实进行简化和排序"，但"任何理论
都不能解释所有的事实"。他指出："现实世界是一个混杂、

不合理、不协调的世界，即真实的人格、制度和信仰不属于纯粹的逻辑范畴。"然而，如果我们对所生活的世界进行"有益的思考"，并"从中吸取教训，以求更广泛地运用和利用"，那么确实需要纯粹的逻辑范畴。亨廷顿由此得出结论：我们"不得不将一些并非完全根据人类理性法则运作的现象通则化。衡量一种理论的标准是它包含和解释所有相关事实的程度。另一个衡量标准，也更为重要的标准，则是这一理论能够在多大程度上比其他任何理论更好地涵盖和解释这些事实"。[4]本书将试图解释一系列跨越广阔时空的思想和事件，虽然不太可能让所有读者满意，但我相信，对这些事件的诠释与其他理论一样有效或者能够解释理论缺失的原因。

近年来，有两种宏大理论的尝试引人遐想，分别是弗朗西斯·福山（Francis Fukuyama）的《历史的终结及最后之人》（*The End of History and the Last Man*）和亨廷顿的《文明的冲突与世界秩序的重建》（*The Clash of Civilizations and The Remaking of World Order*）。[5]这两部著作都有自己的崇拜者和批评者，并且皆称是对世界政治前景的预判。如果有人是其中一书的"粉丝"或者折服于其中一书所述之情景，那么很可能彼此间持怀疑态度或质疑对方，因为人们通常认为这两部作品对世界政治前景的描述相互矛盾，可谓水火不容。本书不会详细讨论这两部著作，原因是它们为许多人所熟知，并且已经在众多论坛上被反复地讨论、剖析和分解。因此，不要误以为这两本书无关紧要或过时。特别是自 2001 年 9 月 11 日以来，在动荡不安的世界秩序中，这两本书仍在世界政治的理论和实践研讨中以及有影响力的政策圈中占据重要地位。虽然我在此对这两本书及其表达的理论都没有做深入探讨，但它们各自的主题都与本书诸多内容密切相关。需要指出的是，二者关于世界政治的理论未必相互矛盾，相反，可视它们为一枚硬币的两面。换言之，对其中一种愿景的追求可能会引发另一种愿景的出现；企图在全球范围内推行福山的自由民主蓝图几乎必然会导致西方文明与被强加该蓝图的民族之间的对抗。同时，如果不同文明之间（可能是"西方文明与其他文明"之间[6]）出于这样或那样的原因发生对抗和战争，那么胜利者很可能将其意志、价值观、制度和体制强加给被征服者。虽然对于本书的总体目标和论点而言，读者并不一定要被这种观点所说服，但读者在接下来的章节中会看到对福山和亨廷顿两人论点及其相互关系的解读。福山和亨廷顿的理论，以及为了对比或表明其关系而将这两种理论并置，也有可能完全偏离现实，因为更准确地描述未来世界政治前景的理论仍在酝酿。

我起初将本书副标题暂定为"统一而非普遍的"（Uniform, Not Universal）。这一想法来自亨廷顿的另一套说法，即西方及其价值观和体制是"独特而非普遍的"。他最初在《外交事务》（*Foreign Affairs*）中提出了这一论点，在《文明的冲突》（*Clash of Civilizations*）中又予以重申。[7]这一论点从两方面切入：世界其他地方同样独特，由诸多文化和生活方式以及重要的社会组织方式构成，涵盖政治、经济、法律体系、社区和家庭等领域。统一而非普遍的观点强调，任何致力于编写一部世界文明史的努力都将推动创建一个基于理想类型或模型、由高度统一的国家组成的国际社会。虽然欧洲帝国主义列强一度被奉为榜样，但如今已由现代自由民主的西方国家取而代之——

毫不遮丑地——鼓励其他所有国家和社会效仿自己。正如理查德·施韦德尔（Richard Shweder）所述，目前，"定义进步的黄金标准（要是含蓄些多好）通常是美国——我们的财富和自由企业、我们的民主政体、我们对工作的奉献精神，以及我们对性别、性、婚姻和家庭的看法"。[8]这种新帝国主义运动的结果并未产生一个合作、和平、受各国文化影响的世界，反而使文化多元主义被进一步侵蚀、文明间紧张关系日益加剧。换言之，现在受到推崇的是一个统一而非普遍的文明帝国[9]，其结果是必然出现对这种强加行为的抵制——全世界越来越多地见证着这一点。

## 思想的力量

为说明本书涉及的跨越时空、相互关联的事件范围，我将一系列思想或概念作为一般论据的组成部分。在任何一个给定点，一种或多种思想或概念要么贯穿其核心，要么非常接近其表面。并非巧合的是，这些概念是长期存在的思想，出于种种原因，在学术界和大众中已经落伍了一两代之久。然而，苏联式共产主义的崩溃、国际恐怖主义威胁的抬头等戏剧性事件，又赋予了它们新的生命，接二连三地把它们带回舞台中央。这些思想或概念在推动历史车轮沿着人类进步和文明的普遍历史之路"前进"时都扮演着各自的角色。

思想的力量不可低估——思想至关重要，无论是"好"思想还是"坏"思想。[10]约翰·梅纳德·凯恩斯（John Maynard Keynes）提出："经济学家和政治哲学家的思想，不论是对的时候还是错的时候，其影响都比一般想象的大。"这一论断可谓切中要害。他补充道：

> 的确，世界就是由它们统治的。讲究实际的人自认为能不受任何学理的影响，可是他们经常是某个已故经济学家的俘虏。在空中听取灵感的当权的狂人，他们的狂乱想法不过是从若干年前学术界拙劣作家的作品中提炼出来的。我确信，与观念的逐渐侵蚀相比，既得利益的力量被过分夸大了。诚然，这并非就即刻产生的影响而言，而是指一段时间以后，因为在经济学和政治哲学领域中，25 岁或 30 岁以后还受新理论影响的人为数不多，公职人员、政客甚至煽动者应用的思想不大可能是最新的。但是，无论早晚，不论好坏，危险的东西并非既得利益，而是思想。[11]

不论是与马列主义有关的思想，还是与打着殖民主义旗号的自由主义扩张有关的思想，"学术界拙劣作家"的思想和思考所产生的影响远超出纯粹的抽象理论或象牙塔的范畴——它们对行动和结果有非常真实的影响。

在本书探讨的新近复兴的概念中，最重要的莫过于文明（civilization）的思想和概念。文明的概念是一个长期存在的主题，它以这样或那样的方式几乎影响着本书所论述议题的方方面面。本书本质上可谓文明的系谱，是对跨越时空的思想和概念之传播和运用的解释。它关乎观念的力量和持久性——文明概念的力量、文明及其相关和对立观念的力量。这些思想被用来或被操纵来解释、证明塑造历史进程的那些决策和行动的合理性。文明概念的意义源于这一事实，即它与其他复兴的概念有着内在联系，更准确地说，它是这些概念产生的根源——这在一定程度上解释了它们几乎同时复兴的原因。

第二个概念是进步（progress）概念。进步概念的某些版本已经伴随我们几个世纪了，但这个最近复兴的概念将进步的一般原则向前推进了一步。将其命题为"历史的终结"更适合，其基本论点是，人类历史有一个目标，即历史是一个朝着某个点或终点以线性方式前进的故事。第三个重新浮现的概念是可将世界划分并归类为不同文明程度的国家和社会，即当代世界实际上仍然由"文明"和"未开化"的社会组成。与此概念密切相关的是，不管是以含蓄还是直接的方式，越来越多的人要求在国际社会重振和实行 21 世纪的"文明标准"。最后，正如历史所预言，在不断地推动文明新标准的同时，人们同样大声呼吁"新帝国主义"的回归，以应对当今"未开化"国家和社会构成的威胁。对此，纳伊姆·伊纳亚图拉（Naeem Inayatullah）和大卫·布莱尼（David Blaney）尖锐地指出，表面上"分裂、分离或统一、同质化的竞争冲动似乎是相辅相成的"。[12] 另一种解释这些相互关联的思想和概念复兴的方法便是把文明的概念以及最终朝向普遍文明的进步看作一种终极目标，而文明的标准和伴随而来的帝国文明使命则是实现终极目标的手段。

我将这些思想的重现称为"复兴"。从短期历史来看，这是正确无疑的。然而，从更长远的视角来看，这一现象持续了数个世纪，而非几十年，它更像是一种延续，而非复兴。也就是说，后殖民时代和政治正确的要求更像是历史雷达屏幕上的一个光点（当然这是一个重要的光点），而不是欧洲或西方与非西方关系在性质上的彻底转变。

在探讨思想的力量和概念的政治运用时，本书借鉴了大量西方社会、政治和法律思想的传统，但并不仅限于此。虽然其他思想传统并非不重要，但这类观念和思想史对"狂人"和政治掮客的影响最大，他们为塑造世界历史的里程碑事件和一般进程做出了巨大贡献。在深入研究这一主题（其中一些是所谓的西方思想准则）的过程中，本书采用了一种研究方法，这种方法受到剑桥学派探究思想史和政治思想史方法的影响或者与之联系最为紧密。[13]剑桥学派的考据和分析方法与此类研究尤为相关，因为它较为强调和重视政治思想的语言以及思想与行动之间的关系。紧密相关之处在于这种研究方法重视传记（经验）和语境主义（文本在语境中的研究）。换言之，它认识到，最好是在语境中更广泛地认知文本和经验或行动。更一般地说，剑桥学派的方法"本质上应被视为考古学之法，因为它阐明了人类集体是由哪些概念组织和构成的以及这些认识中出现的一些富有意义的转变"。[14]邓肯·贝尔（Duncan Bell）提出，剑桥学派的方法"可以为国际政治理论家提供诸多东西，特别是它对概念变化史实性的关注，以及它对政治合法性如何被嵌入其中并在任何给定的时间受到一套可用政治词语限制的理解"。肯·布思（Ken Booth）不禁感慨道："关键在于，语言既能反映现实，又能塑造现实，故而国际关系专业的学生比以往更关注语言。"[15]

如本书所示，"文明"便是其中一个词语，是一个既可描述现实又能塑造现实的概念。这就是昆廷·斯金纳（Quentin

Skinner）——公认的剑桥学派方法论先驱——所说的"评价 - 描述性"术语，这种概念"在自然语言中既有评价功能也有描述功能"。[16]此类概念的"特性"在于"它们有一个标准的应用程序来展现两种截然不同的言语行为中的一种，即它们可以用于描述对任何行为或事态的赞扬（表达并请求认可）或谴责（表达并请求反对）"。[17]这在下文将越来越明显，"文明"这一术语的力量相当之大，既可用于赞扬，亦可用来谴责。

语言与行为或者政治思想与政治实践和结果之间的明确关系在斯金纳"语言即行动"的主张中得到体现。[18]他解释道："任何给定文本的语境确实有助于理解，不可否认，其反映了这样一种事实，即对于任何行动的表现（无疑要将陈述作为一种表现加以评价），至少在原则上，总有可能发现一组条件，要么它们使行动（所做之陈述）有所不同或者如果它们不存在可能就不会引发行动，要么它们的存在原本就能预测行动的发生。"斯金纳得出结论："似乎毫无疑问，每种陈述都必须有一些说明性的语境，每个行动事先都有一组因果条件。"

剑桥学派的另一位创始人约翰·波科克（J. G. A. Pocock）对于本书对概念的运用尤其具有指导意义。他曾论及"政治社会中政治语言的功能"，并提出"任何稳定且善于表达的社会都拥有用来讨论其政治事务的概念"。[19]此处的疑义是，文明是这些关键概念之一，但它不仅用于塑造国内政治事务，而且长期以来被用来描述和塑造国际政治事务中的关系。波科克则认为，"思想史学家的任务是研究社会所运用的组织概念的产生和作用"。他承认这项任务绝非易事，因为"思维和经验之间存在差距，但填补这个空白并试图理解其重要意义正是政治思想史学家的要务"。波科克主张，即使知道这一角色存在必要的限制，也没有必要阻止人们从事这项具有挑战性的实践活动。

波科克关于"实践和理论密不可分"的评述与本书的目的和目标尤为相关。有鉴于此，需要强调的是，本书不仅是以解读文明政治思想史的方式开展的思想史上的一次实践，而且将尝试阐释与这段思想史及与之相伴的行动有关的当代决策。思想和结果之间的联系并不总是直截了当或一目了然的。但正如波科克所强调的那样，"否认概念可能是孤立的并在政治中发挥决定性作用，并不意味着否认它们在政治中的任何作用"。也就是说，虽然有时思想和行动之间可能只存在间接的因果联系，但这并不一定意味着思想在制定政策和追求结果方面毫无影响力。

如前所述，将思想置于语境中理解是剑桥学派方法论的重要考量之一。波科克在这方面与斯金纳如出一辙。他指出："诸多（尽管并非全部）政治思想确实是在当前现实语境下形成的。"他还强调："将思想置于其理应属的话语传统中予以解释是很重要的，有两方面的原因。"其一，"我们能够把思想诠释为社会行为，观察意识活动与社会的关系、社会传统及其居民"；其二，"能够识别思想家当时正处理的概念以及他与同僚交流时所使用的语言，从而让思想便于理解，即思想家所言何物、意指何事"。

与此思路相似，第三个剑桥学派重要代表人物约翰·邓恩（John Dunn）声称："对个人过往所持有的概念进行充分的哲

9   学解释与对这些概念进行精准的历史解释之间存在密切的联系；若把历史之特殊性和哲学之微妙性放在一起研究，而不是在研究早期阶段就舍弃其一，则前者更有可能实现。"[20]与斯金纳不谋而合，邓恩指出："人们很少将思想史写成活动史"，他强调思想和行动之间存在内在的紧密联系。邓恩认为，"语言并非……上帝赠给亚当的形式真理之知识宝库，只是人类在努力理解自身经历时所使用的工具"，"交谈和思考"应"被正式视为一种社会活动"。此外，关于语境的重要性，邓恩认为，如果"我们要理解复杂的知识结构中隐含的真假标准，就必须了解生平经历或社会经验的框架，正是它们使这些标准看起来不言自明。将一种论点从其所需满足的真理标准的语境中抽象出来，等于把其转化为另一种截然不同的论点"。就本质而言，邓恩认为，政治思想史至少涉及两个事物："讨论政治世界的现实状态如何、理想状态如何以及在其中采取正确行动的标准为何的一组在过去富有争议的命题；人们阐述这些命题时所参与的一系列活动。"此处关于思想和行动之间联系的关键在于，我们必须牢记约翰·洛克（John Locke）、詹姆斯·穆勒（James Mill）、约翰·斯图尔特·穆勒（John Stuart Mill）等人并不只是思想家，他们也是行动者，在通过殖民事业扩张文明方面发挥了重要作用。

    从本质上讲，剑桥学派的思想史研究方法可概括为"植根于语言在政治合法性的确立、传播和复制中的作用，特别是其聚焦政治道德概念的作用以及这些概念被操纵和嵌入世界政治话语构建的方式"。以文明概念为例，"我们通过文明概念来安排社会和政治生活，反过来又通过文明概念得到有序组织"。[21]但正如贝尔所指出的,单凭剑桥学派的方法"尚不足以回答那些不可避免、永存的难以解释的问题……明智的历史学家应始终对不同的方法论观点和多元化的解读策略持开放的态度"。正因如此,本书采用的方法论也与德国"概念史"(Begriffsgeschichte)的研究方法有一些相似之处。它被描述为"与其说是一种确定的方法,不如说是一种过程"。[22]此过程并不仅仅是语源探索,也不只是为了揭示其含义或留意其概念意义的演变。开启一段概念史,就是"要追溯连接过去和现在的生命与语言线索……目的并非恢复过去,而是记住过往,并沿着这条路径,回到现在"。[23]我们不应将这两种方法论视为水火不容或相互冲突的。正如梅尔文·里克特(Melvin Richter)所言,剑桥学派(尤其是波科克和斯金纳的作品)与"概念史""对于历史上所讨论的政治语言有共同的关注,并且双方都坚持认为,无论是现在还是过去,如果不参考行动者在特定语境中所使用的独特词语,就无法理解政治思想和政治行为"。[24]

斯金纳实际上承认了这两种方法的互补性,并夸奖了莱因哈特·科泽勒克(Reinhart Koselleck)的作品,后者是"概念史"的主要创建者和践行者。[25]斯金纳提出,自己"非但没有任何质疑科泽勒克方法论设想的念头……甚至还尝试撰写一些概念史"。[26]对于我的目的而言,此处更重要的是,斯金纳意识到,"若有兴趣描绘特定规范性词语的兴衰,则必须致力于研究长时段",而这正是本书在探索文明概念及其应用时所开展的那种大规模实践。斯金纳接着指出:"自己的研究项目甚至可能会被视作科泽勒克所探寻的研究项目的一部分,并且更为雄心勃勃"。他补充道:"科泽勒克对概念转变的整个过程都颇感兴趣",而他的主要兴趣点则是"实现的某种方式"。他总结道:"此二者未必不兼容。"

最后,为寻找"连接过去和现在的生活和语言的线索",本书的目标是更好地理解过往,从而更透彻地理解当下,以避免重蹈覆辙。特伦斯·鲍尔(Terence Ball)、詹姆斯·法尔(James Farr)和拉塞尔·L. 汉森(Russell L. Hanson)在涉及思想和行动的作品中写道:"牢记(并认可)我们的过往,可使我们以一种更清晰抑或更具批判性的视角来看待当下。"[27]总的来说,本书并不只是简单地比较过去和现在,也并非得出一种不可持久的结论——仅因过去某些思想或语言的运用导致了某些结果,而认定如果采用类似的思想和语言,现在和将来将不可避免地出现相同的结果。马丁·怀特(Martin Wight)认为国际政治属于"重复和循环的领域",但国际政治实则错综复杂,不能简单地一笔带过。[28]相反,在强调思想的力量、举例说明思想和行动之间的过往关系,尤其在论及文明概念时,本书发出一种警告,即可能会出现与某些概念和语言挑选相关联的结果或后果。斯金纳深刻地指出,历史和对历史的理解之所以重要,倒不是"因为可以从中得到粗制滥造的'教训',而是因为历史本身提供了关于自我认识的教训"。[29]

本书的目标是实现更广泛和更深入的自我认识与理解,以规避鲍尔、法尔和汉森所说的"不足为奇",即一些人"企图采取协调一致的行动,通过改写历史来控制过去(并通过它来控制现在),若未能得逞,就干脆抹掉历史记忆"。他们进一步告诫,"人们游离于现在",与过去"隔绝",从历史中获

得的理解"变得更可操纵、更易受摆布"。此外，如果当下
"我们仍然迷失"和盲目，那么我们将不得不"折回原路"。[30]
至于重新运用这一"评价－描述性"概念——文明（及其对
照物，即蒙昧和野蛮），其潜在后果在当代思想和实践中大多
被忽视，故而本书试着摘下眼罩，点亮一盏明灯。

## 本书结构

本书分为三部分。第一部分是关于思想和概念，为第二部
分和第三部分的论述奠定基础，第二部分、第三部分则是关于
这些思想的运用和影响。第一部分包括第二章至第四章。第二
章概括了文明概念的启蒙渊源及社会政治特征；第三章探讨了
文明概念与进步思想之间的密切关系；第四章则概述了世界文
明史正在走向的既定目标。第五章，即第二部分第一章，旨在
阐述国际法中文明的经典标准，并解释为何它是第一部分所探
讨的思想产生的直接结果。第六章，即第二部分第二章，旨在
解释文明标准是如何与数个世纪以来欧洲在非欧洲世界实施的
"文明开化使命"携手并进，并演变为全面扩张的殖民主义的。 12
第三部分是对第二部分的当代诠释，尽管是在一个更压缩的时
间框架内。第七章概述了最近将世界划分为"文明"和"不文
明"区域的情况，以及何为 20 世纪后期和 21 世纪初期实际的
文明标准。第八章是第三部分的终篇，阐述越来越多的人所呼
吁以新帝国主义思想来处理前一章所述的"文明"和"不文
明"区域而产生的问题。最后一章则概括了本书的主要论点，
强调了所概述事件的一些后果，并提出一些可能的替代方法。

沃尔夫·舍费尔（Wolf Schäfer）指出，在很长一段时间，"社会学家、人类学家和历史学家都学会了规避'文明'一词，并以'文化'为参照来分析一切问题"。事实上，公平地说，整整一代的社会和行为科学家都曾犹豫过要不要将文明概念作为社会分析的工具。更确切地说，"文化'时髦'，文明'过时'"[31]。雷蒙·威廉斯（Raymond Williams）在其备受推崇的《关键词》（*Keywords*）中指出："文化是英语中最为复杂的两三个词之一。"[32]尽管事实很可能如此，但"文明"这一与文化有着密切而复杂关系的词属于此类别的另一个词，这一观点并非全无道理。只要"文明"一词已经过时，这一点对社会科学研究而言就基本上无关紧要；但是它现在又重出江湖，不知是如何回来的。

文明概念之所以如此复杂，原因之一是众多分析领域长期运用"civilization"和它的复数形式。这个概念承载着太多的意义，为数众多的社会分析被归入文明范畴，以至于它往往缺失任何具体的或容易理解的含义。但正如第二章所阐述的那样，文明最复杂之处在于，除了有诸多描述性的用途之外，还具有一种价值承载或规范性的内在品质。此特征在法国语言学家让·斯塔罗宾斯基（Jean Starobinski）的论断中得到鲜明的呈现。他认为："传统上，文明的对立面是野蛮。因此，那些不像法国那样可以直接用文明精神来识别的国家——特别是在国际危机时期——也不能免除野蛮之嫌疑。"[33]如后几章所述，其实现在几乎没什么变化。"全球反恐战争"代表一个危急时刻，正因如此，对那些被认为缺乏"文明精神"的国家或团体也会做出类似的判断。为了分析"文明"一词或文明概念的规范性维度，

第二章首先探讨了"civilization"的词源、18世纪法国和英国启蒙运动的缘起和意义。这些紧密相关的定义与德国的"Kultur"（文化）概念形成了对比，后者与"Zivilisation"（文明）一词有着截然不同的含义。就本质而言，第二章概述了某些社会合作举措以及特定民族的社会政治组织或自治能力如何长期被认为是文明的主要特征或要求。

进步概念与文明概念息息相关，这也是贯穿全书的重要主题。第三章深入探讨了两个概念之间关系的本质所在。为此，必然要涉猎人类学和民族学（有时也称为"人种学"）的早期著作以及比较知名的历史哲学和现代化理论思想家的一些著作。进步概念有两个相关联的组成部分。其一，尽管速度和程度各异，但人类物种普遍进步，从原始状态或处于孩童状态的蒙昧时期，经过野蛮时期，以文明时期的进步顶点告终。其二，人类的经验（不管是个体的还是集体的）都是累积而来的，以促进为导向或遵循目的论。具体目标乃不断改善个体、个体安身立命的社会以及社会赖以存在的世界。弗里德里希·冯·席勒（Friedrich von Schiller）认为发现美洲大陆具有重大意义，这一想法即为上述思路的体现。他说："智者似乎保护了这些野蛮的部落，直至我们自身的文明取得了长足进步，可以对这一发现进行有益的应用，并且从这面镜子中找回我们种族所丢失的开端。"但在发现新大陆和其他地区世居民族的问题上，他的看法与其他评论家颇为相似。他补充道："然而我们自己的孩童时代在这些民族中呈现的画面是多么令人尴尬和沮丧啊！"因为它们代表了"古代和中世纪长达数个世纪之久的野蛮遗迹！"[34]正如第五章和第六章所概述的，如果这些"野蛮人"要"赶上"文明或者至少接近文明，那么答案便是欧洲的"文明开化使命"。

对一些思想家而言，从进步的总体思路中得出的结论似乎是合乎逻辑的，即进步朝着特定方向前行或者说历史沿着特定的道路、朝着特定的目标前进。在这个概念里，历史并不只是一份诸多事件的目录，也是一部普遍的或者包罗万象的目的论的历史，一部累积而成的集体文明史，这才是历史。第四章概述历史预言家们所预见的进步和历史的最终走向。总体来讲，这一结局仍深受伊曼努尔·康德"永久和平"思想的影响，即在由共和国组成的国际社会中实现"永久和平"或实现"世界公民法权"（ius cosmopoliticum）的"永久和平"。对于康德的现代继承者而言，当今提倡合作、相互依存、和平的国际社会成员必须根据自由民主与市场经济相结合的原则来管理。尽管福山的"历史的终结"理论招致诸多批评，但人们仍普遍认为自由民主和市场经济是治理任何特定社会的最佳途径。同样重要的是，还有一种观点也获得了广泛的认同，即自由民主国家之间不会发生战争。鉴于自由民主制被视为一种普遍适用的治理原则，有观点认为，民主传播得越广，实现和平稳定的世界秩序的机会就越大。

第五章概述了国际法中经典文明标准的基础及演变，这是塑造国际社会的关键工具之一，而这个国际社会则由应用相同"操作系统"、基本协调一致的国家组成。虽然欧洲国家之间的交往明显存在规则，在处理与西欧接壤的民族和文明之间的关系时亦有另一套规则，但直到西班牙人"发现"新大陆，早期的国家法律才真正开始成形。这样一部法典对于规范

"文明的"欧洲国家与"不文明的"美洲印第安人和其他世居民族之间迅速发展的接触是必要的，其利害关系不亚于不同民族之间的法律地位。正如法学家詹姆斯·洛里默（James Lorimer）所言，"没有两个国家，便不可能有国际法；当有两个国家之时，国际法不可能不存在"。[35] 为记录国际法的演变过程，第五章以 13 世纪教皇英诺森四世对教皇英诺森三世的"教皇宣言"（Quod super his）所做的评论为出发点。英诺森四世在评论中阐述了教皇与异教徒、文明与不文明之间关系的本质。英诺森四世对弗朗西斯科·德·维多利亚（Franciscus de Vitoria）等法学继承者产生了重大影响，而西班牙人则依靠维多利亚为他们征服和占领美洲大陆提供法律依据。与雨果·格劳秀斯（Hugo Grotius）一样，维多利亚是公认的现代国际法之父。这一法律体系与"文明的"欧洲征服的"不文明的"世居民族有着密不可分的联系。这段历史难以逃避，甚至延续至今。《国际法院规约》第 38 条第 1 款规定："法院对于陈诉各项争端，应依国际法裁判之，裁判时应适用……一般法律原则为文明各国所承认者。"[36]

文明标准基本上是区分"文明的"国家和"不文明的"国家或民族的一种手段，以便确定其在国际社会中的成员资格。国际社会的成员资格赋予一国充分的主权，从而使其有资格得到国际法的充分认可和保护。检验一国是不是"文明的"，一般以社会政治组织水平和合乎公认的欧洲标准的自治能力为中心。到 19 世纪，文明国家应满足以下条件：一是政府的基本机构和公共机构；二是自卫组织能力；三是制定法典、恪守法制；四是认可国际法和准则，包括关于战争规范与外交活动的国际法和准则。若一国满足上述条件，则通常被认为是合法的主权国家，有权作为一个国际人格得到充分认可。本质上，一个政府必须足够稳定，使其能够根据国际法做出具有相互约束力的承诺，并具有保障在其境内生活与活动的外国文明国家成员的生命、自由和财产的意愿和能力。

诺贝特·埃利亚斯（Norbert Elias）在《文明的进程》（The Civilizing Process）一书中提出了较为中肯的观点："西方社会结构的一大特点在于其殖民运动的口号是'文明'。"[37]诚然，本书反复强调，在过去的五百多年里，一些人以文明之名做出了许多令人发指之事。第六章列举了殖民主义的一些罪行，并阐述文明的标准和伴随而来的"文明开化使命"如何剥削和消灭诸多被认为不如自封为"文明旗手"的民族和文化。对这些罪行的辩解往往体现为"文明的"欧洲国家自我赋予的责任，即把文明福祉带给"蒙昧"和"野蛮"的部落，即所谓的"白人的负担"或"文明的负担"。这些通常充斥暴力、过分热心的"文明开化使命"的总体目标是通过教导、训练和皈依基督教来改善——若有可能，这取决于世居民族的"野蛮"程度——"不文明的"状态。第六章探讨了此类"使命"是如何率先在欧洲开展，然后输出至美洲，并在"非洲争夺战"中进一步深化，最终随着美利坚合众国在 19 世纪后期成为正式的帝国力量而结束。

亨廷顿在 20 世纪 60 年代末提出："国家之间政治上最重要的区别不在于政府的形式，而在于国家得到治理的程度。"[38]在经典的文明标准时代，也就是实际上的殖民时代，情况大抵如此，但如今未必如此。第七章开启了本书的最后一部分，在论及世界政治最新发展动态的同时，还将论证同一套思想和概念——文明、进步、普遍性和现代性——在解释和证明政策与决策的合理性时，仍是重点突出、卓有成效的。首先评估了当代文明标准倡导者提出的诸多理论和功能方面的论点。那些复兴的文明标准，有些略显含蓄，有些颇为明晰。但它们在不同程度上普遍提倡一种包含人权和自由民主价值观的标准。更有抱负的说法是，如果想要被当代国际社会接纳，并获得所有权利和特权的话，现代性——或者更确切地说，西方现代性及其全部内在价值——是所有社会都应向往的一种状态。

与经典的文明标准时代如出一辙，当代的文明标准——尽管在20世纪末和21世纪初政治标准多于法律标准——源于我们将世界划分为具有不同文明形态的国家和社会。在冷战期间，这种划分在很大程度上隐藏在国际事务的表象之下，世界被划分为东西方两大阵营。然而，在冷战结束后的世界，尤其是2001年9月11日之后，随着持续不断的恐怖主义威胁，"文明人"和"新野蛮人"之间的划分变得愈加明显。因此，第七章也评述了一些杰出评论家的作品。他们清楚阐明了文明世界与杂乱无章的准国家、濒临崩溃的国家、"流氓国家"和其他国际行为体之间的界限在何处。描述这些不同国家和群体的术语与早期"野蛮人"和"文明人"的术语时有不同，有时前者又对后者有明显的体现。无论如何，描述性评价的效果依然如初。

类似的还有这种划分所带来的诸多后果以及随之而来的强制推行文明新标准的努力。如今存在一种日益普遍、愈加强烈

17

的呼声，要求复兴"新帝国主义"来解决不文明或"流氓国家"和非国家行为给更广泛的国际社会带来的潜在问题——不论是实际存在的还是想象出来的。这些后果在第八章通过分析上述呼声来揭示。随着冷战的终结，众人口中的"新帝国主义"实则为"人道帝国主义"。这属于一种长期的国家建设实践，被视为在对濒临崩溃或失败的国家进行人道主义干预之后自然而然的下一步举措。一些人甚至呼吁实行更大程度的"经济帝国主义"，即与国际货币基金组织和世界银行等国际金融机构对经济处于崩溃边缘的国家实施干预有关、理应合法的帝国主义实践活动。不可避免的是，第八章也探讨了某些断言——颇多自吹自擂的说法——作为唯一的超级大国，美国即将成为或已经发展为现代帝国主义强国。第八章讨论的最后一个问题是关于帝国紧迫感的说法。有观点认为，在"9·11"事件和随后针对全球范围内西方目标的恐怖主义袭击之后，恐怖主义和流氓行为体的威胁引发了帝国主义的紧迫感。

第九章概括并重申了本书的核心主张和论点。一旦读者读到此处，将会确信文中概述的启蒙运动及其自由主义后裔的总体目标是准确无误的。下文摘自约翰·格雷（John Gray）的作品，在第四章中也会再次被提及。这段文字值得反复强调，因为它总结了这些目标以及其他比大多数更好的目标。他写道：

> 启蒙运动的核心项目是用批判性或理性的道德取代地方性、习惯性或传统性的道德，以及所有形式的超验信仰。而这种批判性或理性的道德则表现为世界文明的基

础。无论是遵循功利主义还是信奉契约主义，以权利为基础抑或以义务为基础，这种道德都是世俗的、以人为本的，它将为评估人类制度设定普遍的标准。启蒙运动的核心项目是构建这种批判性的道德，以理性地约束全人类，并由此创造一种世界文明。[39]

接下来将逐步说明创建世界文明帝国（或者更确切地说，统一的文明帝国）是如何在数个世纪一直为人类所追求并延续至 21 世纪。这是一个关于目的论历史构建及其对此过程中被卷入或被撇在一边的人们所产生的影响的故事。正如整本书详细阐述的那样，此项目背后的某些驱动力是文明和进步概念。这些强大而有影响力的思想观念引人遐想，影响了数个世纪以来乃至全球各地权势人物的思想。

# 第一部分
# 文明、进步和历史：皆有普遍性？

这些画面的对比实在太鲜明了！谁会认为 18 世纪的欧洲人只是印第安人和凯尔特人的一个更先进的兄弟呢？所有技能、艺术本能、经验以及所有理性的创造都在数千年的岁月里被植入人体并获得发展；所有发明的奇迹、巨大的工业杰作都是从人体召唤出来的。什么赋予其生命？它们又是由什么引发的？从一种极端状态跳到另一种极端状态，从穴居人的孤僻生活到思想家的生活，再到当今世界文明人的生活，人类到底经历了怎样的生活状态？世界通史解答了这些问题。

——弗里德里希·冯·席勒：《世界史的本质与价值》

Friedrich von Schiller, "The Nature and Value of Universal History", 1789

# 第二章
# 文明的概念：起源、内涵和意义

对一个词语历史的研究从来不是浪费时间。

——吕西安·费弗尔：《历史新种类：费弗尔选集》

Lucien Febvre, *A New Kind of History*

和其他范畴一样，文明是个事实，即与其他事实一样可以被研究、刻画和叙述的事实。

——弗朗索瓦·基佐：《欧洲文明史》

François Guizot, *The History of Civilization in Europe*

## "文明"复兴

"civilization"和"civilizations"单复数两个术语作为描述和解释世界如何运转的工具，最近重拾一些曾经失去的声望。越来越明显的是，人们将继续以各种方式在不同语境中解释和运用"civilization"一词及其复数形式。作为对这一复兴的回应，这项研究（本身属于一种解释工具）也广泛地使用文明的概念来解释历史和世界政治的某些进程。正如所要解释的那样，这包括作为过程、终点或存在状态的文明概念；也包含作为一种比较基准的文明概念，这种比较基准在"文明标准"中有所体现。文明的概念是贯穿本书核心的一个关键概念，也是一个更广泛的主题，本章全面概述了"civilization"一词及其复数的演变渊源和富有争议性的内涵。[1]在探讨这一词源之初，我将为本书其余部分的内容奠定基础，进一步阐明和探讨本书涉及的关键问题。

　　首要任务是回顾"文明"一词或对等词在何种情境下开始为法语、英语和德语所用。这三者之所以成为最重要的语言，原因颇多。其中一个重要原因是这三种语言影响了18世纪、19世纪的欧洲外交。那时候，"文明"一词和文明概念两者皆进入欧洲人的思想。法语当时很可能是西欧使用最为广泛的语言，而英语则是那个时代占主导地位的语言。由于各日耳曼省之间有着广泛的外交关系，德语也得到广泛使用。此外，法语之所以重要，原因在于法语是最早出现"文明"一词的语言。另一个重大的发展是，此后不久英语用法中出现了"文明"一词。至于它是源自法语还是独立成形，尚不清楚，但其含义与法语的含义大致相同。然而，最有趣的莫过于将"文明"一词及其概念转化为德语这一稍显复杂的翻译。在德语中，"Zivilisation"代表的是截然不同的事物，完全从属于德语"Kultur"的概念，或者据某些说法，二者是对立的。

　　如后面几章所述，西班牙人发现新大陆也在影响那些催生文明概念的诸多事件中扮演了重要角色。然而，平心而论，在"文明"一词诞生之时，欧洲其他强国已经将西班牙和葡萄牙视为正在衰落的帝国力量。那时，美洲大部分地区已经赢得了独立。这并非说第二波帝国主义国家英法两国没有从第一波帝国主义国家西班牙那里习得经验教训。安东尼·帕戈登（Anthony Pagden）将欧洲帝国主义的这两个发展阶段形容为"有所区别但相互依存的历史"。[2]与德语的情况类似，"civilization"一词在荷兰语和意大利语中也与表达类似内涵的本土术语相抵触，那些术语与文明的概念并不太一致。在荷兰语中，动词"bechaven"意为改进、使有教养或教化。由动词"bechaven"派生而来的名词"beschaving"被广泛使用。而在意大利，但丁笔下的"civiltà"一词早就在意大利语中站稳了脚跟。[3]对于"文明"既是词语亦为概念的重大意义与上述三种西欧语言在塑造二者时所发挥的重要作用，法国语言学家埃米尔·本维尼斯特（Émile Benveniste）不吝溢美之词："整个近代思想史和西方世界的主要智力成果，与西欧语言所共有的几十个基本词语的创造和处理相关联。""civilization"一词位居其列。[4]

在20世纪的大部分时间里，两次世界大战、大萧条和大屠杀都削弱了文明这一概念，它似乎更像是这些词语中的过客。尽管如此，知名的历史学家、社会学家和人类学家在20世纪中叶还是对主要文明的兴衰进行了大量综合性研究。20世纪80年代，涌现出一批论述国际社会中"文明标准"的重大研究成果，[5]但主要属于历史性研究，而到20世纪末，此类调查研究在主流研究领域已经凤毛麟角。

引人浮想联翩、促进"文明研究"的复兴并使之成为正统或颇有价值研究领域的当代杰作，当属塞缪尔·亨廷顿撰写的《文明的冲突》一文。[6]此文的公开发表、其诞生的后冷战国际政治环境，连同随后泛滥的恐怖主义威胁，引起人们广泛且持续的争论，这些都有助于"文明"一词再度得到普及，在世界政治领域更是如此。对于这一复兴，亨廷顿可谓笔耕不辍，但他只是提供了"文明"一词最简洁的历史和定义，认为"文明的概念是由 18 世纪法国思想家相对于'野蛮状态'提出"。简言之，"文明化为善，非文明化为恶"。亨廷顿承认，"文明"一词的单数用法和"复数用法"（多元文明——译者注）的区别由其词源演变而来，后者则成为亨廷顿著作中的关注点。但这一提法过于简单化，以至于多元文明的推行只是意味着"放弃把一个文明解释为一种理想，或者说是唯一的理想"。[7]然而，对其复数变形或"文明即事实"的研究——并未像亨廷顿所言——与对"文明即理想"的关注相脱节。正如英国历史学家昆廷·斯金纳指出的，它既是一个描述性词语，又是一个评价性词语。[8]或者如法国历史学家费尔南·布罗代尔（Fernand Braudel）所言，一方压过另一方"并不会带来灾难"，因为它们在"对话"中必然相互联系。[9]与亨廷顿截然不同，本书更关注对文明单数形式的研究，但这种关注不能随意排除对其复数形式——多元文明的讨论，因为这两个概念紧密相连。一旦开始探索"文明"一词的起源，单复数之间对话的本质就会显现出来。

## "文明"的法语渊源

法国历史学家弗朗索瓦·基佐宣称，"文明和其他任何事物一样是一个事实"，[10]很容易详细研究。这有些误导人，因为这个说法使这项任务听起来比实际要简单得多。然而，事实上从一开始（甚至在基佐自己使用这个术语的时候），"文明"一词就被赋予了多重内涵。一些人认为它是一个可以度量的"事实"，而另一些人则认为它是一个不易量化的"概念"。

"civilisation"一词在法语中有其根基，由"civil"（13 世纪）和"civilité"（14 世纪）演变而来，而这些词又都源于拉丁语"civitas"（公民权）。在"civilisation"一词出现之前，诸如"poli"或"polite"、"police"（泛指法律、秩序，其中包含政府、行政管理），"civilizé"以及"civilité"等词都被广泛使用，但在本维尼斯特看来，这些词语皆能满足对这一术语不断演变和扩展的需求。动词"civiliser"于 16 世纪某一时刻出现，为其名词形式奠定了基础，"civilisation"一词的创造便只是时间问题，因为其作为新词出现的时机已经来临。本维尼斯特指出："静态的术语'civilité'已不能满足需求"，需要创造一个被称为"'civilisation'的新词，以便同时定义其方向和连续性"。[11] 但在最早有记载的用法里，"civilisation"一词的内涵与如今人们通常所理解的意思大相径庭。有一段时间，人们在法学上使用"civiliser"一词，用于描述刑事向民事的转变。因此，"civilisation"一词在《特雷乌词典》（1743 年版）（*Trévoux Dictionnaire Universel*）中的定义为："法学术语，一种将刑事审判民事化的司法行为或判决。通过信息转为讯问或其他方式来实现。"[12] 但"civilisation"作为法学术语可谓昙花一现，一经思想家挪用，赋予其我们今日所联系的内涵，便很快风靡一时，为知识分子和大众思想所广泛接受。

对于"civilisation"一词何时以更现代的意义首次出现，则尽可任凭猜测。尽管法国历史学家吕西安·费弗尔对此进行过大量调查，但他承认，对于"何人首次使用它或者至少将其印刷出来"，他没有确切的答案。不过，他表示，"在1766年之前出版的任何法语文本中，未能发现'civilisation'的痕迹"。布朗热（M. Boulanger）死后出版的《用法释古》（*Antiquité dévoilée par ses usages*）[13]一书中出现了"文明"一词。其中有一段这样写道："一旦野蛮人变得文明开化（civilized），我们绝不能通过制定僵化、不可变更的法律来终止文明（civilisation）的行为；我们必须将为其制定的立法作为一种持续的文明（continuous civilisation）。"[14]从这一早期的段落中可以明显看出，"civilisation"一词既表示正在进行的过程，又代表"野蛮"状态下的进步。

撇开不确定性不谈，本维尼斯特和让·斯塔罗宾斯基不约而同地认为，摈弃法律意义的"文明"一词首次以书面形式出现，比费弗尔所认为的要早10年。[15]由法国政治经济学家、重农学派经济思想先驱维克托·德·里克蒂，米拉波侯爵（Victor de Riquetti, marquis de Mirabeau，1715－1789）撰写的著作《人类之友或人口论》（*L'Ami des hommes ou Traité de la population*），其标注的日期为1756年，但于1757年出版。"civilisation"一词在这本书中出现过3次（分别在第136页、第176页和第237页）。有些奇怪的是，法国哲学家伏尔泰在同年的一部杰作《风俗论》（*Essay on the Customs and the Spirit of Nations*）中并未使用人们认为非常有用的词语"civilization"。[16]为体现米拉波侯爵对"civilisation"一词的使用，《特雷乌词

典》（1771 年版）首次收录了"civilisation"一词的法学含义
及新内涵。条目写道："《人类之友》［米拉波］将该词用于社
交性（sociabilité）。见该词。不可否认，宗教是对人性的第一
个也是最有用的约束；它是文明的最初源头。宗教不断地向我
们宣讲，时刻提醒我们要团结友爱、内心温和。"[17]

　　斯塔罗宾斯基认为，《特雷乌词典》编纂者在选择例子时
可谓谨小慎微，因为米拉波对"文明"一词的运用与启蒙思
想家和百科全书派对理性及科学的倡导形成"颇受欢迎的"
对比。米拉波并没有歌颂理性、美德、道德，将其视为宗教的
继承者、人类臻于至善至美的真实道路，他主张"宗教"是
"文明的主要来源"。因此，斯塔罗宾斯基指出："'文明'一
词首先出现在宗教的颂词中，不仅被称赞为一种压制力量
（'刹车'），而且还被誉为一种统一、缓和性的影响（'团
体'）。"[18]然而，对本维尼斯特而言，"文明是诸多展现世界新
愿景词语中的一员"，是"对其演变的一种乐观而坚决的非神  27
学诠释"。就此而言，他指的是"文明概念的新颖性及其所包
含的人与社会传统观念的变化"。[19]

　　斯塔罗宾斯基指出，"civilisation"一词一经创造，很快就
得到广泛使用，因为它概括了一系列用于描述先存概念的词
语，包含舒适度的提高、物质财富的增加、个人享受、教育技
术的改进、"艺术和科学的培育发展"以及"工商业的扩
张"。[20]因此，随着"civilisation"一词在法语词语中变得日益
普遍，在法语词典中对文明的定义也越来越详细。这一发展在
斯奈特拉奇（Snetlage）编纂的《法语新词词典（1795）》
（*Nouveau Dictionnaire français contenant de nouvelles créations du*

*peuple français of 1795*）中可见一斑。该词典对"文明"一词做了如下定义："该词过去仅表达技术层面上的意义，用来说明将刑事案件民事化，现用于描述开化的行为或一个民族获得开化的趋势，或者将鸿篇巨制中极为丰富的熠熠生辉、积极乐观、充满仁爱的道德准则引入民间社会，从而改变旧的风俗习惯（当今的欧洲公民都参与了这场文明的终结之战）。"[21]基于布朗热对"civilisation"一词的阐释，我们从这一定义中看到一种观念的蛛丝马迹，即文明状态是欧洲各民族的专属品（尽管程度各异），而其对立面——蒙昧、野蛮或自然状态——则位于欧洲边界之外。

从文明早期表象中可以看到，这个词语从一开始就被赋予了多重内涵。作为某种"综合的"或"统一的概念"，"civilisation"一词可用于描述个人和国家开化的过程及其积累的成果。斯塔罗宾斯基指出："关键在于，用'文明'一词来描述历史的基本过程及其最终结果，使文明和假定的原始状态（无论称之为自然、蒙昧抑或野蛮）之间产生某种对比。"[22]因此，"文明"既可用来描述，也可用于评价，或者在描述之时做出评判。为进一步探讨文明状态与其替代物（无论是否对立或处于其他状态）之间关系的本质，先理解"文明"一词被赋予的多重内涵将会大有裨益。

28 除了对比"文明过程论"和"由过程所致的结束状态论"外，人们也进一步区分了作为"事实"的文明和作为"价值"或"概念"的文明。就前一种意义而言，主要认为文明是一个"描述性的和中性的"术语，用于确定可量化、由独特的民族群体所共有的价值，即古希腊或当代西方文明等特定的文明。就后一种意义来说，文明是一个"规范性概念，在此基础上才有可能将开化与未开化、野蛮以及不完全开化区分开"。[23]按照类似的思路，费弗尔指出："用相同的词语（即civilization）表示两个截然不同的概念。"费弗尔将作为"事实"的文明视为其"人种学"用法：

> 在第一种情况下，文明仅仅指可从某一人类群体的集体生活中观察到的所有特征，包括其物质生活、精神生活、道德生活和政治生活。一直有人建议，这应当称为文明的"人种学"概念。它并不意味着要对所审视的诸多方面的细节或整体模式进行任何价值评判。孤立地看，它对群体中的个体并无影响，对个人反应或个体行为亦然。综上所述，它是一个适用于群体的概念。[24]

这一定义也不仅仅是描述性的，它也有某种（未被承认的）规范性与评价性的成分。"civilization"通常不会用于形容任一群体的集体生活，在这一点上，"文化"（culture）有时与之相似。相反，"文明"一词专用于城市化和组织化水平达到一定程度的集体。这种规范性的假设是显而易见的，因为费弗尔的"人种学"说法皆直接或间接地与某一群体的社会政治组织相关联。

在诠释文明的"人种学"之后，费弗尔随即将文明定义为一种概念或价值：

> 在第二种情况下，当我们谈及文明的进步、倒退、伟

大和弱点时，我们头脑中确实存在某种价值判断。我们认为，我们所谈论的文明（我们的文明）本身就是某种伟大而瑰丽的事物，而且从道德和物质层面而言，其与外界的事物（蒙昧、野蛮或半开化）相比更加高尚、更加安逸、更加美好。最后，我们坚信，我们参与、传播、受益和普及的这种文明，赋予我们所有人某种价值、声望与尊严。因为它是各文明社会所享有的集体财富，而且这也是我们都引以为豪的个人荣耀。

从这些诠释来看，显而易见，前者用于描述跨越时空的独特文明，而后者表示一种基准或某一"文明"——代表文明之典范——与其他社会或集体的文明进行比较和对照。尽管前者一直是诸多历史比较分析的主题，其本身就是一种不可避免的评价活动，但此处更关注作为规范性概念的文明观。

当我们考察更多有关文明的解释时，聚焦文明价值负载性的原因便开始显现。例如，法国哲学家沃尔尼伯爵（Comte de Volney）在18世纪90年代后期游历美国后，于1803年发表了探讨文明问题的作品。沃尔尼的著作反映了社会契约理论的一般原则和自治所需能力的标准，但对此处意图而言同等重要的是自治所需能力的标准。他写道："我们应以文明的视野来理解城镇（即有保护自身免遭外界掠夺和内部混乱的常用防御体系且四周筑有城墙的居住地）中的一群人。这种集结必然包含成员的自愿同意，维持其安全、个人自由和财产等概念……因此文明无非是维持与保护人身、财产等事物的社会状态。"[25]

越来越明显的是，要求一个国家或民族有能力组建具有自治能力的合作型社会是文明概念的核心。然而，根据社会合作和自治能力将不同的群体判定为多元文明，实际上只会使其区别于其他人类群体。重要的是，这不只是关乎一个以某种形式组织和管理的民族（我在后续章节将予以论证）。更确切地说，正是根据治理是否满足某些标准——一般而言由欧洲和西方国家先后制定——来确定一个社会接近理想化"文明标准"的程度。我们在考察英语语言起源和"civilization"一词的演变时，便会发现这一因素变得愈加明显。

30

## "文明"的英语渊源

根据《牛津英语词典》（*Oxford English Dictionary*），"civilization"一词最早于 1772 年在英语中出现，比在法语文本中的出现晚了约 15 年。它引用的是詹姆斯·鲍斯威尔（James Boswell）的著作《约翰逊博士传》（*Boswell's Life of Dr. Johnson*）中的一段话："（1772 年）3 月 23 日，周一，我发现他（塞缪尔·约翰逊博士）正忙着筹备开本词典第四版……他不打算将'civilization'一词收入词典，仅考虑了'civility'。尽管我对他极为敬重，但我认为，'野蛮'（barbarity）一词的反义，'civilization'比'civility'更为合适。因为在词意关系上，'一对一'比'一对二'更好些，而在他的用词方式上，'civility'一词则存在'一对二'的情况。"[26]鲍斯威尔日记中记载的"civilization"一词与其法文依据极为吻合，至少这很好地说明了该词在英文用法中的一种意思。但正如鲍斯威尔在使用该词的语境中所暗示的那样，人们此前似乎已经使用该词有一段时日，确实如此。实际上，人们认为首次有记载的"civilization"一词的英文用法归功于苏格兰启蒙思想家亚当·弗格森（Adam Ferguson）。他在 1767 年首次出版的《文明社会史论》（*Essay on the History of Civil Society*）中使用了"civilization"一词。[27]然而，有理由相信，弗格森实际上在 1767 年之前就已经使用过该词。大卫·休谟（David Hume）在 1759 年 4 月 12 日写给亚当·斯密（Adam Smith）的一封信谈及"我们的好友弗格森"所写的《论风雅》一文。[28]如果弗格森在此文早期手稿中也使用了"civilization"，那么就有理由相信，"civilization"一词在法文中首次出现之后不超过三年就在英文中有所使用，尽管寥寥无几。[29]至于弗格森是否开始脱离法语而独立使用"civilization"一词，一些人认为他确实是使用和记载"文明"一词的第一人（这无法保证）或者他对该词的用法取自法语，这些假设至今仍值得怀疑。

尽管"civilization"一词在弗格森的书中只出现过 8 次（第 1、75、90、203、232、243、244、249 页），但这一作品本身被推崇为"文明史"。[30]其核心内容是考察人类和社会从"原始粗鲁"到"文明有教养"的进步发展，这一主题在《文明社会史论》一书的首页就已确定。弗格森写道："不仅有个人从婴儿期到成年期的进步，而且还存在物种本身从原始粗鲁至文明的演进。"[31]邓肯·福布斯（Duncan Forbes）曾为此书 1966 年版本作序。他指出，弗格森所追寻的是"真正的文明标准"。[32]弗格森在后来出版的《道德与政治科学原理》（*Principles of Moral and Political Science*）一书中明确指出，这一标准是社会政治组织发展到一定程度。在书中，他写道："商业艺术的成功……要求从业者维持某种秩序，意味着人身和财产得到一定程度的保障，我们将之冠以文明，尽管这种区别（在事物本质和词源两方面）与其说只是拥有利润颇丰的财产或财富的状态，倒不如说是法律和政治体制对社会形态的影响。"[33] 仅从这些论述特别是《文明社会史论》一书的主题（也包括《道德与政治科学原理》）来看，显而易见，他与法国人一样，亦使用"civilization"一词来形容某一过程和某种状态。我们将在下文清楚地看到，弗格森关于"文明标准"的见解包含了早在古希腊时代社会和政治思想家就已经探讨的要素。

沃尔尼和弗格森两人对文明的诠释反映出社会政治和法律组织与文明的概念存在不可分割的内在联系，这种情况越来越多。约翰·穆勒 1836 年发表的《文明》（*Civilization*）一文便是例证，这也表明"civilization"一词在被引入约 80 年后，在英语中被普遍接受和广泛使用。与前人相似，约翰·穆勒开篇就指出："文明一词……具有双重内涵"，代表"一般意义上的进步或特指某些进步的类型"。[34] 然而，约翰·穆勒在文中将文明视为一种理想状态，或者是他所说的"狭义的文明，即文明并不等同于进步，而与粗鲁或野蛮直接对立"。他在此处谈论的不只是个体状态，而且包括"人与社会的最佳特征"。

约翰·穆勒列举了"文明的成分"，彰显出社会对文明质量的重要性。他在某种程度上追随了孟德斯鸠的思想，认为：

一个未开化的部落由少数在广阔无垠的土地上分散生活的人组成。因此，我们将主要集中于城镇和乡村、住所

固定、人口密集的群落称为文明人。原始野蛮的生活没有
商业、制造业、农业，或者说几乎什么都没有，故而我们
将农业、商业和制造业发达的国家称为文明国家。在未开
化的社会，每个人自谋生路，除了战时（这也是极为有
限的），我们亦很少见到以联盟的方式实施联合作战，未
开化的人之间的交往也没有乐趣可言。因此，无论在何
处，只要我们发现有大规模群体为实现共同目标而携手合
作且享受社会交往的乐趣，我们就称之为文明人。

人们普遍认为，根据既定（西方）欧洲传统促进治理的
社会制度存在与否是文明形成或文明潜在性的标志。约翰·穆
勒是持此信念的代表人物。他认定："在原始野蛮的生活中，
几乎或者根本没有法律、司法；没有系统地利用社会集体力量
来保护个人免受他人伤害。"尽管在非欧洲世界有相似的制度
发挥类似的功能，但由于缺乏类似于欧洲"文明"国家的制
度，"文明的欧洲"认为世界上其他许多地方不具备约翰·穆
勒所称的必要的"文明成分"。约翰·穆勒指出："我们之所
以称一个民族是文明开化的，是因为该民族保护其成员人身和
财产安全的社会制度安排对于维持彼此间的和平极为完善。"

约翰·穆勒在论述中重申了社会政治组织能力的要求以及
社会发挥的作用，认为"合作能力的提高是检验文明进步的
最精确方法"。一方面，人们普遍认为"只有文明人……才会
联合"，"只有文明国家才能组成联盟"；另一方面，野蛮人的
特征是缺乏组织性的联合能力。这种信念背后的推理是，联合
需要妥协，"为了共同目的而牺牲一部分个人意志"。正因如

此，人们认为"文明进步的整个过程就是一系列这样的训练"。但日益明显的是，在自诩为"文明社会"的欧洲存在一种普遍的看法，即认为蒙昧野蛮之人缺乏相互妥协与合作的训练和偏好。蒙昧野蛮之人困在某种"自然状态"中，"每个人都相信自身的力量或智慧，失败之处……在于没有资源"。当然，埃德蒙·伯克（Edmund Burke）等思想家也认识到非欧洲文明的价值和成就。[35]但对于詹姆斯·穆勒和约翰·穆勒等人而言，"未开化"的民族想要崛起而走上文明坦途的唯一途径——若有可能的话——就是接受文明的欧洲人的指导，欧洲人可向其灌输必要的行为准则和训练，使之有可能成为文明社会。

约翰·穆勒认为，就本质而言，文明的标志是"充分了解生活的艺术""财富扩散和智力传播""充分的财产和人身安全保障""社会合作的力量"，从而"使财富和人口的持续增长成为可能"。[36]但是维持文明的代价可谓高昂。例如，亚当·斯密认为，财富和人口增长实际上是履行文明社会"君主的首要职责"的前提；而君主的首要职责在于保护社会免受外来社会"暴力和不公正"的侵害。斯密指出，"任何国家要延续文明，只有依靠常备军"，而且随着社会规模变大，更多"社会的文明得到发展"，这项活动将变得越来越昂贵。[37]斯密坚称："唯有依靠一支纪律严明的常备军……一个未开化的国家才能突然变得高度文明。"赫伯特·斯宾塞（Herbert Spencer）的主张巧妙地吸收了英国人的许多思想，提出："我们可以把它（文明）看作在需要充分展现所有人个性所需的人与社会构成方面取得的进步。"[38]

## 德语中的"文化"与"文明"

在法语和英语中,"civilization"一词的演变大致上是平行的。但在德语中,"Zivilisation"一词有截然不同的意思,完全从属于"Kultur"概念。尽管"Zivilisation"一词仍然有用,但它是一个"二流"的术语,只涉及外观等表面事物。"Kultur"则是一个代表德国对民族自豪感和成就感(其存在感)自我理解的术语。此外,法语和英语中"civilization"的概念一般指政治、社会、经济、宗教、科学和道德问题,而德语"Kultur"一词基本上专用于阐述知识、艺术、宗教事实或价值。除此之外,"Kultur"一词倾向于在这些更值得关切的问题与次要的政治、社会、经济问题之间划分出明显的界限。[39]

法语和英语中的"civilization"概念与德语中的对应词"Kultur"有所区别。德国学者诺贝特·埃利亚斯在《文明的进程》中阐述了其背后的一些原因。埃利亚斯认为,这些差异是由各知识阶层所扮演的不同角色造成的,正是他们催生并塑造了这些概念的诸多意义。在法国,"civilisation"的概念和法语自己的"文明"一词诞生于宫廷和巴黎咖啡馆。它们是在那些富有政治色彩、积极参与政治的法国知识阶层之间持续的知识交流中形成的。相比之下,德语"Kultur"是由较为分散、互动甚少的德国中产阶级知识分子造就的。在埃利亚斯的描述中,这些知识分子"远离政治活动,几乎不用政治术语而只是尝试以民族术语来思考,他们的正统性主要在于其知识、科学或艺术成就"。[40]考虑到德国最近的发展和脆弱的统一，德国中产阶级知识分子变得极为个性化，被形容为处于"在某种程度上飘浮于空中的状态"，这种情况与法国宫廷的"封闭圈子"或"上流社会"大相径庭。德国中产阶级知识分子占据的空间是纯粹的精神层面，专注于学术以及心智或智力的发展[41]，这既是一份慰藉，亦是一种骄傲之源。政治、商业和经济则属于需要关注的次要问题，他们参与其中的广度和前景皆不甚理想。[42]

与这类"飘浮于空中"的知识分子阶层抗衡的是法国知识分子的对应阶层——处于上层阶级的德国宫廷贵族。他们在"文化"方面几乎毫无建树，但在早期塑造国家自我形象方面发挥了重要作用。埃利亚斯解释说，德国中产阶级知识分子和宫廷贵族之间紧张关系的核心是"'深度'与'肤浅'、'诚实'与'虚伪'、'表面殷勤'与'真正美德'等二元对立关系，除了其他方面的原因之外，'Zivilization'（文明）和'Kultur'（文化）之间的对立由此而生"。因此，它也是法语"文明"和德语"文化"对立关系的基石。考虑到知识分子阶层与宫廷精英之间关系的性质，知识分子阶层"从二流阶层到成为德国民族意识的承载者"的崛起过程面临重重阻碍。然而，尽管德国统一的时间相对较晚，使这种转变更为旷日持久，但知识界最终还是崛起（尽管是有条件的）为有较大影响力的阶层。该阶层促使"文化"和"文明"之间的对立得到改变，即从"主要的社会对立"转变为"主要的民族对立"。换句话说，考虑到德国知识分子角色和地位的不断变化，其标志性的"特定社会特征"也正"逐渐变为民族特征"。正如我想表达的，这些特征与法语和英语"文明"概念内在的、具有普遍意义（法国人尤其坚信）的理念及价值格格不入。[43]

事实上，类似反启蒙思想与启蒙思想、德国"自然"的文化与以法国为代表的"人为"的世界主义文明的对立关系，"文化"和"文明"也被视为相互对立的。[44]实际上，奥斯瓦尔德·斯宾格勒（Oswald Spengler）指出，"文化人和文明人两种概念"之间存在"对立"。他认为，"每种文化都有自己的文明"，"文明是文化无法回避的命运"。鉴于此，他指出："'西方的衰落'无疑包括文明的问题。"斯宾格勒进一步指出："文明是发达的人类物种有能力实现的最外在的人为状态。这是一个推论，事物正在形成，之后便是事物产生，死亡紧随生命……纯粹的文明，作为一种历史的过程，处于向无机或死亡状态逐步衰竭的状态。"[45]然而，杰弗里·赫尔夫（Jeffrey Herf）指出，尽管"斯宾格勒将德语的'文化'和西方的'文明'并置"，但有所不同的是，"他寻求用20世纪德国的民族主义来解释'文化'"。[46]

亚当·库珀（Adam Kuper）描述了文明的力量"为克服那些带有迷信观念、荒谬的偏见和盲目愚忠色彩的传统文化的抵制"的一般对立情景。反过来，将那些传统文化"所界定的敌人"视为"理性、科学的普遍文明"。他认为："德国知识分子……被煽动起来维护民族传统，反对世界性文明；注重精神价值，反对唯物主义；支持艺术与工艺，无视科学技术；倡导个人天赋和自我表现，反对令人窒息的官僚主义；崇尚情感甚至内心最黑暗的力量，摈弃荒芜、枯竭的理性。简而言之，拥抱'文化'，排斥'文明'。"[47]

但这也许有些言过其实，因为上述观点没有考虑德国在哲学、科学和技术创新等研究领域取得的诸多进步。一个典型的例子便是德国博物学家亚历山大·冯·洪堡（Alexander von Humboldt, 1769－1859）的开创性工作。他实际上是科学领域的"文艺复兴之人"。他所著的五卷本《宇宙》（Cosmos）和其他出版物为科学研究的进步做出了卓越的贡献。[48]亚当·库珀的上述观点也未能解释黑格尔的完美主义哲学思想。黑格尔对历史及其最终目的的诠释与库珀较为悲观的观点并不一致。实际上，1830 年至 1831 年冬季，黑格尔在柏林大学授课期间，几乎交换使用"文化"和"文明"。[49]黑格尔的思想绝非个例。"文化"和"文明"在德国所有知识分子的头脑中并不总是直接对立的。我们也可从西格蒙德·弗洛伊德（Sigmund Freud）关于人类文化或文明构成要素的论述中发现这种可能性的痕迹：

> 人类文化——我的意思是说，人类生活在所有方面已经超越了动物的生存条件，与野兽的生活截然不同，我不屑于孤立地看待文化和文明——众所周知，向观察家展现了两个方面。一方面，它包含了为掌控自然力量、从中获取资源以满足人类需求所习得的所有知识和获得的全部力量；另一方面，它还包括一切必要的制度安排，人们之间的关系尤其是可获财富的分配，据此均可进行调控。这两种文化倾向并不是彼此独立的……因为人的相互关系受到本能得到满足程度的深刻影响，而这种满足有可能从现有资源中获得。[50]

36

尽管如此，在众多知识分子思想中，"文化"和"文明"之间还是有区别的。卡尔·马克思和弗里德里希·恩格斯在《共产党宣言》中，实际上将"文化"置于"文明"之上。他们认为"因为社会上文明过度，生活资料太多，工业和商业太发达"。[51] 1929 年诺贝尔文学奖得主托马斯·曼（Thomas Mann）后来也表达过类似的观点。在他看来，"文化等同于真正的灵性，而文明意味着机械化"。[52] 在社会学家费迪南德·托尼斯（Ferdinand Tönnies）和阿尔弗雷德·韦伯（Alfred Weber）两人的著作中也可以找到这种思路。一方面，他们认为"文明"不过是用于应对自然挑战的集体实践和技术诀窍；另一方面，他们将"文化"视为一套规范性原则、价值观和理想状态，简言之，即精神。[53] 这两个概念之间特殊的紧张关系也有助于解释德国历史学家威廉·莫姆森（Wilhelm Mommsen）的说法。他认为："人类今日的责任在于确保文明不会破坏文化、技术不会毁灭人类。"[54] 考虑到文明至少在某种意义上与进化过程明确相关，两者就会产生更多的不相容性。另外，文化"与运动有着不同的关系"，文化浓缩了艺术、文学、绘画、诗歌等人类独特活动的精华，以及宗教或哲学思想，这些都体现了一个民族独特的集体认同。埃利亚斯解释道："文化概念界定"且"特别强调民族差异和特有的群体认同"，然而"文明的概念淡化了诸民族之间的差异"。[55] 需要指出的是，虽然法语和英语中的文明概念可能淡化了（尤其是）西欧"文明"民族之间的某些（但非所有的）差异，但这种谦恭态度并未延伸至那些常常被认为处于"文明界限之外"的非欧洲民族。

斯塔罗宾斯基坚称，弗里德里希·尼采"言辞激烈地表达了"文明与文化之间的对立关系。对尼采而言，文明"无非是精神纪律、自我克制、个性压抑；相反，文化则可以同社会颓废现象密切联系在一起，因为它是个人精神的产物"。[56] 这一深不可及的鸿沟在尼采的评论性作品《文化与文明》（*Kultur contra Zivilisation*）中得到体现。内容如下："文化与文明两者的至高点彼此相距甚远：人们不应被文化与文明之间的尖锐对立所误导。从道德上讲，文化最伟大的瞬间总是在腐败的时代；人类像动物一样被蓄意、强力地驯化（所谓的'文明化'）的时代周而复始。这些时代对自然界中最勇敢、最顽强的人并不宽容。文明与文化所允许的完全不同：很可能就是其对立面。"[57]

根据尼采的观点，"文明"及其目的不仅与"文化"的目标和概念相抵触，而且它们之间还存在一种对立，甚至可能以意识形态理论范畴之外的方式表现出来。在绝对极端的情况下——这种对立被稍微夸大了，库珀坚称："第一次世界大战是在西欧文明和德国文化对立的旗帜背后进行的。"[58] 这是对导致一战爆发的一系列错综复杂事件的一种过于简单化的描述，但它仍然生动地说明了这两个概念之间时常存在且不可调和的差异达到何种程度。

虽然文明的力量本可赢得第一次世界大战，但结果并不总是如此，因为在研究欧洲历史上的其他冲突时，也有人提出与库珀相类似的论点。谈及"civilization"一词产生之前的一段悠久岁月，德国历史学家库恩（G. Kuhn）将德国野蛮部落打败罗马帝国军队视为"农民打败勇士、乡村战胜城镇、文化

38

击败文明的胜利"。[59]但根据维克多·雨果的说法，即使德国文化的"野蛮"击败了法国文明之"光"，但因为它不足挂齿，仍然输了。法国在普法战争中惨败后，雨果于 1871 年在法国国民大会上发表讲话，他宣称：

> 在战胜国德国这个奴隶部落垂下沉重盔甲里的头颅之时，法国这个崇高的战败国将戴上一顶主权民族的皇冠。
> 再度与野蛮当面对峙的文明，将在两国间寻求出路，其中一国一直是欧洲之光，而另一国则将成为欧洲之夜。[60]

此处的关键点在于雨果的宣言。他表示，尽管法国战败了，但人们仍然认为法国确实比尚未统一的德国更胜一筹，因为不同于当时的德国，法国长期以来是一个拥有主权、实现中央集权的自治国家。正如本书所强调的，一国的社会政治组织和自治能力，以及由此提出的主权要求，对该国是否被认为达到必要的"文明标准"具有重大影响。在第四章，我们将明显看出，德国人对法语和英语中文明内涵的批判及其对普遍性的主张（以"Kultur"一词来表述），与当代对世界主义的"文化"批判及其对普遍性的主张异曲同工。最后，就文化和文明之间的紧张关系而论，说德国知识分子普遍认为这两种概念的目的和目标永远是矛盾或对立的，可谓言过其实。虽然文化与文明之间的紧张关系非常真实，但布罗代尔认为，相较于"德国思想家完全合乎情理的坚持"，那些致力于文明研究的人种志研究者和人类学家对文明概念所构成的威胁也许更大些。[61]

## 文明的内涵和意义

如前所述，"civilization" 及其复数形式是相互关联的术语和研究对象，人们一直以单独或相互参照的方式对其进行考察。19 世纪、20 世纪，对文明概念的最初关注已被对文明的具体研究所替代，这在很大程度上是由人类学和人种志领域的基础与发展促成的。这一转变带来一种说法，即对文明规范性评估方面更广泛的关注已经导致文明 "失去了一些威望"。[62]这种转变的结果是对狭义文明的专注，如埃米尔·迪尔凯姆（Émile Durkheim）和马塞尔·莫斯（Marcel Mauss）提出的定义。他们认为，"文明是包含一定数量民族的道德环境，其间各民族文化只是整体中的某种特定形式"。[63]

历史学家阿诺德·汤因比（Arnold Toynbee）是倡导对诸多文明进行比较研究的最具影响力的主要代表人物之一。然而，他在《历史研究》（*Study of History*）及相关著作中并未完全放弃文明的概念。他表示，"诸多文明宛如过眼云烟，但'Civilization'（首字母大写）已取得成功"或延续下去。[64]汤因比还试图阐明 "civilization 单数与复数形式" 之间的联系，认为前者指 "文明抽象概念的特定历史例证"。这一抽象概念是从 "精神层面" 定义的，"将文明与一种社会状态相提并论，这种社会状态下存在一些从繁重工作中解放出来的少数群体（不管规模多小）。这些工作不只是生产食物，还需要从事必要的工业和贸易等其他经济活动，以维持社会生活在物质上达到一定的文明水平"。[65]

汤因比关于社会组织的论证思路以技能专业化、精英职业发展以及有效利用闲暇时间为主要特点，而这种思路长期以来与文明（以及文明社会）的进步相关。例如，我们在托马斯·霍布斯（Thomas Hobbes）的著作中发现，尽管他的生命和著作先于"civilization"一词出现，但罗伯特·克雷纳克（Robert Kraynak）认为，"霍布斯研究公民史的主题是野蛮与文明之间的差别"。据说，霍布斯将"'联邦'（commonwealths）、'城市'或'政治组织'"的"政治特征"等同于"文明品质"，以至于"他将文明视为一定程度的政治发展与某种生活方式相结合的条件"。[66]霍布斯认为，"获得生活必需品……是不可能的，直至伟大的联邦建立"，"国家是和平与闲暇之母，而闲暇是哲学之母……最先有繁荣大城市的地方，首先有哲学的研究"。[67]也就是说，"无论在何处，只要政府足够强大且稳固，能够提供和平与闲暇，人们便会开始培育生活中更美好的事物"，而这些事物正是文明的外在表现。"相反，野蛮或未开化是政治权威发展不充分或不存在的一种状态"。克雷纳克借用霍布斯的说法得出结论："文明与野蛮的区别在于政治权威的权力与充分程度、享受闲暇以及哲学或艺术和科学的发展。"[68]但是，日益复杂的社会政治组织的存在是文明的首要特征，至少在一开始是文明诸多特质的先决条件和推动者。

这种通用论证思路的某些表象在历史长河中反复出现，其影响随着时代的变迁而消长。亚里士多德便是先驱之一。他在《政治学》（Politics）一书中提出："社会（指城邦或国家）……自身包括……终点和最佳治理：首先以生存为基础，随后可以快乐地生活。"[69]对此，克雷纳克指出："对亚里士多德和其他古典哲学家而言，美好的生活是文明的终点或目的。"[70]尽管亚里士多德的社会概念也许不同于当代的用法，但这实际上是要表达实现美好生活是治理的目的，并且只有在生活中与他人交往才能实现。亚里士多德认为："无论何人……与社会不相适应，要么低人一等，要么高人一头。"他将《荷马史诗》中那个"因没有社会交往、没有法律、没有家庭"[71]而遭人唾弃的人作为例子，因为实际上，至少前两者的缺失就意味着他与文明毫无关联。相反，他要么是野蛮未开化之人，要么就是神。这些关于文明、社会和治理之间关系的论述与安东尼·帕戈登的主张不谋而合。安东尼·帕戈登认为："文明的哲学史是一部逐渐复杂和逐步完善的历史，来自只有社会成员才会拥有的那些能力的自由表现。"[72]

41

1940 年，英国哲学家罗宾·乔治·科林伍德（R. G. Collingwood）在题为"'文明'之含义"的讲座中谈及"文明三要素"，即经济文明、社会文明和法律文明。经济文明的境界不只是追逐财富——这实际上可能对经济文明不利——而是"文明地追逐财富"。追逐财富有两种方式——"文明交换"和"文明生产"。前者指在不存在主人‐奴隶关系（这使其观点与亚里士多德的看法相左）等支配情形下根据自由放任的经济学原则进行的公正公平的交换。至于后者，"文明生产即科学生产"，则是通过把握自然规律来管控生产性行业、进行"智能化"生产。也就是说，它是一种运用"自然科学"实践进行生产的模式，"人们通过实验和观察找出利用自然力量来增进自身福利的方法"。[73]

"文明三要素"之二是"社会文明"，指"联合行动"或

"共同体"理念满足了人类的社交性。之所以冠以"文明"，是因为若达到一定的文明程度，人们将避免通过威胁或利用武力和道德力量促使同伴去做"想要他们做的事情"，而是以劝说之法把他们争取过来。科林伍德"文明三要素"定义的收尾则涉及法律制度。文明的最后一个标志是"法治社会"，其中的"法"与其说是刑法，毋宁说是民法，是"调整成员之间权利主张的法律"。除此之外，尽管军事法和教会法很可能在这样的社会中分别占有一席之地，但其地位从属于民法所发挥的作用。此外，"以民法治理的社会不存在专制权力；行政部门（不管如何构成）不能凌驾于法律之上，司法机构也不能藐视法律"。对于科林伍德而言，"文明是共同体所发生之事……文明是一个接近理想状态的过程"。实质上，科林伍德主张文明社会——以及文明本身——是依据法治原则指导和运转的。

42　　　将科林伍德"文明三要素"——经济文明、社会文明和法律文明——的共同标准融为一体，即构成我所说的社会政治文明，抑或集体在法律或宪法体系下组织和管理自身的能力。科林伍德关注通过"社会文明"淘汰物质力量和道德力量，近来越来越多有关文明社会的论述与之相去不远。这些论述涉及控制暴力的前世今生，认为将暴力从公共领域中剔除即可。齐格蒙特·鲍曼（Zygmunt Bauman）关于文明的论述则将这一关注拓展至更为普遍的问题上，即产生易于治理的对象。他表示："文明的概念以一种有意识的传教运动之名进入西方世界的学术性话语中，这种传教运动由知识分子发起，旨在清除荒野文化的遗迹。"[74]

以文明之名进行"传教运动"的性质是本书关注的核心问题之一。斯塔罗宾斯基认为："文明作为一种价值观，是某种政治和道德规范。它是评判和谴责野蛮行为或非文明的标准。"[75]仔细思考上述主张，就不难判定其基本原理或驱动力。帕戈登提出类似的观点，认为文明"形容一种社会、政治、文化、艺术乃至身心的状态，被认为是全人类的最佳状态，这涉及一个含蓄的观点，即唯有文明人方知文明为何物"。[76]"文明的负担"这一概念即源自这种含蓄的说法和以文明之名所做的判断。

"唯有文明人方知文明为何物"，这一论点至关重要。斯塔罗宾斯基指出："'文明'一词出现的历史时刻似乎标志着自我反思的出现，并产生了一种能够理解自身活动本质的意识。"更确切地说，它标志着"西方文明开始自我反思，将自身视为多元文明的一员。文明一旦有了自我意识，就会立即发现多元文明"。[77]但正如埃利亚斯所说，这并非西方文明平起平坐的例子。正是文明这一概念"表现了西方国家的自我意识……它包括西方社会自认为在最近两三百年内所取得的一切成就。由于这些成就，西方社会超越了早先社会或同时代尚处于'原始'阶段的社会"。埃利亚斯做了进一步解释，通过"文明"这一概念，"西方社会试图表达自身的特点以及那些其引以为傲之物，比如技术水平、礼仪规范、科学知识或世界观的发展等"。[78]不难看出，文明的先驱们是如何被（善意的）"传教运动"所吸引的，而这种运动至少在一定程度上为"文明的负担"这一根深蒂固的信念所驱使。这并未否认一时代也出现了直言不讳的批评家。他们谴责这样的

43

运动实属不文明之举。除了伯克之外，赫伯特·乔治·威尔斯（H. G. Wells）的《世界大战》（*War of the Worlds*）和《莫罗博士岛》（*The Island of Dr. Moreau*）[79] 以及乔治·奥威尔（George Orwell）的文章《射象》（*Shooting an Elephant*）也存在类似的隐含之意。

问题在于，并不只是单纯地否定其他文明的价值和成就，[80] 而且言外之意是它们正处于无可挽回的衰落之中。从这个角度而言，它们对"文明"的贡献（若得到认可的话）被认为在很大程度上局限于过去。另一种弦外之音是，只有在更为文明的导师帮助下，才能挽回任何有价值之物。这样的思维模式显而易见。例如，费迪南德·席勒（Ferdinand Schiller）就曾错误地说："印度人民似乎对历史漠不关心，也从不费心编纂历史。"[81] 因此，英国人自行编纂了一些并不公平的记叙性资料，例如詹姆斯·穆勒所著并于 1817 年出版的《英属印度史》（*The History of British India*）。尽管詹姆斯·穆勒从未到访过印度，但其在著作中抨击了威廉·罗伯逊（William Robertson）的《历史专题论》（*Historical Disquisition*，1791）一书，向欧洲读者传递了一个同样错误的印度文明形象，即印度文明永远是落后、不发达的。

回到对文明内涵的讨论。或许概括文明的最佳方法是效仿基佐。他认为不要过多地定义文明，而是要描述文明。对基佐而言，"文明一词所包含的第一个真相……是进步、发展的事实；它随即展现出'一个民族向前迈进，并非为改变其地位，而是为改变其状况'的思想，以及'一个民族的文化自我调节、自我改善'的理念。在我看来，进步和发展的概念是

'文明'一词所包含的基本思想"。[82]这里所说的进步或发展关乎"民众生活的改善、社会的发展，即其自身人际关系的发展"。然而，根据基佐的说法，"直觉"告诉我们，"'文明'一词涵盖了更加广泛、复杂的事物，以及超越简单完美的社会关系、社会权力与幸福的事物"。换言之，文明并非仅仅意味着社会政治组织和对社会成员或民众的治理，还包括人类普遍道德进步的范畴，即"个体内在生活的发展，以及人类自身能力、情感和思想的发展"。与亚里士多德、霍布斯等人一样，社会政治组织或社会治理只是这个谜题的第一部分。正是由于这一发展，"文字、科学、艺术皆熠熠生辉"。基佐在他对文明的描述中总结道："无论这些伟大的符号在哪里被发现，都受到人类天性的渲染美化；无论这些美妙绝伦的宝藏在何处创造，都获得认可并冠以文明之名。"对于基佐等人而言，"两个事实"是界定文明的"伟大事实"时不可或缺的要素，即"社会活动的发展和个体活动的发展，社会进步和人类进步"。无论这"两种征兆"在何处出现，"人类都会以热烈的掌声宣告文明的存在"。

　　紧随其后的是另一位法国历史学家费弗尔。他指出："'文明'一词（及其概念）的诞生恰逢其时"，"尤为重要的是，它产生于这样一个时期，即在百科全书里出现了理性科学和实验科学的伟大概念，并且开始被人们所认识并在其方法和程序中构成一个整体"。[83]费弗尔在一段未经确认的引文中捕捉到文明这一新生概念周围热情洋溢的气氛及其营造的整体氛围，即艾伯特·卡森（Albert Counson）著作中的内容："文明受到人和自然新哲学的启发。自然哲学是进化论，人的哲学则是可完善性。"[84]

尽管这听起来似乎无伤大雅，但斯塔罗宾斯基用长篇大论强调了与这种哲学（特别的）和文明神化（更普遍的）相关的危害。他在一段值得详细引用的段落中指出：

> 因为"文明"这个词与可完善性和进步概念相关联，所以它不仅仅意味着教养风俗、社会组织、技术进步、知识进步等错综复杂的过程；它被神圣的光环笼罩，有时会强化传统的宗教价值观或者取而代之。故而，"文明"一词的历史带来了这样的重要发现：一旦某个概念具有神圣的权威并由此获得动员的力量，则会迅速地挑起各政治团体或对立学派间的冲突。这些团体和学派声称是其拥护者和捍卫者，因而主张拥有传播新思想的专属权。[85]

斯塔罗宾斯基接着强调了这一状态下可能出现的后果。他不乏先见之明地告诫，一个"充满神圣内容的术语将其反义词妖魔化了"。他继续写道：

> 一旦"文明"一词不再表示有待判断的事实，而成为一种颠扑不破的价值，它就进入了或褒或贬的语库。评价文明的优劣已不再是问题所在。文明本身成为关键的标准：如今以"文明"之名做出评判。因而必须支持并承袭其事业。对于那些响应其召唤的人而言，它成为赞美的依据；或者相反，它亦可作为抨击的基础：所有非文明之物、所有抵制或威胁文明之物皆为可怕的绝对邪恶。随着

言辞的升温，以"文明"之名要求做出至高牺牲变成一件合情合理的事情。这意味着在某些情况下促进文明或捍卫文明可以成为诉诸暴力的理由。如果文明之敌（那些野蛮人）未能开化或改变信仰，那么就必须防止他们损害文明。

这是本书论述的关键问题之一：世界上"文明的"民族或国家以"文明"之名不时并将继续对"不文明的"民族或国家采取极端措施。正如斯塔罗宾斯基所说，一个较为极端的例子是，文明需求的后果表现为"殖民的正当性"，这一点在本书中有更广泛的探讨，尤其是在第二部分。正如本书第三部分的论述，鉴于一些西方领导人在全球反恐战争之后热烈追求的外交政策目标、大方向及其关联之物，认识上述告诫与当代的关联性其实不需要什么想象力。但在此之前，斯塔罗宾斯基指出："代表某种过程的'文明'一词与'进步'这一具有现代意义的词语同时进入了思想史。二者注定要维持最亲密的关系。"这就是我在下一章要讨论的主题——进步概念及其与文明概念的关系。

46

# 第三章
# 文明和进步的概念

我们可以接受这样一个喜闻乐见的结论，即人类的真实财富、幸福、知识或许还有美德在世界各个时代都在增加，并且将继续增加。

——爱德华·吉本：《罗马帝国衰亡史》
Edward Gibbon, *The Decline and Fall of the Roman Empire*

现代科学……声称正通过对人类及其著作进行最为仔细和详尽的研究来证明人类始于地球最底层而非最顶端，并一直逐步向上发展；人类诸多能力有一个发展过程；一切文化元素——生活方式、艺术、科学、语言、宗教、哲学——都是通过缓慢而痛苦的努力在灵魂和思想与外在自然之间的冲突中形成的。在这场冲突中，人类处于有利的地位，在特殊禀赋和环境中大获全胜，并且仍在继续进行新的征服。

——威廉·德怀特·惠特尼：《东方学和语言学研究》
William Dwight Whitney, *Oriental and Linguistic Studies*

# 引　言

尽管让·斯塔罗宾斯基声称文明和进步的概念在历史上的出现是相互关联的，但事实上，在"文明"一词和文明概念出现之前的几个世纪就已有进步概念的变体。乔尔·科尔顿（Joel Colton）指出，如果"灵活地加以解读"，进步的概念并非只有250年的历史，而是有2500年之久。[1]罗伯特·尼斯比特（Robert Nisbet）对此深表赞同，认为约翰·巴格内尔·伯里（J. B. Bury）等人在经典研究中犯了错误，声称："希腊人投机的头脑从来不会想到进步这个概念。"[2]也就是说，就斯塔罗宾斯基发表评论时所持有的别具一格的现代进步思想而言，它的出现与科学进步、科学方法发展以及标志17世纪和18世纪启蒙运动开始的理性信仰有关，这种解释不仅更为普遍，也更有说服力。事实上，进步的概念被描述为启蒙运动中的一种决定性因素并不罕见。

然而，这一解释并不能完全令人满意，因为在启蒙运动奠基之前就出现了进步概念的关键转折点。罗纳德·米克（Ronald Meek）曾提出如下问题："在英法革命的那个令人不可思议的世纪——传统上被称为启蒙运动的世纪——是什么使欧洲产生的关于社会结构和发展的观点统一起来的？"他的回答与上述观点完全吻合，即将最新获得的科学方法应用于人类和人类社会的研究是一个共同的关切。[3]但这只是故事的一部分。贝亚特·扬（Beate Jahn）在某种程度上认同米克的回答，但认为根本原因是1492年发现新大陆和美洲印第安人。[4]茨维坦·托多罗夫（Tzvetan Todorov）解释道："发现美洲大陆或者说发现美洲人，无疑是我们（欧洲）历史上最令人难以置信的邂逅。在发现其他大陆和其他民族的过程中，我们并没有那种迥然有别的感觉。"[5]这一论点背后的逻辑可从约翰·洛克那句著名的论断中找到线索："起初，美洲代表着全世界。"[6]这一说法表明，新大陆美洲印第安人的"发现"在某种程度上提供了人类这一物种在进化发展之前缺失的环节、起点或原始状态。或者如亚当·弗格森后来所言，"正是在他们（美洲野人）的现状下，我们才能像照镜子一样看到我们祖先的特征；并据此对我们祖先所处环境之影响（我们对此有理由相信）得出结论"。[7]将美洲印第安人和"处于自然状态的人"等同起来，不只单纯地为科学方法应用提供了一个契机，"还导致了历史在线性时间尺度上的重新定义，并提供了世俗终极目标作为历史进程之依据"。因此，"'发现'处于自然状态的人，为欧洲改革者提供了"批判性地审视自身社会政治发展轨迹的途径，以及"在理论上重构另一种普遍有效的政治共同体的工具"。[8]

　　本章探讨进步的一般概念以及围绕此概念笔耕不辍的一些重要人物的作品，概述了人类普遍进步之路可预见的大致方向，并暗示了其所预知的历史哲学。这就引出了下一章，第四章将更详细地阐述进步之路将通往何方，即何为普遍文明理论。与前一章类似，法国、英国和德国的思想家们提供了所要讨论的大部分观点和材料。尽管他们对某一主题的观点不乏分歧并富有变化，但这里所探讨的几乎所有著作都有一个共同之处，即努力将在新大陆发现的民族以及其他世居民族置于蒙昧和文明两极之间的某个连续统一体上。[9]与此同时，这些思想家也倾向于从古典传统的视角来看待发现世居民族一事，并将其插入代代相传的模式中，尽管这种模式并不合适。迈克尔·瑞安（Michael Ryan）指出，有一种"把古代文明与外来文明相比较——如果不是混淆的话——的趋势"，因为新发现的"外来文明"被认为"对高贵的希腊人和罗马人有特殊的影响"。[10]弗里德里希·恩格斯对路易斯·亨利·摩尔根（Lewis Henry Morgan）的《古代社会》（*Ancient Society*）一书的赞誉便是很好的例证。恩格斯指出，此书找到了"一把解开希腊、罗马和德意志上古史上那些极为重要而至今尚未解决的哑谜的钥匙"。[11]

文明与进步两个概念的相互性在尼斯比特的质疑中有明显体现，"如果没有对伴随文明而存在的进步信念的支撑，那么可与我们西方所知文明相媲美、以任何形式和内容呈现的文明是否存在呢？"[12]本章的主旨与其说是回答上述问题，不如说是探讨前一章提到的文明概念与进步概念之间的关系。在探讨此关系的本质时，显而易见，这一对孪生理念在追寻影响深远的历史哲学的过程中发挥了重要作用。尼斯比特的论述对这种追寻的本质和意义有所暗示："近三千年来，没有任何一种概念比……西方文明中的进步概念更重要。"虽然自由、正义、平等和共同体等概念有其应有的地位且不应被忽视，但必须强调，"在西方历史的绝大多数时期，这些概念的基础实则是一种赋予过去、现在和未来重要意义的历史哲学"。斯塔罗宾斯基提出"文明是对理论的一种强有力刺激"，据此观点可得出以下结论："尽管模棱两可……通过阐述某种能够奠定深远历

49

史哲学基础的文明理论来澄清我们思想的诱惑是不可抗拒的。"[13]这进一步揭示了其重要意义。确实，事实证明，在最近几个世纪里，为数众多的思想家难以抗拒这种诱惑，一直试图承担如此具有挑战性的任务。

## 进步的概念

英国杰出的历史学家约翰·巴格内尔·伯里是最早对进步概念史进行大规模考察的人之一。他指出："进步概念意味着文明已经、正在并将继续朝着期望的方向前进。"根据调查结果，伯里得出了一个伟大的理论。为了顺应这一理论的不可抗拒性，他宣称："人类进步的思想是一种涉及总结过往和预测未来的理论。"这一理论化基于对历史的一种解读，即认为人类是朝着"明确、期望的方向"发展的，"暗示……人们最终将享受一种普遍幸福的状态，而这将证明整个文明进程的合理性"。[14]尼斯比特也对进步概念史进行了较为广泛的研究，并做了类似的定义："简而言之，进步概念认为人类过去已经取得进步——从落后、野蛮甚至无知的原始状态——现在正向前发展，而且在可预见的未来将继续取得进步。"[15]就本质而言，进步概念认为，人类的经验（无论是个人的还是集体的）都是日积月累而成并且面向未来的，其具体目标是个体、个体安身立命的社会、社会赖以存在的世界不断得到改善。在过去两三个世纪，对这一思想的信仰变得普遍和根深蒂固，尤其在欧洲和北美地区，以至于它被描述为"一种普遍性宗教"。正如南内尔·基欧汉（Nannerl

Keohane）的阐释，到 19 世纪，"进步概念……成为一种坚定的信念……并且在 20 世纪中叶之前一直是西方的主导教义"。[16]这暗示了与文明概念一样，20 世纪初至 20 世纪中叶的一系列灾难性事件令进步概念失去光泽并遭人质疑。但如下文所述，部分是因为苏联式共产主义的崩溃和冷战的结束，进步的概念和对人类普遍史的信念才得以昭雪。

50

　　文明的概念涵盖诸多不同领域的内容，如艺术、"硬"科学和"软"科学，进步的概念也包含一系列要素。露丝·麦克林（Ruth Macklin）发现了其中具有重大意义的部分。她表示："对于技术进步已经发生毫无争议，对于知识和理论进步已经出现也基本上没有争议，对于美学或艺术进步已经发生则存在一些争议，而对于道德进步已经出现却极具争议。"麦克林指出，道德进步是"一种纯粹的社会概念"，仅概述"国家、文化、社会、时代或历史时期的事件、制度和实践"。[17]换句话说，她泛指的是社会政治领域及其内部关系的安排和实施。至于在社会领域一直取得进步是否极具争议性值得商榷，因为这与前述观点并不一致。上文提到，进步的思想在过去三个世纪的多数时间里是一种"信条"。与麦克林相似，戈达德和吉本斯指出，历史上存在一种普遍的共识，即"科学、思想以及一切知识门类无疑都取得了进步"。但与麦克林不同，他们认为人们长期以来普遍坚信"社会秩序和政治制度取得了进步"。他们得出结论，指出近代史绝大多数时期以一种普遍信念为特征，即"人类取得伟大成就的所有分支学科——艺术、科学、宗教、社会、思想等，以及实际上构成我们称为'文明'的万事万物，都受到进步实际情况探讨的影响"。[18]

如第二章所述，此处与文明的概念最密切的是与社会合作或社会政治组织程度有关的那些事物。此处对进步概念（实际上是指文明的整体进步）的分析，同样也主要局限于社会政治领域。本书前一章曾提及这一方法的逻辑基础。它基于一种论点（如霍布斯的观点），即某种具有一定发展水平的社会政治组织是文明根基的基本必需品，对进步而言亦然。下文摘录了霍布斯的《利维坦》（*Leviathan*）一书中的著名片段，从中可以比较容易地辨识出这一观点。

> 故而，一切皆为战争时代的必然结果，人人皆为彼此之敌；这一时代同样的结果是，人们除自身的力量和发明之物所能提供的一切之外，生活保障别无他物。在这种状况下，产业是无法存在的，因为其成果具有不确定性。如此一来，举凡土地的耕种、航海、外洋进口商品的使用、舒适的建筑、移动与卸除须费巨力的物体之工具、地貌知识、时间的记载、文艺、文学、社会等皆不存在。最糟糕的是人们将不断处于暴力死亡的恐惧和危险当中，人生将显得孤独、贫困、卑污、粗野而短暂。[19]

实际上，霍布斯指出，倘若缺乏（政治）社会中最初的合作，便没有科学知识、哲学和艺术、个人财产和财富或健康，并且自然而然，"在这些事物上毫无进步可言"。[20]对霍布斯而言，至少在起初，社会和政治的进步先于其他任何形式的进步，而且文明的其他子元素的进步也取决于此。抑或如

51

弗里德里希·冯·席勒后来所言，"如果未能达到实际上已取得的较高政治成就，希腊会产生修昔底德、柏拉图、亚里士多德，或者罗马会产生贺拉斯、西塞罗、维吉尔、李维吗？"[21]然而，一旦最初的社会条件得以实现，其他领域的进步就应当快于社会政治领域的进步。首先，文明主要涉及社会合作和组织；其次，所有的进步起初都依赖于该领域的进步。正是基于这些原因，这项研究主要关注这样一种看法，即文明（或进步）将提供"更优越的制度，以更理性地组织人民"。[22]

如上所述，进步的概念源远流长，它的产生呈现诸多理论方法。若遵循查尔斯·范多伦（Charles Van Doren）所提出的范畴特征，可将这些方法分为"人为"或"宇生"。前者泛指以人类为进步之源的理论，包括以人类集体或日积月累的社会记忆为基础的理论与以人类运用理性力量而取得的进步为基础的理论。后者关于进步的理论则指出，进步源自非人类或超自然，例如神授的进步或天意，以及基于宇宙进化过程（即"天演"）或自然法则的进步。[23]事实上，划分并孤立各种进步理论实属不易。一个领域的发展能够为另一领域的论证提供补充。这些相同的发展可能仅仅需要对特定的论证思维进行一些再加工且无须与原点割离。或者，关于进步理论化的新作品可能意味着，一种思想要么演变为另一种思想，要么让位于另一种思想，抑或分裂成不同的分支。还有一种情况，支持进步思想的证据会因传统不同而出现见仁见智的现象，或者说诠释殊途同归的进步到底所谓何物的方式也各不相同。鉴于此，下文将对进步概念的一般渊源进行宽泛的历史概述。

52

## 人类学与民族学

如前所述，进步的概念在一定程度上与科学的发展相关联，或者与之相同，科学的蓬勃发展源于人类物种进化进程的理论化。简而言之，人类学和民族学/民族志新兴学科是人类进步理论的源泉，对截然不同的人类进步阶段进行划分也为人类学和民族学奠定了基础。[24]人类学成为一门需要认真对待的科学至关重要。大卫·哈维（David Harvey）指出，伊曼努尔·康德"认为地理学（和人类学）定义了所有知识可能出现的条件，这些知识是其他一切事物的必要准备，他称之为'预备知识'"。[25]有关人类学对社会、政治、法律思想等研究领域的影响将在下文进行探讨。

克里斯托弗·哥伦布发现新大陆，随后西班牙人邂逅新大陆（他们最初称之为"西印度群岛"）的世居民族，为新的科学探索领域提供了进一步的动力。安东尼·帕戈登认为，巴托洛梅·德·拉斯·卡萨斯（Bartolomé de Las Casas）的《辩护史》（*Apologética historia sumaria*，c. 1550）是他在美洲印第安人聚居地旅行多年和传教后写成的，实际上是比较民族学的首部著作。拉斯·卡萨斯的著作之所以具有比较特征，是因为他对美洲印第安人和欧洲人以及其他已知民族进行了比较分析，并将其放在他所认为的在蒙昧－文明连续统一体中应有的位置。然而，拉斯·卡萨斯的影响是相当有限的，因为这部著作与其所著的其他寻求改善西班牙殖民统治下美洲印度安人的待遇和状况的作品一样，在他生前均未能出版。相比之下，何塞·

德·阿科斯塔（José de Acosta）所著的《西印度自然与道德史》（*Natural and Moral History of the Indies*）一书在 1590 年出版之后便被翻译成意大利语、德语、法语、英语、荷兰语和拉丁语——皆为欧洲帝国之语言，因而"在 16 世纪下半叶和 17 世纪绝大多数时期，对美洲印第安人及其文化的猜想甚嚣尘上"。[26]

　　与拉斯·卡萨斯类似，阿科斯塔的著作基于自身的实证研究，并辅以"各种披露新大陆和西印度群岛新奇事物的书籍和报告"。他对其中不少内容并未抱太大的信心。[27]阿科斯塔于 1571 年开始了前往新大陆的航程。在次年抵达后，他在当地度过了将近 10 年之久。他在加勒比群岛停留了 1 年，随后游历了现今的秘鲁、玻利维亚、厄瓜多尔、墨西哥、危地马拉和尼加拉瓜多地。阿科斯塔的《西印度自然与道德史》第 6 卷最为有趣，其中谈及印第安人的"风俗、政治和治理"。他在书中写道："野蛮民族的野蛮性在其治理和统治方式上表现得最为明显，这是一个得到证明的事实。因为人们越是接近理性，他们的治理就越显得人道而不那么傲慢无礼。"阿科斯塔考察了美洲印第安人各群体不同发展水平的社会组织和治理体系。他写道："必须指出，在印第安人中发现了三种治理和生活方式"，"最主要、最好的便是王国或君主制，就像印加人和蒙特祖马那样的情况"。阿科斯塔描述的第二种组织体系是"自由协会或社群"，根据众人的意见来治理，就像理事会一样。战争时期，这些人推选出整个部落或全省都服从的首领；和平时期，各城镇或民间团体则在享有多数人尊重的杰出人物的领导下实行自治。他对第三种安排的描述让人联想起亚里士多德曾提及的《荷马史诗》中那个遭人唾弃之人，正如前一章所述。阿科斯塔宣称："第三种治理完全是野蛮的，这些印第安人既无法律亦无国王，甚至没有固定住所，而是像野兽和野人一样成群结队。"[28] 帕戈登基于其对美洲印第安人和社会的研究，指出："阿科斯塔坚称，野蛮并非描述一种而是几种不同的文化类型，（这意味着）可以通过考察民族的政治制度、宗教信仰和语言复杂程度来对其文明或野蛮程度进行分级。"[29]

阿科斯塔谙熟欧洲以外不同民族的生活方式。他将其对美洲印第安人组织发展阶段的划分与东印度群岛民族组织发展的阶段划分进行了比较。他指出："中国历朝历代的伟大和强大是其他所有国家都无法比拟的，帝王制由于其卓越的治理形式而延续了两千多年之久。"[30] 尽管阿科斯塔是根据自身经验观察得出的结论，但他明确指出，这是中国人自己的看法。由于没有权威性的欧洲人对其过去数千年的成就进行查证，故而这种说法容易令西方人怀疑。然而，此处的重点在于，阿科斯塔进一步论及各社会的组织水平的排序。

耶稣会传教士约瑟夫·弗朗索瓦·拉菲托（Joseph François Lafitau）是另一位被誉为"科学的人类学道路上第一束光芒"的重要人物。[31] 与路易斯·亨利·摩尔根一样，拉菲托在易洛魁人和其他美洲印第安人中间生活了很长一段时间。他的研究后来被广泛借鉴并影响了许多人的思想，其中包括苏格兰启蒙运动思想家亚当·弗格森及其关于民间社会的研究、德国浪漫主义思想家约翰·戈特弗里德·赫尔德（Johann Gottfried Herder）及其关于语言和歌曲的研究。但我不想对拉菲托的广泛研究予以太久的关注或过多的阐述，除了他们对此处探讨的人类进步这一主题所做的重要论述。部分原因在于，拉菲托的研究风格与之前的研究（比如阿科斯塔的研究）以及随后的研究大体相似。

在西班牙跟跄间发现新大陆之后的数个世纪里，随着欧洲人对世界各地世居民族的进一步"发现"，人类进步的阶段理论得到了更广泛的研究并被当作事实所接受。美国律师兼人类学家路易斯·亨利·摩尔根基于其对历史社会和世居民族的广泛研究，包括他对美洲印第安人尤其是易洛魁联盟的广泛观察，详细阐述了更为具体的人类进步等级，进一步促进了这项事业。他在影响较为深远的《古代社会》一书中写道："现在可以根据令人信服的证据来断言，正如在文明阶段之前有过野蛮阶段一样，人类所有部落在野蛮阶段以前也曾有过蒙昧阶段。"他深信，"从历史上看，这一顺序对于全人类而言合乎事实"，因为"这三种截然不同的社会状况以必然而又自然的进步顺序彼此衔接起来"。换言之，摩尔根认为，"人类历史 55 的起源相同、经验相同、进步相同"。[32]

为抵达他所称的人性论阶段，摩尔根遵循两条考察思路：一条是通过"发明和发现"，另一条是"通过主要的（社会）制度"。事实上，其著作大部分篇幅论述"政治观念的发展"及其如何与从蒙昧时代经过野蛮时代再到文明时代的发展相关联。摩尔根认为："任何形式的政治皆可简化为两套总体方案……从根本上而言是截然不同的。"第一个出场的方式"以人身、纯人身关系为基础，可以名之为社会"。"第二种方式以地域和财产为基础，可以名之为国家。"家庭和松散或流动的部落联盟是前者的组织单位，而后者则通过从城镇、地区直至国家层面的连续的整合阶段组织而成。据说各单位是"在领土范围内组织起来的，通过领土关系处理财产和人际关系"。摩尔根指出，"政治社会便是结果"，而这是前者所欠缺的。

摩尔根关于人类物种发展及其社会组织能力的一般理论简明扼要地体现在下面这段话中，值得详细引用：

> 早期人类思索出的少数思想萌芽演化为人类的一切制度。这些思想萌芽从蒙昧阶段开始生长，经过野蛮阶段的发酵，进入文明阶段后又继续向前发展。这些思想萌芽的进化受到一种自然逻辑的指引，而这种逻辑是大脑本身的一个基本属性。这项原则在所有的经验状态下、在所有的时代中都非常准确地发挥其作用，因而它的结果是连贯一致的且其来龙去脉也有迹可循。仅凭这些结果便可立刻得出人类同源的确证。可以认为诸多制度、发明和发现反映出来的人类精神史是单一物种的历史，这个种属凭借个体延续下来并依靠经验得到发展。在原始的思想萌芽中，对人类的心灵和命运产生过强烈影响的是有关政治、家族、语言、宗教和财产的思想。它们在遥远的蒙昧阶段都曾有明确的起点，都有合乎逻辑的发展，但不可能有最后的终结，因为它们仍然在向前发展，并且必须永远不断地向前发展。

不管何人拥有"首位人类学家"的头衔，据约翰·卢布克爵士（Sir John Lubbock）1870年所述，人类学的特殊意义源自这样的说法，即它构成了"人类物种的自然史"，涵盖了"性别、性情、种族、文明等方面所有变化过程中的人、身体和灵魂的完整科学"。据此，人类学很快也会对其他许多社会研究领域产生影响，因为人们认为人类学提供了必要的工具来确定"人类事务中是否存在明确、必然的进步规律"。[33]

常被称为"种族主义之父"的法国人种学者阿蒂尔·德·戈比诺（Arthur de Gobineau）与摩尔根的观点大相径庭。他坚称，大多数人无法取得超越其现状的进步。戈比诺确信："种族问题掩盖了其他所有历史问题，是解决其他历史问题的关键；民族由种族间的融合而形成，种族间的不平等足以解释一个民族的整个命运。"他总结道："我终于说服自己，地球上，在科学、艺术、文明中，人类的一切作品都是伟大、高贵、丰硕的，皆起源于同一起点；它只属于一个家族，这个家族的不同分支在世间所有的文明国家里繁盛发展。"[34]或者用声名狼藉的解剖学家罗伯特·诺克斯（Robert Knox）的话来说，"种族就是一切：文学、科学、艺术，一言以蔽之，文明有赖于种族"。[35]弗兰克·汉金斯（Frank Hankins）解释道，与其他讨论这些宽泛而诱人问题的人一样，戈比诺也无法抗拒从其结论中推断出"宏大而广泛的历史哲学"的诱惑。[36]如下文所述，尽管不再有人公开表示种族是明辨是非的因素，但仍有人得出相似的结论。相反，对一些人而言，西方作为革新者和现代化改造者，在知识和技术各领域扮演着领导者的角色，这归功于其文化或文明的优越性。在查尔斯·达尔文的《人类的由来》（*The Descent of Man*）问世之前，一些适应戈比诺思维方式的人甚至认为，世界上较弱、不太文明的民族不可避免会被强者

57　所取代或消灭，而欧洲人即为强者。他们简单地认为这就是事件发展的自然顺序。

　　例如，赫伯特·斯宾塞声称，自然的"力量在起作用，消灭"那些阻碍人类进步的部分，"就像消灭猛兽和无用的反刍动物那样严厉"。正如蒙昧之人取代更低等的动物是自然而然的事情一样，如果他处于蒙昧状态太久，也必须让位于处于更高级状态的人。对斯宾塞而言，以强欺弱不仅是自然的"文明阶段"，也是一种明智之举和道德正确。他们"通过清除地球上最不先进的居民，强迫其他人养成工业习惯"来帮助文明。正如后面几章所强调的，"一个民族对另一个民族的征服基本上是社会人对反社会人的征服；或者更严格地说，是适应能力强的战胜适应能力弱的"。[37]一般规律是"文明人"征服，"不文明的人"被征服。

　　在这方面，重要的是，新大陆和欧洲以外新发现的其他大陆上的世居民族被认为没有能力或缺乏能力开展社会合作、达到政治组织的水准。苏格兰历史学家威廉·罗伯逊在《美洲史》（History of America）中对美洲印第安人的探讨反映了当时大多数非欧洲地区民族（尤其是美洲、南太平洋和非洲民族）的主流思想。罗伯逊重申了人们普遍持有的观点，即"人在成为社会一员之前是作为个体存在的"。正因如此，个人在成为社会成员前所具备的品质和能力是"考察粗鲁民族行为方式"的重要考量因素。[38]这句话证实了基欧汉的观点："纵观历史，描述人类进步的常用方法就是将人类物种发展与个体成熟进行类比。"[39]也就是说，蒙昧时代和野蛮时代的人通常被形容为天真烂漫或幼稚无邪，他们没有能力照顾自己，因而大声疾呼，希望得到成熟、理性的成年人（即文明民族）的保护和监护（第六章将继续考察这方面的事例）。在描述这些粗鲁民族时，罗伯逊宣称："他们的政治联盟如此不完整，他们的公民制度和规章如此之少、如此之简单、如此缺乏权威，以致身处这种状态下的人应该被看作独立的代理人，而非正常社会的一员。蒙昧民族的性格几乎完全是由个体感情或感觉所决定的，几乎不受个体对治理和秩序不完全服从的影响。"[40]

此处所提出的观点是，蒙昧民族的性格反映了一种进步或教养的普遍缺失，结果是缺乏社会秩序和治理，而其原因各异。如上文所述，一些人谓之种族缺陷，一些人则认为自然或地理是限制其各阶段取得进步的重要因素。法国政治家孟德斯鸠积极倡导此观点且极具影响力。他在《论法的精神》（*The Spirit of the Laws*）中提出了一个基于环境考量的理论来解释"蒙昧民族和野蛮民族之间的区别"，以及它们是如何与文明社会相区别的。与这里讨论的其他颇具影响力的论述一样，孟德斯鸠强调两者的社会协同能力，认为"前者是分散的氏族，出于某种特殊的原因，无法将其称为一个整体；而后者通常是有能力实现统一的小国家"。他补充说："蒙昧之人通常是狩猎者，野蛮之人则为牧民和牧羊人。"[41]如下文所述，亚当·斯密在他的"进步四段论"中也做了类似区分。

## 从人类学到政治和哲学

在谈及孟德斯鸠以自然为基础对进步思想做出的贡献之后，有必要进一步讨论人文科学的思想和理论对社会科学与政治科学的影响。一般而言，人类学对于社会理论和政治哲学的意义，在恩格斯对摩尔根的《古代社会》的慷慨赞扬中有鲜明体现。恩格斯自己的研究也涉及类似的知识领域，他在马克思去世之前就开始研究马克思理论，恩格斯抒情地描述了摩尔根的著作在"发现和恢复了我们成文史的这种史前的基础"方面的"伟大功绩"。它的特殊魅力在恩格斯的论述中得到体现："摩尔根在美国，以他自己的方式，重新发现了40年前马克思所发现的唯物主义历史观，并且以此为指导，在把野蛮时代和文明时代加以对比的时候，在主要点上得出了与马克思相同的结果。"事实上，恩格斯在《家庭、私有制和国家的起源》的序言中写道："在某种程度上是实现遗愿。不是别人，正是卡尔·马克思曾打算联系他的——在某种限度内我可以说是我们两人的——唯物主义的历史研究所得出的结论来阐述摩尔根的研究成果，并且只是这样来阐明这些成果的全部意义。"

恩格斯指出，"以血族团体为基础的旧社会"让位于"新形成的各社会阶级"，"代之而起的是组成为国家的新社会"，国家转而由地区团体组成。"在这种社会中，家庭制度完全受所有制的支配"，由此产生阶级对立和阶级斗争。[42]恩格斯对摩尔根的结论印象深刻，以至于在自己著作的结尾处引用了摩尔根在结论部分详细阐述进步规律的几段话。

人类学家所阐述的社会政治发展的阶段理论影响了为数众多的政治思想家。物以类聚，人以群分，考虑到他们对理想政治社群和最适当或最有效的治理形式持不同看法，因而通常他们可能不会被归为具有相同知识分子特征的一类人。基欧汉指出，尤其是对苏格兰和法国启蒙运动的重要人物而言，"将苏格兰和法国与美洲简单的狩猎部落进行比较，为社会组织、经济生产与商业以及交流方面的进步提供了确凿的证据"。[43]在法国，这一进步思想的主要倡导者是安·罗伯特·雅克·杜尔哥（Anne Robert Jacques Turgot）和安托万 – 尼古拉斯·德·孔多塞（Antoine-Nicolas de Condorcet）。

## 法国人的进步观

杜尔哥提出："所有时代皆由一连串因果关系密切相连，这些因果关系把当今世界的现状与过往的一切联系在一起"，可将这一观点描述为"历史累积论"。在此基础上，他认为："在哲学家眼里，人类自其起源以来，似乎就是一个庞大的整体。"他继续写道，这体现了基欧汉所提到的类比，"就像每个个体一样，本身亦有婴儿期和成长期"。与霍布斯对进步领域的最初排序相一致，杜尔哥认为"法律和政府形式相辅相成"，而后"艺术和科学相继被发现和完善，在其进步过程中或延缓或加速；它们在国家间相互传播"。[44]杜尔哥重申了上述关于社会政治合作和领土财产是文明基石，而城镇和村庄是其建筑砖块的观点。他写道："所有文明民族的城镇就其本身性质而言构成了贸易中心和社会支柱。"

60

杜尔哥是人类进步理论的坚定信仰者，他将人类视为"一个庞大的整体"，这意味着整个物种，无论是什么民族与种族，正沿着相同的路径前行，但这并非意味着一切物种都以同样的速度取得进步。更确切地说，据杜尔哥所言，在他那个时代，已知世界是由代表人类曾经历或取得的所有不同进步阶段的民族组成的。他解释说："世界的现状以这种不平等的无限变量为标志，同时将从粗俗野蛮到有教养的所有阶段呈现在我们面前，因此我们只要看一眼，便可了解人类思想所有步骤的记录和遗迹，反映出其所经历的所有阶段和各时代的历史。"在对人类进步各个阶段的考察中，杜尔哥宣称能够看到人类普遍史以及人类缓慢前进的道路。对杜尔哥而言，他设想的人类发展最终目的地也很清晰，尽管有些人比其他人早到得多。他是这样描述的："最终，商业和政治纽带将世界各地联系起来，整个人类在安定与动荡、祸福与甘苦的交替中继续前进，尽管步履维艰，但一直朝着更美好的方向前行。"这是一个许多进步理论家和历史哲学家也会讨论的话题，它仍然具有影响力，也是下一章讨论的重点。

美国学者萨尔温·夏皮罗（J. Salwyn Schapiro）指出，与杜尔哥对进步思想的贡献同等重要的是，他并没有设法将其发展成一个"社会哲学体系"或一部人类普遍史。[45]斯图尔特·汉普希尔（Stuart Hampshire）对伏尔泰也持类似的看法[46]，尽管伏尔泰被认为是第一个使用"历史哲学"术语的思想家。[47]夏皮罗称，这项任务后来落在了杜尔哥的"好友兼门徒"孔多塞身上。[48]汉普希尔承认，"历史观念"作为一种人类"从迷信和野蛮到理性和启蒙时代的进步"的叙述，并非孔多塞的智慧结晶。但他坚持认为，"孔多塞的独创之处在于将进步学说扩展至人类活动的各个领域；他认为历史是知识、政治、经济、社会和艺术进步的故事，所有这些都是必然联系在一起的"。[49]同样，这里最有趣的莫过于汉普希尔对社会政治组织进步的关注，即孔多塞所说的"社会艺术"。汉普希尔认为，"在文明启蒙的高级阶段"，社会艺术或政治将演变成"建立在以自然为基础、为理性所认可的一般原则之上的一种真正的理论"。[50]

对孔多塞而言，历史研究有两个基本用途：一是"确立进步的事实"，二是"发现进步的规律以确定人类未来的发展"。[51]他希望用工具武装自己来帮他解决如下问题："如果人类能够几乎完全有把握地预测现象，又知道这些现象的规律……那么为何要把依据人类历史描绘人类未来命运（对真实的伪装）看作一种异想天开的事业呢？"[52]简而言之，孔多塞致力于观察历史的进程、预测或预见未来。这源于其信念："人类思想的进步……受制于与个人能力发展相同的一般规律"，进步"无非是社会中诸多个体结合起来所实现的发展之和"。在此，我们再次看到了人类物种成熟和个体成熟之间的类比。孔多塞接着指出："历史是关于变化的记录，基于对人类社会在不同发展阶段的观察。"正因如此，历史"应该揭示这种变化的前后次序以及前一阶段对后一阶段的影响"。最终，历史应揭示人类所经历的所有阶段，"它所走过的道路，它为追求真理或人类幸福所采取的行动"。这段文字揭示了孔多塞对人类进步方向的坚定信念，以及他对人类进步前景的美好憧憬。

孔多塞在阐述人类历史哲学思想时推断，"如果研究个体存在对形而上学思想家和道德家有用，那么为何社会研究对他们和政治哲学家就不那么有用呢？"这正是他要努力做的事情，将它们"放在一起"研究，研究"它们之间的关系"，把它们"置于历史长河中"研究。孔多塞发现,"所有留有历史记载的民族,其文明程度介于我们现在的文明程度和我们在野蛮部落中看到的文明程度"。与杜尔哥相似,"从历史开端到我们所生活的(18)世纪之间,从我们所知的最早民族到现在欧洲各国之间",孔多塞看到了一条"绵延不断的链条"。在链条两端之间——欧洲忍不住坐上顶端——孔多塞确定了人类进步的十个不同阶段。[53] 我将在下一章探讨孔多塞为人类设想的目的地。

## 英国人的进步观

在苏格兰启蒙思想家中,亚当·弗格森和亚当·斯密与进步思想的联系最为紧密。由于前一章已讨论了弗格森关于民间社会以及人类和社会从"原始粗野"状态向"文明有教养的"状态转变的作品,此处的重点是简述斯密的理论。帕格顿辩称,一些政治经济学家坚信:"当代商业社会是人类所能追求的最高境界,这样的社会是一个具有确定性、易于理解且在某种程度上可控的历史进程的可能结果——世界各地所有民族皆有可能。"[54] 斯密则是这些政治经济学家中的一员。在《国富论》(*The Wealth of Nations*)第五卷关于战争和防御的讨论中,斯密概述了人类社会发展四阶段说。第一阶段是"最为低级、野蛮的狩猎社会",列举的主要例子是"北美世居部落"。第二阶段是"比较进步的游牧社会",如鞑靼人和阿拉伯人。但这些民族仍然"居无定所",他们需要随心所欲地迁移牲畜,随着季节变化不停地寻找食物。第三个阶段是农耕社会,"即使在最原始和最落后的状态下，也有一个定居点和某种形式的固定住所"，这反过来又需要某种形式的协调与合作，以保卫村庄。第四个阶段也是最先进的阶段，是商业社会。商业社会通过组织和创造剩余价值，有能力建立一支常备军。[55] 爱德华·哈珀姆（Edward Harpham）指出，斯密以四阶段理论来"阐释为何政治制度在商业社会中"得到发展，并且"必然不同于人类社会发展的较早阶段"。斯密进一步阐述了这些制度在政治、社会和经济动荡情况下的适当职能，而这些动荡则是向市场经济体制过渡引起的。[56]

另一位论述进步和政治社会发展思想的政治经济学家是英国人沃尔特·白芝浩（Walter Bagehot）。他在《物理与政治》（*Physics and Politics*）一书中指出："世界上各种各样的种族被公正地描述为处于工业文明的各个边缘，从多个方面接近工业文明，但在诸多方面又有所欠缺。"在谈到那些没有达到要求即处于"原始状态"的人时，他声称，他们"既不了解自然（物质文明的规律），也不拥有政体（道德文明的某种规律）"。与约翰·穆勒在某些方面相似，白芝浩重申了人们普遍持有的观点，即"人类向前发展进步的实现需要人类合作"。按照当时长期盛行的思想，他宣称："任何个人或家庭能为自己发明的东西显然是极其有限的。"其结果是，"最粗野的合作型社会、最落后的部落、最软弱的政府都比孤立之人强大得多，孤立之人……很容易就会不复存在"。[57]

这一论点的逻辑外延是，当处于天平低端的社会与那些更有组织、更为复杂的社会接触时，情况也同样如此。从进步这一主题出发，白芝浩得出了两大原则。第一个原则是："人类只有在'合作型群体'中方能取得进步。"这基本上是对上文讨论的霍布斯论点的重述。基于这一原则，他坚称："几乎没有人能一眼看出部落和国家属于合作型群体，或者它们的存在才使它们有了价值。"因此，"除非能建立起一种坚实的合作关系，否则你的社会将被其他拥有这种纽带的社会征服和消灭"。如上文所述，许多人特别是人种学家持有这种观点（这也是第六章深入讨论的主题）。"第二个原则是：此类群体的成员彼此应该足够相似，以便容易且乐意合作"，因为群体内的合作，特别是已获得政治社会地位的群体内的合作，需要"心灵和精神结合的感觉"。他相信，只有"在思想和感情上有真正相似之处"时，这种结合方可实现。在那些对多元文化社会的优点或可行性持怀疑态度的人中间，类似的观点持续至今。

## 德国人的进步观

约翰·戈特弗里德·赫尔德在某些方面与主流的人类进步理论（包括与他的德国知识分子同仁）有很大的不同。上一章概述了一些德国人对文明与文化区别的看法，赫尔德的思想在某些方面与他们的观点倒是颇为相似。除了被誉为德国浪漫主义之父，根据汉斯·阿德勒（Hans Adler）和欧内斯特·门泽（Ernest Menze）的说法，赫尔德还被称为"人类学创始人"和"现代历史哲学开创者之一"。但更重要的是，赫尔德的世界史是跨学科的，因为他在理论探讨中结合了"美学、物理学、地理学、人类学、神学、神话学、心理学，以及其他诸多人类认知及知识"，所有这些都融入了他那包罗万象的历史哲学。[58]

与其他许多思想家在这些问题上的观点一致，赫尔德也认为"现在由过去孕育而来"。也就是说，他认为："现在的存在归功于过去，正如未来将受制于现在。"这就是他所谓的"遗传"史观。与这里所讨论的其他大多数思想家一样，他认为："在我们地球母亲的怀抱里，各个时代的人类确实都生存下来并不断前进。"[59]但这并非说赫尔德遵循人们持有的更为普遍的观点，即人类进步是走向完美或更伟大文明的普遍进程。相反，赫尔德认为，"使世界历史成为可能的普遍性"是建立在一种承认"人类多样性中的统一"的人类学基础之上的。[60]他的表达言简意赅："良善难道不是分散在全部大地上吗？"简言之，赫尔德质疑道："为何只有我们北半球的西端（西欧）才是文明的发源地？事实果真如此吗？"[61]就本质而言，赫尔德不相信历史只是人类走向至善至美的普遍线性过程，也不相信历史是循环的，更不相信历史的进程只是混乱和偶然的。他认为进步之事无法保证，并指出"文明国家"可以在那些曾经被认为几乎不可能的地方发展，"尽管我们认为文明国家是不朽的，但它们其实也会枯萎凋谢"。对赫尔德来说，理性是多方面的，人类本性或人类精神并没有普遍契合诸多启蒙思想家所提出的科学模型。他的历史哲学依赖于构成人类物种的不同文化和社会的多元性。因此，应该在相关语境下分析对不同民族的进步程度或具体成就的推断，而非从其最重要的文化基础中抽象出来。赫尔德的历史观得到了他以前的老师伊曼努尔·康德的回应。两人随后花了很多时间争论或挑战彼此的哲学体系。[62]反过来,康德的作品又激发了黑格尔对这一问题的许多思考。下文将探讨两人的观点。

关于历史进程和历史走向的特定终点,康德的思想更像孔多塞而不是他的同胞,当然这并不是说赫尔德和黑格尔在此问题上就有那么多共同点。正如刘易斯·怀特·贝克(Lewis White Beck)的阐述,对康德而言,就像其他许多人一样,"对历史的研究表明,人类逐步从野蛮状态走向建立国家概念",但很少有人将其解释为"为人类进一步走向世界主义与持久和平指明了方向"。[63]康德这方面的思想对本书而言尤为重要,因为它对当代自由主义思想(尤其是自由世界主义者的思想)仍有相当大的影响,没有什么比他们对国际政治的理论化(对一些人而言,即为国际政治的亲身实践)更能说明问题了,这将是下一章的重点。

我们可从《世界公民观点之下的普遍历史观念》(Idea for a Universal History from a Cosmopolitan Point of View)一文中窥见康德关于历史是叙述人类普遍进步的思想。他在文中提出,有可能在历史中"发现有规则的进程"。他指出,在个别主体的微观层面上看似"杂乱无章"的事物,对人类全体而言,则具有连贯和渐进的进化逻辑。在康德看来,进步的驱动力是理性以及人类的"非社会的社会性",后者指"人进入社会的倾向,而这种倾向却与一种不断威胁要分裂这个社会的普遍抗拒联结在一起"。但与其他许多思想家一样,康德认为,政治社会是进步和文明的重要工具。因为唯有在社会中,"更确切地说,(唯有)在一个拥有最大自由的社会中",人类才能完全发展其全部的自然禀赋。[64]与孔多塞的思想相似，康德的哲学或"世界历史观"被形容为具有累积色彩。他简明扼要地表达了关于国家建设进程向前发展的思想："如果我们探索希腊史对于吞并希腊国家的罗马民族政治体的形成与破坏所产生的影响，以及罗马民族对于后来毁灭罗马民族的蛮族所产生的影响，直至我们的时代为止；如果其他民族的国家史（关于它们的知识正是通过这些已启蒙的民族逐步获得的）作为插曲加入，那么，我们就会发现，在我们的大陆（欧洲）上国家宪法拥有一个有规律的进程（日后或许会为其他所有的大陆提供法则）。"

如第五章和本书其他部分的内容所述，欧洲在很大程度上亦如此。康德将人类的进步视为一个整体，而不单纯是某些方面，这在他的《重提这个问题：人类是在不断朝着改善前进吗？》（*An Old Question Raised Again*：*Is the Human Race Constantly Progressing*?）一文中有所体现。为确保问对问题，他提出："如果要问人类（大体上）是否不断地朝着改善前进？那么这里所涉及的就不是人类的自然史……而是道德史；并且不是依据种属概念，而是依据在地球上以社会相结合并划分为各个民族的人类的整体。"[65]

本书的一个论点是社会政治进化史的进程是由诸多思想和文明标准的实施来塑造的，这是康德在《世界公民观点之下的普遍历史观念》中首次阐述"世界史观"时提出的一个重要观点。他写道："我们可以看到哲学也可以有其千年福祉王国学说，但是这样的一种，即哲学理念尽管仍然十分邈远，这个理念本身却能促成此说之实现，故绝非虚幻之说。"他继续写道："问题只在于经验能否揭示有关自然目标的这样一种进程的任何东西？我的回答是很少能有什么东西。"他接着断言："人性具有一项特性，即甚至对于我们人类将要遇到的哪怕是最遥远的时代，它也绝不会无动于衷，只要那个时代确实可以期待。特别是在我们的情况下，它更不会无动于衷，因为我们似乎能靠自身的智慧活动让这个令我们的后代如此欢愉的时刻更早来临。"[66]康德正是在此抛出了这一观点，即人类可以改变，或者更确切地说，人类可以加快历史走向预先确定的目的地的步伐。康德在《重提这个问题：人类是在不断朝着改善前进吗？》一文中讨论"预测性历史"时也重申了历史进程可塑的思想。他指出："犹太先知们曾很好地预告，他们的国家或迟或早会面临的不仅是倾颓而且是完全解体，因为他们自身就是他们这种命运的肇始者。"他对此补充道："我们的政治家在其影响所及的范围内也正是这么做的，而且在预言时也正好如此幸运。"[67]这是本书的一个核心论点，即纵观近代历史，欧洲人以及现在更普遍的（以美国为首的）西方世界，都在盘算着国际社会的某种特定形态，通过运用诸如文明与进步等强有力的思想和概念，以强加文明标准的手段，继续塑造国际社会。尽管与马克思共通之处甚少，但康德的命题与马克思的名言"人们自己创造自己的历史"并没有太大的不同。[68]虽然两人可能没有什么共同点，但要找到贯穿启蒙思想延续至今的共同事业，则无须太多想象力。

67　　作为对康德的回应，在孔多塞记录了他对人类思想进步的前景和方向的思考之后不久，德国哲学家黑格尔相信他也确切地了解了"我们的希望"是什么以及如何实现。黑格尔的历史哲学在这里意义重大，因为其影响力极为深远，尤其为弗朗西斯·福山在冷战结束后带有特定目的地推动进步和历史思想的复兴奠定了基础［尽管是通过亚历山大·科耶夫（Alexandre Kojève）对黑格尔的另类解读，并且福山认为历史的终点更接近孔多塞和康德所设想的，而非黑格尔所概述的那样］。与孔多塞一样，黑格尔考察了坚信人类进步理想的人类历史叙事。然而，这正是他们相似之处的终点，因为黑格尔的研究指向了一个截然不同的目的地。黑格尔认为"我们考察的现象——普遍史——归属于精神领域"，而"精神的本质是自由"。类似于其他人类进步的普遍史和"完美主义冲动"的支持者，黑格尔认为"世界史无非就是自由意识的进步"。然而，黑格尔"自由观"的表现形式与其他哲学家尤其是自由主义哲学家有所不同。在黑格尔看来，"自由不过是对权利和法律等普遍实体对象的认可和接受，以及与之相一致的现实产物——国家"。[69]诚然，对于人类社会组织的进步而言，上面列举的许多人物可能认同合作型政治社会是其顶峰，但很少有人赞同黑格尔关于国家是社会组织最高层的提法。

为了理解黑格尔"自由观"及其在国家内部的实现，有必要对黑格尔的国家理论有一个大致的了解，因为两者是相辅相成的。黑格尔在《法哲学原理》（*The Philosophy of Right*）中把国家明确划分为"政治实体"和"伦理理念的现实"，并据此将"伦理理念"或"伦理生活"称为"自由观"。[70]对黑格尔而言，唯有成为一个理性自决的个体、具有思考和运用理性力量的能力，人才是自由的。然而，作为纯粹的个体，人类若无法处于理性状态，就不可能有真正的自由或实现其理性。

若实现真正的自由，只有处于这种状态下，即"权利和义务合而为一，基于道德准则，一个人负有多少义务，就享有多少权利；享有多少权利，也就负有多少义务"。黑格尔认为，在国家中，个人的利益是伴随"他们自身意志"而实现的，与集体的利益是一致的。也就是说，构成共同体的那些个人的目标并非相互排斥，而是"有意识地只针对普遍目标"，即通过国家过上符合伦理的生活。但黑格尔指出，"一个民族最初还不是一个国家"；相反，需要经过家庭、游牧民、部落、群体等阶段向国家状态过渡，直至满足"以民族形式实现这一理念"的"政治条件"。若无此形式，一个民族"就缺乏客观性来为自己和别人在法律中获得一种普遍物或普遍的定准……因而这个民族就不会被承认"。黑格尔总结时断言，只要一个民族缺乏国家制度，尤其没有"客观的合法性"和"自为地固定的合理性，该民族的独立自主便只是徒有形式，而非主权意义上的"。在后面几章中可以看到，这是在国家社会中构建和执行文明标准方面尤为关键的一点。对于国家等级制度而言，这意味着文明民族有理由"把那些在国家的实体性环节方面落后的民族视为野蛮人"。因此，黑格尔认为，"游牧民族可以把狩猎部落看作野蛮人，但从农学家的观点来看，两者皆为野蛮人"，诸如此类，而归属于国家的民族则处于最顶端。

## 现代化理论

格奥尔格·伊格尔斯（Georg Iggers）指出："以启蒙形式呈现的进步思想代表了第一个现代化理论。"[71]这一现代化理论便是我现在要论述的话题。正如尼斯比特所言，"许多基金会和政府机构在社会科学领域高度重视'不发达'、'现代化'和'发达'等概念，足见西方世界对进步思想之坚守。"[72] 20世纪最著名的现代化理论莫过于美国经济史学家沃尔特·罗斯托（Walt Rostow）划分经济增长阶段的"五个成长阶段"理论。在冷战最激烈的时期，在共产主义世界被视为对资本主义民主构成最大威胁的时刻，罗斯托就经济发展提出了明确的"非共产党宣言"（即《经济成长的阶段——非共产主义宣言》——译注）。他在宣言中确定了社会经济发展的五个不同阶段，社会经济发展按如下顺序演进，即传统社会阶段、为起飞创造前提条件阶段、起飞阶段、向成熟推进阶段、高额群众消费阶段。尽管这一理论被贴上了经济理论的标签，但社会政治组织在其中顺理成章地扮演着重要角色。例如，第一阶段具"等级森严的社会结构"的特征，其中"家庭和宗族关系在社会组织中发挥着重大作用"。在第二个阶段，"决定性的特征"通常为从"旧的社会结构和价值观"向"建立有效的中央集权国家"的政治过渡。要想起飞，就需要"出现一个政治力量强大的团体，它将经济现代化视为严肃、高度有序的政治事务"。消费主义时代来临和成熟的驱动力则是（西方）现代性的到来，社会被合理地组织起来并有效地利用技术进步成果。[73]在详细阐述其宣言时，罗斯托认为，他所确定的阶段"不只是描述性的"，"也不只是对某些关于现代社会发展顺序的事实观察进行概括的方法"。相反，他认为它们有其内在的逻辑性和连续性，并且有一个植根于动态生产理论的分析性骨架。

　　在国际关系理论中，纳伊姆·伊纳亚图拉和大卫·布莱尼发现具有重大意义的"现代化理论的新形态",或者称之为"新现代化"（neomodernization）。其中包括扩大"自由和平区"（在第四章将进一步探讨）、全球化的运作和全球治理的讨论等问题。与本书尤为相关的是，他们讨论了"现代化理论如何试图通过文化差异同质化的承诺来消除差异"。至少在某种程度上，一些人对此孜孜以求。一些理论家试图把"国际体系本身看作自由主义现代性特征渐进式分化、整合和普遍化的现代化客体"。[74]这正是本书研究的核心问题之一，即通过不断运用强大的评价－描述性概念和相应的政策或策略来塑造国际社会及其组成部分。

现代化理论与本书研究的相关性在江文汉（Gerrit Gong）的主张中得到揭示。他认为："倘若不提及早期所谓的'文明'和'向文明转变的过程'，则无法从历史的角度来谈论'现代化'或'向现代化转变的过程'。"江文汉坚称，由于"没有毫无价值的发展模式或经济和金融互动模式"，这一概念化依然"在如今具有相关性"。[75]这种说法包含一种毫不掩饰的优越感，即西方社会在实现现代化过程中所取得的成就。[76]换言之，西方普遍认为资本主义国家的西方人所生活的世界即为现代性，而世界上其他地方——原苏东国家和所谓的"第三世界"——则处于某种程度上的落后状态或处于前现代化时期。由此可见，现代化或现代性是通过发展来实现的。世界银行前高级副行长兼首席经济学家约瑟夫·斯蒂格利茨（Joseph Stiglitz）在论述何为发展之意时明确表达了这一观点：

发展代表着社会的变革，从传统关系、传统思维方

式、处理卫生和教育问题的传统方式、传统的生产方式转
变到更"现代化的"方式。例如，传统社会的特点之一
是接受世界的本来面目；现代化的观点则认可变化，承认
我们作为个人和社会可以通过采取行动来改变，例如降低
婴儿死亡率、延长寿命、提高生产力。这些变化的关键在
于向"科学的"思维方式转变，识别出影响结果的关键
变量，尝试根据现有数据进行推断，承认我们的所知与未
知。[77]

　　在这里可以看到（如同在过去数个世纪一样），"科学"
思维和方法在区分进化两端时持续发挥着重要作用。理查德·
诺加德（Richard Norgaard）以更为怀疑的语气指出："现代性，
简而言之，承诺将迄今为止缓慢而不稳固的人类进步进程转变
为一条快车道……在 20 世纪中叶，进步在某种程度上仍然确
保了和平、平等和所有人的幸福。"此外，这种"对进步可能
性的信心被重新凝聚起来，以支持国际经济发展，这甚至将会
改变在全球最'落后'地区生活的最'顽固不化的'地主和
农民"。[78]

　　如下一章所述，进步意味着沿着一条特定的道路向特定的
社会政治和经济组织状态发展，即西方现代性。美国社会学家
爱德华·希尔斯（Edward Shils）进一步阐明了所有社会皆沿
着同一条进步之路前进的假设："现在不追求现代性的国家可
谓凤毛麟角。"此外，"现代化即科学化"的论点自启蒙运动
奠基以来一直受到争议。更重要的是，正如黑格尔所指出的，
人们坚持认为"实现现代性需要拥有国家主权"。我将在后面

讨论文明标准的章节中详细阐述这一观点。简而言之，希尔斯关于"'现代'意味着西方化"的论调典型地反映了一段重要的历史和思想体系。其他民族最好在"不依赖西方的情况下"实现现代性。然而，在西方世界，"现代性已经成为其本性的一部分，事实上它们成为现代性的决定性因素"。[79] 与此同时，其他所有社会在迈向现代性的道路上仍然要走得更远，因此它们仍然远远没有到达文明等级制度的顶点。

## "历史的终结"

正如文明的一般概念一样，两次世界大战和经济大萧条削弱了一些人对进步思想的信心。但随着苏联式共产主义世界的崩溃和冷战的结束，这种信念明显重获生机。事实上，关于文明普遍进步思想的最新论述很可能已经赢得新一代信徒的支持。这种转变紧随弗朗西斯·福山的观点之后。福山认为，冷战的结束不仅标志着"战后一段特殊时期的历史消逝而去，而且历史也会如此终结，即人类意识形态的终点以及西方自由民主普遍化成为人类政府的最终形式"。柏林墙在人类集体寻求更大自由的重压下轰然倒塌，实际上标志着世界上运行时间最长的苏联式共产主义试验的失败，随之而来的是另一条到达"人类至善至美或乌托邦的进步之路"，对于西方许多人而言，这是一个炫耀胜利的时刻。然而，对于福山而言，这又意味着更多的东西。"自由民主"比所有来者都长久，就治理形式而言，它无法实现改进。在发表此类观点时，福山重申了这一论点，即实际上在任何意义上，人类历史皆为一个线性进步的历程，政治、道德、社会、文化和技术的进步总会到达一个点。然而，如同其他人一样，福山并不只是宣称历史具有明确的方向性，历史也正沿着既定的道路朝着某一目标前行。他指出，我们现在已经实现那个目标。资本主义自由民主制的胜利标志着"历史的终结"，即"西方自由民主制"代表了"人类治理的最终形态"。[80]福山提出这一主张，并非表明"事件的发生，即使是重大而严重的事件"已经告终，而是指黑格尔主义或马克思主义的历史；"在考虑所有时代的各民族经历时，将历史理解为单一、连贯的进化过程"。根据福山对黑格尔的解读，这一进化过程以"自由国家"告终，"对马克思而言则以共产主义社会"为终结。[81]就本质而言，福山认为，当白昼即将逝去，在历史的尽头，黑格尔的回答是正确的。但从上文论述中可见，这是对黑格尔思想的一种笨拙的解释。我们会在下一章中更清楚地看到，这种终结更接近孔多塞和康德的思想，而非黑格尔的。

颇具影响力的美国作家、学者罗伯特·赖特在其关于社会和文化演进的著作《非零年代：人类命运的逻辑》（*Nonzero：The Logic of Human Destiny*）中将普遍进步概念又提升到一个更为广泛的层面。与诸多前辈所见略同，他认为："我们越是仔细研究生物进化的趋势，尤其是人类历史的趋势，就会发现这一切似乎越有意义。"但他在尝试解释从原始汤到万维网的生命史走向上更前进了一步，声称："全球化一直是注定之事，并非在电报或轮船甚至文字或轮子发明之后才出现，而是自生命创造以来就存在。"他指出，从创世大爆炸到人类物种进化，不可避免的是，人类社会通过保留技术、政治制度和宗

72

教信仰而变得越发复杂，在激烈竞争中促进了协调与合作。他借博弈论主张："无论是有机历史还是人类历史，都在上演着更多、更宏大、更复杂的非零和博弈。"[82]这些博弈积累了数千年，见证了人类踏上了一条既定的进步之路，这条道路几乎不可避免地通向我们当今所处的全球化世界。这些想法的感召力如此之大，以至于时任美国总统比尔·克林顿（Bill Clinton）在其任期的最后一年，称这本书"令人震惊""引人入胜"，并要求白宫所有工作人员阅读此书。[83]如上所述，此处的关键在于，这些思想对国际公共政策制定者们产生了影响，他们有能力以文明标准为名有效运作诸多机制来塑造历史，实际上促成了自我实现的预言。

这使我们掌握了（从启蒙运动到现在）进步思想史及其在西方思想中的突出地位的最新情况。尽管其追随者在观点和解读方面还存在一些明显的差异，但美国社会学学者尼斯比特认为至少有五大内在前提。与灌输（西方）现代性相一致，它们包括："相信过去的价值；坚信西方文明的高尚，甚至是优越性；认可经济和技术增长的价值；对理性的信仰，对仅源自理性的科学和学术知识的信仰；最后是对地球上生命内在重要性以及不可磨灭的生命价值的信仰。"[84]对许多人来说，这听上去仍然是正确的，并非没有道理。颇具影响力的美国保守派人士查尔斯·默里（Charles Murray）就是一个典型的例子。他在提及尼斯比特的五大前提时辩称："所有这些前提都是有效的——客观上都是正确的。"他还将西方在科学技术、音乐、文学、视觉艺术和哲学等领域的卓越成就进行了编目，从经验上"证明"上述每个前提。[85]

就本质而言，尼斯比特指出："至少从 19 世纪初开始……以西方文明为先导的对人类进步思想的信仰实际上是大西洋两岸的一种普遍宗教。"[86]但进步概念的内涵远不止这些，绝大多数进步哲学的核心要素是"人类史统一性的概念"，这就进一步要求"文明是一种普遍概念"，即只有"单一世界史"。伊格尔斯对此解释道，在历史上，欧洲"尤其是法国和使用英语的地区……代表了文明的急先锋"。因此人类史被"等同于西方文明史"。同样的，隐含在自启蒙运动以来的进步思想中的——不管是孔多塞、黑格尔、马克思、奥古斯特·孔德、斯宾塞、康德抑或其他一些理论家的观点——"是欧洲国家文明使命的概念"。对于启蒙运动进步理论家而言，从孔多塞的自由主义思想到马克思的社会主义理论，"随着西方国家将其霸权扩张到全世界，西方史最终会沦为非西方史"。因而，非西方"世界将会发现，完成其历史发展并不在于进一步发展其自身遗产（因为其遗产代表了人类进步的早期阶段），而在于完全欧化"，或者现今更准确地说，是完全西化加美国化。[87]一切皆以牺牲多元化和多样性为代价。

74

然而，值得质疑的是，启蒙运动思想家是否存在延续至今、足以做出如此评价的统一性思想。毕竟，进步概念的诸多追随者有着极为广泛且多样化的思想，更不用说那些对更大规模的启蒙运动笔耕不辍的作家。例如，关于进步的概念，人们可以列出一长串持相反观点的乐观主义者和怀疑论者。前者包括孔德、阿贝·德·圣皮埃尔、杜尔哥、孔多塞、黑格尔、马克思、穆勒和斯宾塞，后者则包括卢梭、休谟、亚历山大·赫尔岑、蒙田、亚瑟·叔本华、尼采和斯宾格勒。虽然约翰·格雷的思想具有多样性，但他认为："从中世纪启蒙思想家的思想中识别出一个（核心）项目并非难事。"本质上，启蒙运动的哲学人类学认为，不同的"文化身份，连同其建构史，如涓涓溪流，其命运注定要不可抗拒地汇入全人类的汪洋大海"。而且，正如格雷所言，坚称"正如文明的范畴是启蒙运动项目的核心要素一样，物种通史的思想也是启蒙运动的组成部分"，这也不无道理。[88]这是下一章要讨论的主题：社会政治进步的终点。

# 第四章
# 普遍文明观：一劳永逸？

我想，未来会出现一系列全球文明，而随着新的经济安排、政治制度、文化和生理条件的出现，各种文明都将在前一阶段的基础之上向前不断演变。如今的全球文明——沉迷于全球化本身并仍在试图厘清其意义所在——只能算头一遭，甚至它还未呱呱落地。

——沃尔特·特鲁特·安德森：《如今一切相连：第一个全球文明的生命》

Walter Truett Anderson，*All Connected Now*：*Life in the First Global Civilization*

## 引言：非国家、不文明、禁止入内

人类社会和政治进步的讨论引出一个自然而然的问题：进步前往何方或者何处是其终点？鉴于前几章所确立的文明概念和进步概念之间的密切关系，显而易见，终点是一个近似普遍文明的概念。在日益全球化和相互联结的世界里，国家趋于一致，所设想的"普遍历史最终模型"是"由西方世界发起并组织起来、以技术革新成果呈现且必然加诸全人类的同一个世界。它是启蒙运动的续篇。"[1]

77　　对许多人而言，"同一个世界"或"地球村"的口号很有感召力，时常在音乐节的 T 恤上看到，并且对环保和气候变化活动家而言也大有裨益。然而，在更深的层面上，这一总体思路存在一个问题。保罗·利科（Paul Ricoeur）意识到，"问题在于，作为一个整体，人类正处于一个单一世界文明的边缘，这一文明既代表了所有人的巨大进步，也代表了一项压倒一切的生存任务，并使我们的文化遗产适应这一新的环境"。[2]通过对此议题和难题的分析评估，本章将探讨何为普遍文明观、何为多元文明和文明内部的普遍性，然后进一步考察有望实现普遍文明的途径。本章还深入研究了关于最有效组织和治理各民族的相互矛盾的主张，特别是那些目标为把世界规范成一个相对合作、和平、崇尚世界主义的国际社会的说法。为此，本章讨论了一系列彼此关联、相互重叠的思想观念，包括国际社会、世界主义意识形态和"民主三段论"，特别是其关键组成部分——自由或民主和平理论。与文明概念类似，这些概念和标签亦可用于描述和评价、赞扬和谴责。

　　库兹·凡（Couze Venn）认为，构成我们地球的诸多"截然不同的文化""可以朝着世界大同的方向汇聚，这一观点与欧洲殖民主义和现代性的孪生密不可分"。也就是说，纵观它们各自（相互关联的）的历史，殖民主义的实践和现代性的概念都与"将历史概念化为普遍和理性的"、永远向前和向上而臻于完美的人类进步有着不可分割的联系。换言之，"启蒙运动和后启蒙运动世界主义是现代性话语的内在属性"。现代性这一普遍项目的一个关键要素是现代国家及其附属机构的扩散，而这正是威斯特伐利亚国家体系的基础。库兹·凡指出，在启蒙运动思想中，"民族国家的概念成为构建新的进步共同体的核心组织原则"。[3]这也是很多启蒙思想家提出的观点，它在康德的思想里根深蒂固，并从黑格尔那里得到最有力的支持。

至于后者对非欧洲世界的"无国籍"民族的看法，拉纳吉特·古哈（Ranajit Guha）指出，在黑格尔看来，"一个民族或国家缺乏历史……不是因为它不会写，而是因为缺失国家地位，没什么可写"。[4]回顾前一章讨论的黑格尔关于历史哲学和国家的思想，对于"新大陆及其可能产生的并传到旧大陆的梦想——世界历史的舞台"的说法，黑格尔表示不屑一顾。黑格尔主张，只有那些"洞悉自身以独立个体存在，即拥有自我意识"的人，才是"真正能理解历史"之人。实现这一目标的手段是国家，或者更准确地说，是独立的国家地位。黑格尔将印度作为非欧洲世界的例子，指出："大体上说来，印度文化的传播只是一种悄无声息的扩张，也就是说，没有政治的行动"，"印度人民不曾成功地征服过别人，自身却常常为他人所征服"。黑格尔得出结论，尽管印度在艺术和其他领域取得了举世公认的成就，但"正是因为印度人没有编年史，他们才没有交易史，即经济增长不会扩展到真正的政治环境"。[5]黑格尔认为，问题在于（他并非唯一持此观点之人），"一个游牧民族……或任何处于低文明水平的民族，可以被视为一个国家"。[6]鉴于此，古哈认为，在埃尔南·科尔特斯

（Hernán Cortés）征服新大陆和罗伯特·克莱武（Robert Clive）
抵达印度之间的 250 年左右的时间里，入选"世界史"的标准
提高了——在文明的叙事中——"没有文字就没有历史"变成
了"没有国家就没有历史"。此外，"没有历史的民族……获得
历史"的最有效和最高效的手段就是通过欧洲殖民。[7]换句话
说，未开化之人变成开化之人的方法是欧洲殖民统治者的
监护。

前一章指出，黑格尔的国家观念不太可能令启蒙运动和后
启蒙运动时代的许多思想家感到宽慰。然而，对国家的解读仍
然是大多数启蒙运动和后启蒙运动思想所固有的。政治哲学
家、理论家、经济学家和政策分析师认为，对美好生活不同解
读的核心问题仍然是何为组织社会的最佳方式。国家的形式与
职能也依旧是国际关系学者和实践者要解决的关键问题，无论
他们的思想或理论观点如何。库兹·凡解释道，人们普遍认
为，"民族国家是将共同体的制度框定为同质共同体，并将其
作为良善社会的理性和道德秩序形式的一种策略"。[8]此外，比
以往任何时候都更为重要的是，国家治理性质已经成为国际社
会体系中衡量正统性的标准。由于苏联式共产主义的崩溃和弗
朗西斯·福山的"历史的终结"理论的出现，西方社会通常
认为，只有一种理想状态——资本主义的自由民主——具有较
高的接受度来证明其正统性。

利科亦有类似的思路。尽管"小心翼翼"，他还是将其提
出的"理性政治的存在"视为"普遍文明"思想的一个要素
或阶段。他认为，"在常见的政治体制多样性中，人类在社会
政治组织方面呈现出单一的经验"，他称之为"独特的政治技

巧"。更明确地说，他指出："现代国家，作为一种国家，有一个公认的普遍架构。"除此之外，他还先于福山指出："也许我们还必须更深入一些，不仅人类有单一的政治经验，而且所有的政权都有某一条共同的道路；一旦实现达到某种水平的舒适生活、教育和文化，我们就会看到它们都不可避免地从独裁形式演变为民主形式。"利科之所以谨小慎微，是因为他是在冷战的紧张气氛中发表这些评论的。他关于"理性经济和普遍经济的存在"的观点甚至更为谨慎。[9]但随着苏联式共产主义的崩溃，对于这样的主张现在已经少了很多争议；冷战后经济全球化的世界更容易认同和接受普遍适用的市场经济主张。

话虽如此，对于资本主义全球经济无孔不入的本质，仍有诸多例外、异议与反对。此外，有一个论点值得提出，即正在兴起的全球资本主义不只是普遍的自由市场资本主义，也是多元化的资本主义，"不同类型的资本主义反映了不同的文化"。例如，东亚经济体中出现的资本主义类型就不是明显的个人主义文化的产物。同样，俄罗斯资本主义就呈现出独特的本土资本主义模式，只是偶尔与美式资本主义有相似之处。[10]

虽然人们可能普遍认同国家是组织和管理地理上处于封闭状态的民族之最有效、最高效的手段——尽管所有这些问题皆有例外——但国家的涌现和国家制度的扩展是否一直属于完全自然的过程令人怀疑。不少人认为，这是一个极其暴力和非人性的过程，即通常由征服者兼殖民者强加给一个国家或民族的过程。马克思和恩格斯在《共产党宣言》中描述了这一过程：

　　　　资产阶级，由于一切生产工具的迅速改进，由于交通的极其便利，把一切民族甚至最野蛮的民族都卷到文明中来。它的商品的低廉价格，是它用来摧毁一切万里长城、征服野蛮人最顽强的仇外心理的重炮。它迫使一切民族——如果它们不想灭亡的话——采用资产阶级的生产方式；它迫使它们在自己那里推行所谓的文明，即变成资产者。一句话，它按照自己的面貌为自己创造出一个世界。[11]

国际法和社会中的文明标准，以及伴随而来的文明使命和帝国主义，一直是欧洲国家体系扩张的首选武器，我将在后面几章对此进行详细阐述。戴维·菲德勒（David Fidler）解释道，通常被称为经典的"文明标准"的功能是"为构建多元文化之间的国际社会提供共同的政治、经济和法律基础"。"自由、全球化的文明新标准的作用是相同的"（第七章将深入阐述）。但不只如此，菲德勒指出："（文明新标准）还起着为全球多民族社会奠基的作用，通过民间社会活动的跨国化亦然。"虽然这听起来无伤大雅，但对于菲德勒的说法，即作为国际法和政治的关键工具，"自由、全球化的文明标准"有助于推动"文明和谐化的进程"，有人提出了质疑。这一进程"正在进行，并且自19世纪以来一直如此"，而且也许更早些。虽然菲德勒承认，"文明和谐化"对于国际体系及国际法发挥作用来说并不是绝对必要的，但他坚持认为"国际社会和全球社会的产生有赖于某种形式"。[12]

这一说法表明，由主权国家组成的国际社会相对于国际体系具有一个更为复杂、更具协同性的格局。我们不难看出某种

国际社会的轮廓，它被设想为人类社会和政治组织迈步前行的 81
终点。它是一个由类似国家组成的国家系统，这些国家基于类
似的政治、经济和法律体系开展合作，各国的社会和文化领域
又不可避免地受到影响或冲击。这是一个爱好和平的国际社
会，由参与经济全球化、相互依存、倡导自由民主、信奉世界
主义的国家所构成。各国通过"文明的"商业纽带联系在
一起。

## 国际社会的"永久和平"

战争历史学家迈克尔·霍华德（Michael Howard）指出：
"由启蒙运动思想家们创造的和平，即一种没有战争参与的国
际秩序，在历史上一直是愿景家的共同愿望"，"但政治领袖
们只是在过去 200 年里才把它视为一个切实可行或可取的目
标"。和平的奖赏或者"废除战争后的社会秩序的形象化"，
从"说服狮子与羊羔同卧之千禧年神的干预"领域转向"把
事情掌控在自己手里的理性人之先见之明"。[13]然而，诺贝特·
埃利亚斯则认为，在这方面取得的实际进展较为有限。他指
出，在国际层面，"我们当代的生活就如同我们所谓的原始祖
先那样"。他认为："如果减少相互间的人身危险或增进和解
是确定文明程度的决定性标准，那么可以说人类在国内事务中
达到了比在国际层面上更高的文明水平。"[14]虽然很可能如此，
但如下文所述，这并非因为缺乏对这一主题的思考和理论化。
孔多塞在《伏尔泰的一生》（*Vie de Voltaire*，1787）中表
达了国家间和平与有序关系的精髓："文明在地球上传播得越

广，我们就越会看到战争、征服、奴役和匮乏一起消失。"[15]文明的传播相当于共和政体的传播，或者对当今理论家而言，相当于自由民主政体的传播。下一节则阐述该思想是如何在最近几个世纪中如此根深蒂固（正如霍华德所说），即在国际社会中谋求难以实现的和平已成为外交和国内政策以及更广泛的国际公共政策的基石。[16]但首先要结合上下文简单概括一下国际社会的构成。

英国学派国际关系学者赫德利·布尔（Hedley Bull）对国际社会的描述可谓经典。他写道："当一些国家意识到存在某些共同利益和共同价值观，便组成一个自认为在相互关系中受到一套共同规则约束的社会，并参与共同机构的工作时"，"由主权国家组成的社会（即国际社会）便存在了"。[17]稍深入些，国际社会是指"一些国家组成的群体（或者更普遍地说，一群独立的政治共同体），不仅形成一个系统（从这方面来说，各国的行为都是其他国家考量的必要因素），而且通过对话在相互同意下建立了处理它们之间关系的共同规则和制度，认可它们在维持这些制度安排方面的共同利益"。[18]在区分国际社会的多元主义和社会连带主义概念时，布尔认为并非真正需要社会文化认同或兼容并蓄。相反，他指出，多元主义国际社会只要求其成员拥有主权并愿意开展外交活动。与此相对的是马丁·怀特关于国际社会的社会连带主义概念。在这个概念中，基督教文明和更普遍的西方价值观是主权国家所组成的国际社会的基石，符合这些价值观方可跻身其中。[19]这两种解释皆存在一种假设，即国家先于社会存在，而先前存在的国家是在其自身意志和最佳利益的驱使下，与同类国家一起进入社会的。但情况并不总是如此，而且一般也不是绝大多数社会和国家进入当代国际社会的方式。一旦国际社会建立起来，大多数国家要么寻求加入，要么被国际社会所笼罩，使其在准入或运作原则方面几乎缺失或毫无话语权。[20]这表明在起初卓有成效的欧洲国际社会中，兼容并蓄是基于许多限定词的。首先，正如黑格尔所言，一个国家或民族必须搭建一个真正的政治舞台。此外，它还必须是一个以特定形式治理的国家。

随着15世纪欧洲的扩张（如第五章所述）以及1648年《威斯特伐利亚和约》（Peace of Westphalia）所确立的欧洲国家体系的演变和输出，国际社会的扩展被普遍认为是扩大和平的"国际大家庭"的最好办法。弗里德里希·冯·席勒后来相当乐观地指出，"欧洲国家社会似乎变成了一个大家庭，其成员可能会有争执，但不会再互相撕扯"。[21]自事实上的国家制度奠基以来，关于国家间文明关系的关切就一直存在。在前一章所讨论的颇有影响力的启蒙思想家的著作中，可以看到由同类国家组成的爱好和平且密切合作的国际社会的明确目标。伊曼努尔·康德尤其如此，他的名字与"永久和平"思想密切相关。迈克尔·多伊尔（Michael Doyle）认为，正是康德的"共和自由主义……国际主义理论"才"最贴切地诠释了我们（西方人）是什么"。[22]孔多塞早期也有类似康德的观点，认为文明史实则为夏皮罗所述之自由主义史；《素描》（Sketch）则是"那个时代理想和希望的体现，即人道主义、世界主义，理性力量和人性本善之信仰，最重要的是进步之信念"。[23]最后，孔多塞对人类未来的设想是，无论在国内还是"在拥有手足情谊的世界各国间"，实现平等与和谐的永久和平。他期待有一天"各国将意识到，在征服其他国家的同时，也会失去自身自由"，随着商业偏见的消失殆尽，"永久联盟"将确保独立和安全。简言之，"当各国最终在政治和道德原则上达成共识"，那时并且唯有那时，"再也没有什么可以鼓励甚至激起战争的狂怒"。[24]

玛莎·努斯鲍姆（Martha Nussbaum）认为："康德比其他任何启蒙思想家都更有影响力，他捍卫基于理性而非爱国主义或群体情感的政治，这是真正的普遍政治，而非社群主义政治。"[25]至于这种描述是否准确尚存争议，第六章将对此做进一步探讨。尽管如此，康德——霍华德称其为和平的发明者，而这种和平"不仅仅是一种虔诚的愿望"[26]——仍是后来和当代民主和平理论家与世界主义倡导者的学术参考重点，实属合情合理。

康德设想的人类进步的最终目标与"永久和平"理念极其相似。在《世界公民观点之下的普遍历史观念》中，他写道，"自然的最高目标"只有依据"一部完全公正的公民宪法"，[27]即共和制的宪法，在"拥有最大自由度的社会"里方可实现。康德后来在《永久和平论》（*Perpetual Peace*）中再次强调了这一点。他写道："由原始契约的理念所产生，而且一个民族的所有法律创制必须建立于其基础上的唯一宪法就是共和制宪章。"它基于三大原则："一个社会的成员（作为人）之自由原则"，"所有人（作为臣属）对一项唯一的共同立法之从属的原理"，以及"所有人（作为国民）的平等之法则"。[28]对康德而言，"现在只有这个问题"，即这种共和制的宪法"是不是唯一能实现永久和平的宪法"？他认为："共和制的宪法除了其来源的纯粹性之外……还有利于实现所期望的结果，即永久和平。"　"理由如下：如果决定应否开战必须获得公民的同意（在这种宪法中只能如此），那么对于开始一场如此可怕的游戏，他们将变得十分犹豫，这是最自然不过的事，因为他们将必须为自己决定战争的一切苦难。"就本质而言，康德认为共和政体的传播、共和国家之间贸易关系的扩展以及这些国家之间对国际法的遵守是保证这些国家之间维持国际和平的最可能的有效手段。[29]这些条件传播得越广，就越有可能形成一个范围更广、越来越和平且日益国际化的世界秩序，也就是他所说的"一种普遍的国际化环境，这是自然的终极目标"。[30]

　　"永久和平"的愿景或者拉尔斯－埃里克·塞德曼（Lars-Erik Cederman）所称的康德式"民主间和平"是基于康德的主张，即共和制或经民主选举产生的领导人"在开战前必须考量人民对和平的偏好"。但更重要的是，塞德曼认为，对康德而言，"民主的影响并不局限于这种简单的成本效益机制"，"不知为何民主准则的传播不得不止步于民主国家的边界"。也就是说，一旦"规范性进步之路开启，法制将悄然潜入国家间的关系"，从而避免或至少减少诉诸威胁和暴力对抗的倾向。[31]在此说法中，康德是自由国际主义论点的一个重要来源。该论点认为，在国内层面实践的政治本质——如自由民主主义反对极权主义——是国家在国际层面参与政治事务方式的一个关键性决定因素。[32]正如康德所言，如果"国家政体"中"多施舍少争斗"，"最终这也会扩展到各国间的对外关系，直至世界主义社会的实现"。[33]布鲁斯·巴肯（Bruce Buchan）解释说："在康德看来，国际自然状态下国家之间相互对立的关系将把文明进程推向全球舞台"，[34]就像人类在社会中的"对抗性"或"非社会的社会性"（在康德看来）"归根到底是人与人之间建立合法秩序的起因"。[35]

85　　就商业和经济相互依存的文明特性而言，这些事业长期以来一直被视为和平、相互关联的世界的重要组成部分。例如，大约在基督时代，亚历山大城（Alexandria）的斐洛（Philo）认为，商业是"维持社会关系的自然需求"的体现，而1世纪的历史学家卢修斯·阿内乌斯·弗洛鲁斯（Lucius Annaeus Florus）指出："若破坏商业，则分裂了把人类联系在一起的联盟。"[36]孟德斯鸠也曾说："商业是治愈最具破坏性偏见之良药"，并且有助于"联结各国"。[37]政治经济学家大卫·李嘉图（David Ricardo）强调，国家之间"建立完全自由的贸易体系时"，"对个人利益的追求是可敬的，它与整体社会的普遍利益相联系"。因此，"它传播了普遍的利益，并通过一个共同的兴趣和交往纽带——文明世界普遍存在的民族社会——结合在一起"。[38]康德把商业与和平联系起来，认为"商业精神"是"与战争相容的"，而这种精神"早晚""会在各国占据上风"。为何如此？因为尽管存在其他不确定性，但"金钱的力量可能是国家权力下所有力量（手段）中最可靠的"。因此，考虑到贸易应对所有缔约方皆有利，并且以持续经济繁荣为名义，"各国发现自己被迫（没有任何道德冲动）去促进光荣的和平事业，并通过调解来阻止即将爆发的战争"。[39]

　　商业、民主与和平之间的联系最近被概括为和平的"民主价值观"，其源自"发达市场经济体所特有的契约性规范"。[40]但正如下文所强调的那样，民主政治并非与生俱来就是和平的。一种普遍观点认为，商业促进各国间的相互依赖，因而降低了诉诸战争的可能性。与之形成对比的是，如下一章所述，西班牙曾以违背其所谓的贸易权为由对美洲印度安人发动战争。

## "现实主义乌托邦"之国际社会

如今，国际体系缔造者的总体目标仍是发展和扩大由相当一致、自由民主的国家组成的国际社会。这些国家相互合作、密切配合，形成一个全球化、自由、国际化的世界秩序。但正如史蒂夫·史密斯（Steve Smith）之问，如果国际社会确实有可能进一步扩张，那么它真的"比帝国主义的最新形态更胜一筹"吗？[41]下文将更详细地讨论这一重要问题，但对于那些对追求康德思想感兴趣的人而言，这个问题并不是一个很大的障碍。例如，约翰·罗尔斯（John Rawls）坚持认为，"大屠杀的事实"以及对人类有能力犯下此类暴行的认识不应影响到"现实主义乌托邦"和康德"和平联盟"思想所述之希望。[42]事实上，罗尔斯在《万民法》（The Law of Peoples）中的"基本思想""是效仿康德在《永久和平论》中勾勒的思想"，以便提出一个使"和平联盟"或和平的"现实主义乌托邦"成为可能的纲要。在罗尔斯看来，《万民法》提出了"一个适用于国际法律与实践的原则和规范、关于权利和公正问题的特定政治概念"。[43]反过来，《万民法》则是罗尔斯所说"民族社会"的指定治理机制。这个想象的社会近似于国际社会的经典定义，因为它描述了"所有那些在相互关系中遵循《万民

86

法》之理想和原则的民族"。此外，规范民族社会内部互动的
《万民法》是如此正确和公正，因而"《万民法》满足将民族
社会称为现实主义乌托邦的特定条件"。

人们普遍认为，这一"民主三段论"相互关联的构成要
素是对国际社会体系无政府主义性质所导致的内部动荡和不安
全状态的最为恰当的补救之道。"民主三段论"为根除国际体
系的"原始"状态并代之以和平、国际化的世界秩序或现实
主义乌托邦提供了方式方法。[44]基于康德有关共和国之间"永
久和平"的思想或者所谓的"康德三角和平论"（首个也是最
重要的三段论命题）通常是指自由或民主和平理论，并且据
说是政治学家在国际关系领域可以提出的不同寻常的主张之
一。再次值得一提的是，康德不是民主主义者。相反，他认为
民主是一种专制主义，但这并没有阻止人们（尤其是国际关
系学者）将"永久和平"思想作为"民主和平论"的基本观
点。"民主和平论"的拥趸者认为，一个实行自由民主制度的
国家往往不会与另一个民主国家开战。故而，随着自由民主在
世界范围内进一步传播，所谓"和平地带"的范围就会越来
越大。[45]基于对过去两个世纪发生的战争进行的调查，杰克·
利维（Jack Levy）认为，除了"边际偏差"外，在涉及大国
的诸多战争中，"民主国家从未站在敌对营垒相互斗争"。这
促使他宣称"民主国家之间无战事可谓国际关系的经验法
则"。[46]布鲁斯·拉西特（Bruce Russett）甚至坚持认为，"民主
和平论"是"对国际关系可做出的无比有力、不同凡响且毫
无赘述的概括之一"。[47]迈克尔·多伊尔明显效仿康德并且考虑
到民主传播的速度。他估计"全球范围内的和平最早有望于

2113 年实现"。[48]同样，罗尔斯认为自由民主和平的"假说是正确的"，因而它"支持""《万民法》是现实主义乌托邦"的概述。[49]提出这种说法的并非只有自由主义国际理论家。曾任联合国秘书长的布特罗斯·布特罗斯－加利（Boutros Boutros-Ghali）在《和平纲领》（*An Agenda for Peace*）中表示："处于各种发展水平的民主对于在繁荣和公正的新时代实现和平至关重要。"[50]

　　所有这些未必意味着自由民主国家与生俱来就爱好和平，尽管一些评论家声称确实如此。相反，更确切地说，它们之间据称是和平的。多伊尔承认，尽管自由（或自由民主）国家声称对其同类维持和平，但它们"也容易"对非自由国家"发动战争"。[51]利维也承认，当自由民主国家这么做的时候，往往"持一种圣战精神，经常发动极具破坏性的战争"，将"利益冲突变为道德圣战"。[52]"民主和平论"仍只是一种理论，而非铁律。正如它的批评者所言，与探寻民主和平的努力可能自诩是"科学的"一样，它并非没有价值。与此同时，它还存在一定程度的非历史性色彩，因为其众多倡导者通常忽视了一个事实，即价值观会随着时间的推移而改变。或者如伊多·奥伦（Ido Oren）所解释的那样，民主和平的主张与其说关乎民主国家本身，不如说它是"'美式'或'同类'的郡县"，因为"民主定义所依据的明显客观的编码规则实际上代表了当前美式的价值观"。[53]

　　"民主三段论"的第二个要素，也是另一个被认为不同凡响的概括，乃民主与经济发展之间的关系：民主被认为是促进经济发展的最佳治理形式；促进或维持民主稳定的最佳途径是持续的经济增长。"民主三段论"的最后一个要素，即第三个要素，有时被称为"华盛顿共识"，指一套旨在实现商业和经济相互依存、促进国际关系和平稳定的政策建议。如前所述，数个世纪以来，包括孟德斯鸠、李嘉图、康德在内的不少人阐释了这一共识所依据的一般原则。该共识主张，一国"对外开放"、促进经济增长的最佳途径是完全融入国际贸易和投资体系。这种经济休克疗法需要采取一系列措施，如国有企业私有化、浮动汇率、终止补贴和关税。[54] 尽管 20 世纪 90 年代末的经济动荡降低了该共识的可信性、破坏了其连贯性，但正如第八章再次强调的那样，自由贸易和无限制的外国投资等关键领域仍然是"民主三段论"的核心所在。

"民主三段论"在某些方面与埃利亚斯阐述国内社会文明化时提出的观点颇为相似。埃利亚斯在《文明的进程》一书中写道："人类关系网络（不断拓展）"，"社会行为和人与人之间相互依存的链条越来越长"，以至于"越来越多的人必须让自己的行为与他人保持一致"。[55] 这基本上与民主和平理论家所使用的论据相同，他们将同样的原则推及全球舞台。这些人认为，一些国家在贸易和外国投资领域存在相互依存关系的复杂网络，而且在处理国际关系时可供选择的行为范围也受到国内主流公众舆论的约束，这些国家更有可能寻求和平调解、谈判或妥协，而非使用暴力或以暴力相威胁。简而言之，据称资本主义民主国家在暴力和代价高昂的冲突中会失去太多东西。

这一"民主三段论"的各组成部分有效构成了被归类为自由主义国际关系理论的内容。自由主义国际关系理论的特点是推崇在国际事务中"将个体作为主要的国际关系行为体"。

这种关切反过来又要求这些国家以"自身利益和其他关注事项"为基础采取行动，而这些关系正是透过这些最有效、最高效的集体发生的。[56]弗朗西斯·福山认为，"自由主义国家必然具有普遍性"，并且"它必然具有同质性"，因为"它有意识地建立在开放和公开的原则基础之上"。[57]自由主义国际理论的主要组成部分如下所述。第一，国际关系领域正在发生转变，以便"通过创造和平、繁荣和正义的条件来促进人类更大的自由"。第二，实现更大程度全面自由的当务之急是"加强国际合作"和国家间的相互依存关系。第三，在更广泛的层面上，国际关系领域正通过"由科学革命触发、由自由主义知识革命充实的现代化进程发生转变"。这一进程的核心是"自由民主或共和政府、国际相互依存关系、认知发展、国际社会学整合、国际制度"。[58]

## 世界主义之反乌托邦

我在上文提及，对于康德而言，"普遍的世界性条件"是"自然的终极目标"。[59]康德学派的世界主义者玛莎·努斯鲍姆认为："康德的永久和平思想是对世界主义价值观的极大捍卫。"她还指出，康德对世界主义思想的探讨"充满了古希腊尤其是古罗马斯多葛学派的思想"。[60]康德对当代世界主义政治理论的影响与他对自由主义国际关系理论的影响同样令人瞩目。而且如上文所述，这两个思想领域在许多方面是重叠的。康德的伦理学尤其是他的"绝对命令"思想——认为每个人本身就是目的而不是手段——是当代世界主义思想的试金石。

康德为此定下了基调，他写道："全世界各民族共同体"已经发展到如此地步，"任何一处的权利遭到侵犯，全世界都能感知到"。因此，"世界公民法的想法绝非不切实际或夸大其词的理念。它是对民法和国际法不成文法的补充，对维护公共人权以及永久和平而言是不可或缺的"。[61]

托马斯·博格（Thomas Pogge）认为大多数世界主义者持有的三个中心原则明显受到康德的（被广泛承认的）直接影响。其一，个人主义，关注的基本社会单元是个人而非家庭、种族、文化或任何其他子群体，民族或国家。这些集体仅仅因为其由个体构成的事实而间接地引起他们的关注。这些个体首先要拥有一定权利，其次碰巧成为集体的一员或公民。其二，一般性，将个体作为关注的重中之重毫无例外赋予所有人，并不局限于某一阶级、性别、肤色、信仰、宗教或任何想要辨别的子集。其三，普遍性，对个体的首要关注点扩大至全人类。对他人的关注并不止于边境线，也不是只有那些与自己为同一种族、有相同宗教信仰或其他共同特征的人才能享有特权。[62] 尽管乌尔里希·贝克（Ulrich Beck）版的世界主义可能与博格版的世界主义有所不同，但贝克阐述了人们普遍认可的构成当代世界主义基本原理或动机的事物。它们仅是诸多"并不适于国家政治"的紧迫性问题，属于跨越国际边界的全球性问题，例如恐怖主义、跨国犯罪、移民、气候变化、环境退化等。这些关切"已经成为地方和地区、政府以及国家和国际公域中政治议程的一部分"，但"只有在跨国框架内才能适当地得到显现、讨论和解决"。[63]

对于当代倡导者而言，"世界主义似乎提供了世界上的某种道德支柱"，而这种支柱的不确定性日益增大。安东尼·帕戈登指出，一些人甚至将其推崇为"具有更多哲学趣味、基于史实的'多元文化主义'版本"。[64]虽然这些评论似乎并没有什么直接构成威胁，但这一世界主义支柱所依托的基础和历史并不像其当代追随者让我们相信的那样具有道德上的正直感。无论从历史来看还是从同时代来看，世界主义缺乏文化包容性，更不用说包罗万象的多元文化主义了。大卫·哈维指出，存在一种"以'项目之外'（市场自由、法制、现代性、某种民主愿景、文明价值观、国际社会主义或诸如此类）的方式，将空间、地方和全体人口妖魔化的世界主义恶习"。[65]

　　为揭示世界主义隐藏的一些潜在危险，我们需要深入研究其希腊语和斯多葛学派的起源，这些起源对康德的影响可谓极大。斯蒂芬·图尔明（Stephen Toulmin）指出，在古希腊，"世界/宇宙"（cosmos）一词用来指代"自然秩序"，例如春夏秋冬、四季轮回，潮汐运动、周而复始。与此同时，还存在一种"社会秩序"思想，"灌溉系统、城市管理以及其他集体企业便是明证"，可用"城邦"（polis）一词概括其特点。一个"城邦"即构成一个政治共同体。不可避免的是，人们迟早会思索和推测"世界与城邦之间的联系"、自然秩序与社会秩序之间的关系。图尔明指出，直到亚历山大大帝征服希腊，希腊人的视野才得以拓展，超越了"对单一城市的执着，而斯多葛派哲学家则由此将'自然'秩序和'社会'秩序两者融为一体"。[66]亚历山大在其中发挥的作用是否如此重要值得商榷。因为众所周知，希罗多德早些时候曾前往埃及，在他的《历史》（*Histories*）一书中，显而易见他注意到埃及和波斯的大型政治共同体。[67]姑且不论其具体时间,图尔明认为,人们逐渐意识到,世间万物"皆以不同方式呈现出一种'秩序',从而体现万事万物相联系的原因"。故而,社会和自然领域被当作"世界(cosmo)与城邦(polis)合成词——世界城邦(cosmopolis)同一事物的两个方面"。因此,"谋事在人、成事在天和天人合一的思想转变为一种哲学思想,即自然界的体系强化了理性的社会秩序"。[68]此类思想引发了迈克·费瑟斯通(Mike Featherstone)的争论。他指出:"尽管许多文化认为自然秩序和社会秩序之间存在直接的联系",但启蒙运动带来了"西方现代性的梦想,即相信科学技术最终会发现并利用在两个领域中起支配作用的秩序的主要表现形式"。[69]但这种说法似乎也有点些不得要领,因为在整个科学史上几乎一直出现类似的情况。科学一直只是一块拼图,无法理性地解读所有事物。如今存在"超弦理论"或"万物理论",未来很可能出现另一种承诺将揭示宇宙中一切秘密的科学理论。然而,这个庞大而棘手的话题不过是题外话,最好将其置之一旁。

应当承认,如今有越来越多的体现多元化世界主义的作品,包括在西方起源之外的延伸扩展。[70]但莉萨·希尔(Lisa Hill)指出:"斯多葛主义是启蒙运动时期世界主义的起源,也是当代国际主义的源头。"[71]故而,此处普遍关注的问题是康德的斯多葛主义根基及其对康德以及当代世界主义思想的影响。普鲁塔克(Plutarch)在《论亚历山大的命运》(*On the Fortunes of Alexander*)中转述了斯多葛学派的世界主义思想:"确实,芝诺的《政制》(*Politeia*)一书……指向这一要点,即我们的生活不应基于具有自身是非观的城市或民族,而是应该将所有人视为我们的同胞和国民，并且应该存在一种生活、一种秩序，就像以一种共同法则在一个共同牧场饲养一群羊。"[72]这段话暗示世界主义不论在过去还是现在都存在的一个棘手问题，即它几乎与帝国主义有着千丝万缕的联系。但在更具体地探讨这一指控之前，值得注意的是，斯多葛学派的目标是实现"普遍"或"世界国家"的理念。对此，费瑟斯通指出："世界主义的政治理念发端于康德学派的传统思想，涉及一些在全球范围内拓展的城邦概念。"[73]但这是对康德思想的误读或滥用，因为康德明确主张"和平联盟"或共和国家联盟的观念。[74]虽然同一时代的世界主义者确实提倡某种形式的世界政府，但他们中的许多人和康德一样，并不推动更大范围的全球治理。查尔斯·贝茨（Charles Beitz）指出："国际道德的世界观并不等同于也不一定意味着……世界联邦主义。"[75]相反，不少世界主义者认为，什么都无法阻挡自治的主权国家寻求世界主义的终点。实际上，斯多葛学派认为，每个人都生于两个共和国：特定城邦国家和更大的国际都市。倘若这种情况导致忠诚自相矛盾，那么公民对于世界公民的义务将永远占据上风。[76]

与斯多葛学派相似，博格认为："公民应该通过各种规模的政治单元实现自我管理，其中没有一面独大、占据国家传统角色的政治单元。"他补充说："政治上的忠诚应广泛地分散到这些单元：邻里、城镇、郡县、省、国家、地区和整个世界。"[77]在界定人们可借此自发组织的更广泛的政治单元时，博格试图超越现代领土主权国家传统意义上的主导作用。但是他所认定的其他单元，就像现代国家一样，几乎都可以界定为地理或领土单元。若有人努力概述一个超越地缘政治传统主导地位、真正意义上的世界主义模式，那么为何不包括地理上并不基于该模式的政治单元呢?[78]博格的设想与努斯鲍姆借用斯多葛学派哲学家希罗克洛斯的"同心圆"类比如出一辙：第一个圆是环绕自我，第二个圆是环绕家庭，然后向外延伸，直至"最大的圆，即整个人类"。这一类比将我们重新带回上文所预示的问题。努斯鲍姆在引用希罗克洛斯的话语时指出："我们身为世界公民的任务将是'以某种方式朝向中心画圆圈'，使所有人更像我们的同城人。"[79]这一事业的性质于此时得以自我揭示。

帕戈登强调了这个核心问题。他借鉴了第欧根尼·拉尔修（Diogenes Laertius）对芝诺思想的重新解读，说明了斯多葛学派远远达不到包罗万象的程度。相反，芝诺的世界城邦思想和斯多葛学派的影响留给了"真正的公民或友人"，其中"由于彼此间的相似性，友谊……仅存于智者和善者之间"。正如帕戈登所言，"芝诺不仅号召众人归属于一个共同的德谟（deme）或城邦，而且还让众人成为所属德谟或城邦的一员。"此外，"斯多葛学派根本不是将一种良性的文化相对性扩展至所有可能的民族，而是源于一种特别适合帝国扩张的哲学"。[80]希尔指出，"世界城邦是通过征服来实现的"。[81]蒂莫西·布伦南（Timothy Brennan）同样指出，奠基于古希腊的"永久和平理念"就是"对吸引他国的一系列事物的探寻"。[82]

世界主义的思想和政治渊源并不像倡导者让我们相信的那样以伦理为基础或无可非议，这种说法不无道理。世界主义是一个起源于欧洲的思想观念，充满独特的欧洲气息，纵观其历史，它的命运与欧洲最糟糕的普遍化趋势紧密相连。帕戈登指出，"欧洲海外帝国……的建立"贯穿其中，其历史"进程让人受尽折磨"，而且"很难看出世界主义是如何与某种'文明化的'使命完全分离的，也很难看出其如何与长期关联的诸多帝国主义项目中更具人性化的方面完全分离"。[83]库兹·凡同样认为，"殖民主义……一直是发起一元化项目和将多元文化转型为一种世界主义文化的必要条件"。确实，殖民主义是一种"以欧洲为中心的构想，欧洲理所当然地被视为所有其他文化都应效仿的榜样和规范，或者一旦它们'赶上来'，最终也会效仿"。[84]尽管有人指责世界主义及其前世今生之间的关联和相似之处，但世界主义仍是一种强有力、具有较大影响力的思想和抱负。

朱塞佩·马志尼（Giuseppe Mazzini）简明扼要地指出了世界主义思想和实践中存在的主要缺陷：

> 但是，所有这些自称为世界主义者的人，否认不同种族的特殊使命，假装蔑视各民族的观念与喜好。一旦出现任何行动或组织问题，总是试图让自己的国家或城市成为运动的中心。他们确实不会毁灭民族，而只是为了自身利益掠夺其他民族。一个神选的民族，一个拿破仑民族，就是他们所有制度的定论。他们对民族的否定本身就包含了取代民族主义的胚芽；取代——如果不是通过武力（如今也无法轻而易举地动用武力）——通过设想一种永久性、排他性的道德和知识层面的积极行动，而这对那些因软弱只能承认它的民族而言，与任何其他形式的取代一样是危险的。[85]

94

就其知识遗产而言，很难看出当代世界主义除了反映西方自由民主社会固有的价值观之外，还有什么别的含义，"西方自由民主社会自认为是——很可能就某种历史感而言——康德共和国思想的继承者"。[86]费瑟斯通简明扼要地提出这一问题："危险在于，世界主义民主和全球治理可被视为启蒙运动以欧洲为中心的人文主义思想的延伸，保留了启蒙运动自负感和普遍主义权威的意识。"[87]纳伊姆·伊纳亚图拉和大卫·布莱尼承认，"这正是人们所担心的，普遍价值观的主张伴随着将该价值观强加于桀骜不驯之人的诱惑，而这种诱惑会带来暴力和控制"。因此，"考虑到由特殊性国家组成的社会所产生的悲剧性后果"，我们真的应该"对消除或超越特殊神宠论的世界主义冲击力感到惊讶吗"?[88]

对世界主义者而言，他们面临着不可避免、总体上还有待解决的两难困境。一方面，如果世界主义者只乐意采纳并提倡西方自由民主价值观，而牺牲非西方的价值观，那么他们根本就不是真正拥护文化多元论的世界主义者，顶多是文化帝国主义者，延续了西方启蒙运动中普遍主义和帝国主义的悠久历史。另一方面，如果世界主义者被这种前景所排斥，反而支持文化多元论，即如果他们接纳所有的（或广泛的）价值观，他们则很可能缺失价值观。对于世界主义者面临的这一有待解决的困境，马志尼简练地总结道："世界主义者只有两条路可走，不得不在专制和惰性之间做出选择。"[89]迈克尔·沃尔泽（Michael Walzer）强调了对前者的普遍恐惧，指出："将广泛忠诚关系排除在外的特殊主义会招致不道德的行为，但超越狭隘忠诚关系的世界主义亦如此。两者都是危险的。"沃尔泽补充道："20世纪的种种罪行可以说是由心灵狭隘扭曲的爱国者和世界主义者交替犯下的。"如果说前者的代表是法西斯主义，那么后者的代表则是苏联式共产主义。难道压制性的苏联式共产主义不是启蒙思想普及的产物吗？难道它不是像当代世界主义那样"传授反民族主义的道德规范"吗？[90]很难否认这种指控。

　　当代世界主义可分为博格所说的"法律世界主义"和"道德世界主义"。[91]前者寻求朝着更加制度化、更具法律秩序的世界政体迈进，所谓的全球公民权利在其中得到某种接近世界治理体系的制度保护和保障。后者则认为，只要主权国家体系内的国家实行自由民主制，愿意接纳致力于加强全球治理的政府间和跨国机构，那么在主权国家体系中亦可殊途同归。此处所说的机构涵盖联合国及其附属机构、世界银行、国际货币基金组织、经济合作与发展组织、国际法院以及类似的区域性机构。绝大多数国家反对进一步的主权让与，尤其反对让给一个世界政府。这种反对观念已根深蒂固，不太可能减弱。故而，实现法律世界主义的目标（如果真有的话）可谓遥不可及。但事实是，自二战结束以来，全球治理机构化的情况显著增加。

　　对于这一发展，帕戈登认为，世界上的政府间金融机构"在寻找新的习语来描述新型国际关系的特征……已经试图创造一个高度世界性的词语"。他辩称："与康德的'世界公民法权'一样，这种习语对任何特定政治制度可能受到的宪法限制具有适度的灵活性，但人们同样坚持认为这只能在一种社会和政治交往形式中实现。"他指出，对于多数"更早时期的欧洲帝国主义理论家而言，那就是欧洲基督教君主专制秩序；

对康德来说，就是共和主义；对联合国而言或者在国际货币机构的言辞中（若非政策的话），则显然是自由主义民主或新自由主义民主"。[92]或许可以这样补充，即国际金融机构的政策目标也相当明确。只要浏览各机构的报告和出版物便会发现数量可观的倡导"良治"（good governance）的政策建议（将在第七章继续探讨该主题）。

帕戈登认为，近年来对"良治"观念趋之若鹜的现象是推行欧洲或西方社会与政治价值观和制度的又一种尝试，这一猜测也许有些"过分悲观"。但他强调，情况不变，国际社会中的成员仍"要求接受一系列价值观，而信奉这些价值观的人则假定它们（在很大程度上与康德所做的相似）并非某一特定文化的创造，而是普遍人类状况的体现"。此处所述的一般观点是本书的一个关键问题。我将在下一章更深入、更详细地论述国际法或国际社会中文明经典标准的发展与践行，届时将解决上述问题。关于世界主义思想，另一个值得关注的问题是，它"保留了人类命运一元论的思想，即全人类的一种'目的因'，亦保留了人类一元文化的前景及其必然出现的设想"。[93]下文将继续探讨和解决此问题。

## 全球文明：统一而非普遍

关于人类一元文化或普遍文明的概念，约翰·格雷在《启蒙运动的觉醒》（*Enlightenment's Wake*）一书中指出，有一个容易识别的思想投射提及启蒙运动思想的核心。他认为，这种投射在"新自由主义者"——康德主义知识分子的后辈身上仍然能看见。如同他们的知识分子前辈，新自由主义者"不假思索地接受一种启蒙运动时期的历史哲学，而其中，世界主义和理性主义文明的普遍趋同被理所当然地视为人类的终极目标"。格雷告诉我们："启蒙运动的核心项目是用批判的或理性的道德取代局部、习惯或传统的道德，以及所有形式的先验信仰，而这种道德被投射为一种普遍文明的基础。不管是功利主义还是契约主义，也不管是基于权利还是基于义务，这种道德都是世俗的、人本主义的，并为人类制度的评估设定普遍标准。"换言之，他重申："启蒙运动的核心项目是对这种批判性道德的诠释，它理性地约束着所有人，并由此创造出一种普遍文明。"[94]

约翰·格雷在《伪黎明：全球资本主义的幻象》（*False Dawn：The Delusions of Global Capitalism*）一书中重申了他对这一项目的厌恶。他坚称，启蒙运动思想家们，从托马斯·杰斐逊（Thomas Jefferson）到托马斯·潘恩（Tom Paine），从约翰·穆勒到卡尔·马克思，"从不怀疑世界上各国在未来会接受某种西方制度和价值观"。正如在上一章所强调的那样，文化多元主义并没有被广泛认为是人类事务的一种持久或永久状态。更确切地说，它仅仅是"走向普遍文明的一个舞台"。尽管他们的意识形态各异，但这些启蒙运动思想家及其知识分子后辈"主张创造一元化的世界文明"，以一个"建立在理性基础上的普遍共同体"取代诸多文化传统。[95]对格雷而言，这是一个正在进行的项目，因为启蒙运动的当代继承者们如今正在追求"单一全球市场的项目"，其中"全球自由市场的目标是启蒙运动普遍文明的投射"。他断言，这种由美国主导的西方

"市场乌托邦主义"成功地盗用了美式资本主义是"所有社会注定要效仿的普遍文明之典范"这一信念。但这并非普遍化项目的唯一版本。格雷指出，共产主义和"苏联代表了一种与之竞争的启蒙运动乌托邦，即普遍文明的乌托邦"。其中，中央计划（而非市场）起主导作用。他进一步强调，在更广泛的范围内，这些相互竞争的"乌托邦的共同点相对于差异更为根本"。也就是说，"它们对理性和效率的崇拜、对历史的无知、对导致贫困或灭绝的生活方式的蔑视，体现了同样的理性主义傲慢和文化帝国主义，这标志着启蒙运动思想的核心传统贯穿其整个历史"。

利科同样指出，"由于普遍文明的理念在很长一段时期都源自欧洲的中心"，欧洲人"一直有种错觉，即欧洲文化实际上是且理应是一种普遍文化"。与此同时，欧洲人认为他们"与其他文明相比所具有的优势似乎也为这一假设提供了验证"。但是，正如前几章对文明等级制度的讨论所示，同样重要的是，"与其他文化传统的邂逅本身就是这种进步的成果，更广泛地说，是西方科学本身的成果"。[96]上文和前一章指出，对非西方社会予以更广泛关注的本质反映在利科的疑问当中："为走上现代化之路，有必要抛弃作为一个民族存在理由的古老文化吗？"这一难题在于"发掘一个国家的深刻人格"，这种人格在殖民主义枷锁下一直受到外国人格的压制和否定。对于非西方民族或非西方国家而言，这种发掘过程带来了一种两难的处境。利科如此解释道：

> 另一方面，（非西方国家）必须深深扎根于过往历史

的土壤中，锻造民族精神，在殖民者的人格面前展现这种精神和文化收复失地的要求。然而，为参与现代文明，必须在同一时间参与科学、技术和政治理性活动，而这往往需要不折不扣地放弃整个文化的过往。事实就是，每一种文化都无法承受和吸收现代文明的冲击。这里存在一个悖论：如何既能变得现代化，又能回归本源；如何既可复兴处于休眠状态的古老文明，又可加入普遍文明。[97]

但是，即使非西方国家愿意如此，那么其会被允许追求另一条发展之路吗？戴维·菲德勒毫不隐讳地提及它们的选项受限（以及威胁的性质）。他指出："西方文明的标准在文明的冲突中占据上风，因为西方国家是新型国际社会的缔造者，它们行使高人一等的权力以确保社会按照其想法建立。"[98]尽管他的结论有时会引起争议，但至少在这个问题上，塞缪尔·亨廷顿的评价较为公允。亨廷顿表示，国际社会的概念并非取代"自由世界"的一个"绰号"那么简单，这一"委婉的集合名词"被用来赋予"那些体现美国和其他西方社会国家利益的诸多行动国际合法性"。尽管或许言过其实，但亨廷顿的看法算不上离谱。他补充说："联合国安理会或国际货币基金组织所做的体现西方利益的决定，以反映国际社会需求的形式呈现在世人面前。"[99]

需要强调的是，世界性、全球化、和平的国际社会这一概念本身就含有危险的成分。虽然实现目标乍听起来令人向往，总体意图令人钦佩，但对"现实主义乌托邦"的追求，对那些未达到或不符合标准的民族和社会却会产生真真切切的影响。

美国历史学家格特鲁德·希梅尔法布（Gertrude Himmelfarb）认
同这一内在的危险。她表示："乌托邦思想不仅轻视任何无须
乌托邦便可实现的进步，让任何非尽善尽美之事看似极度邪
恶，而且追寻一种理念——不论是绝对理性、绝对自由、绝对
美德，抑或上述思想之组合——证明使用绝对权力的正当性实
属易如反掌。"[100] 过去 500 多年以"文明"和"文明开化使命"
为名对所谓不文明民族施暴的事实足以证明这种危险的存在。

　　最后，在此需要指出的是，福山提出"历史的终结"的
论点，强调以消费为导向的人性之普遍性，或者断言我们正逐
渐趋向一元化的全球文明，或者认为普遍适用的国际社会开始
显现，这些主张毫无根据、漏洞百出，需要在一系列层面上进
行更多的推敲。如果这些主张言之有物的话，那么与其说 20
世纪末和 21 世纪初见证了普遍文明或国际社会同时缓慢而稳
定出现且最终不可避免地到来，不如说这就是启蒙运动和世界
主义思想一直以来所设想的。更确切地说，数个世纪以来，
"文明开化"及帝国传教士般的热忱一直试图抹去地球上"未
开化的"民族、"落后的"文化和生活方式，我们（很遗憾
地）可能被迫走向同质化的统一文明——由国际社会所带来
的统一文明或具有高度一致性的帝国。这一国际社会由基本一
致的自由民主国家和政府间机构组成，它们全部以西方规范、
价值观和社会政治制度为基础。国际社会中各国同质化背后的
驱动力之一是被称为"文明标准"的国际法律体系。我将在
后面的章节中对这一文明和帝国的工具进行探讨。

# 第二部分
# 帝国的艺术与科学

　　所谓征服土地，大多指将土地从与我们肤色不同或者鼻子扁平的人手中夺走。仔细想想，这并不光彩。聊以自慰的无非是一种观念。它深藏在征服背后，不是情感的做作，而是一种观念，以及对这种观念的无私的信仰，一种你可以构建、顶礼膜拜且能供奉献祭的信仰。

——约瑟夫·康拉德：《黑暗的心》

Joseph Conrad，*Heart of Darkness*，1899

# 第五章
## 欧洲扩张与文明的传统范式

"我爱萨拉曼卡大学，因为当西班牙人困惑于征服美洲是否合法时，萨拉曼卡大学给出了否定的意见。"他在抨击西班牙的入侵行径时情绪激昂地说，还带着一种巨大的热忱，这种情绪充满了《伦敦》这首诗歌的字里行间。

——詹姆斯·鲍斯威尔：《约翰逊博士传》

James Boswell, *Boswell's Life of Dr. Johnson*, 1791

国际法的遣词用句并不偏中立或抽象，而是深深植根于征服与消灭异国文化的历史中。

——安东尼·安吉：《弗朗西斯科·德·维多利亚与国际法的殖民起源》

Antony Anghie, Francisco de Vitoria and the Colonial Origins of International Law

## 引　言

历史上民族或国家被国际社会接纳或排除在外的判定标准

是一套被称为"文明标准"的法律机制。不同的文明标准可直接追溯至"文明"和"进步"这一对双生概念以及由此派生出的包括野蛮民族与文明民族的文明秩序概念，相关内容在第二章和第三章有所涉及。正如前一章所述，有效的文明标准有助于建立一个基于共同价值观、规范和制度，由情况相似的国家所构成的国际社会。接下来要介绍在国际法意义上或国际社会层面的所谓"传统文明标准"的起源和特征，也就是由威斯特伐利亚国家体系的建立及欧洲各国与欧洲大陆以外（尽管这一分界线很模糊且处于变化中）的民族之间不断地交流所促成的欧洲标准。下一章将指出，不能对传统文明标准的重要性一笔带过，它催生了充满暴力的欧洲"文明开化使命"。不过，我首先要具体叙述该标准的起源与演化以及它的准确含义。

江文汉的研究是为数不多的有关传统文明标准的综合研究之一。他指出，传统文明标准是一整套"未经明言而又明确清晰"的"假设"，它们构成了任何文明区别"某些群体是否属于其社会"的准则。这一区别促成了这样一种情形："符合某个社会的文明标准的国家可以成为'文明圈子'的一员"，而达不到标准的国家是"不文明的"并受到排斥或者几乎"无法开化"。[1]江文汉的著作出版后毁誉参半。它在国际关系领域略显奇怪，因为该书明确涉及"欧洲/西方国际社会"的排他性。近来，它又受到了重视，为数不多但较为重要的一部分国际关系学者越来越关注"他者"（Other）的历史和现代困境，一如本书中论述的例子。

江文汉在研究之初便断言，"19世纪和20世纪初，欧洲向非欧洲世界扩张时所发生的对抗并非只在政治或经济方面"，也不单纯在军事领域。相反，它"从根本而言乃是文明及各自文化的对抗"。他认为，"这场冲突的核心是文明的标准，这些不同的文明借此实现自我认同并规范其国际关系"。也就是说，游离于欧洲以外的诸多社会也不可避免地存在其他标准。然而，"由于源自欧洲的'文明'标准在19世纪被广泛应用于世界各地"，江文汉认为，到19世纪末，"对抗"导致如下情形出现，即"由欧洲国家组成的国际社会逐渐演变成自诩为'文明'国家的国际社会"。所以，虽然欧洲文明可能遇见或遭遇其他民族群体，但认定其政治社会水平不符合文明的要求。因此，任何未能满足成为欧洲国际社会成员先决条件的国家——若非全部的话，亦包括大多数非欧洲国家——皆被定义为"不文明"国家。

江文汉在他的书中说明了时空背景。有关他的观点，有两点需要说明。第一，江文汉认为欧洲的扩张和与外界的交流仅仅是某种形式的文化或文明冲突，这是带有一些误导性的。基本上，在每个方面欧洲国家的扩张在很大程度上都是侵略行为，包括对世居民族的暴力征服和压迫。第二，江文汉认为，欧洲扩张和由此带来的"文明冲突"只局限于19世纪和20世纪早期，这是他对欧洲列强的帝国主义扩张史的短视，忽视了更早时候欧洲国家对其他地区的扩张尝试。另外，江文汉有所疏忽，未考虑到相似文明或文化的交会和碰撞在许多非欧洲文明中也可能存在。

按照江文汉的说法，很明显，扩张的欧洲处于文明冲突的中心，这样的欧洲具有许多仍在发展的威斯特伐利亚国家体系

的标志。第三章论述到，几乎与此同时，文明这一概念发轫于
启蒙运动时期的欧洲大陆。伴随着文明概念的诞生，人们越来
越认识到尚有众多独特、不同的民族和文明的存在，尽管它们
比较落后。虽然没有一个公认的主权国家体系和先于此时期的
文明概念，但这并不意味着类似于江文汉所说的"文明的冲
突"此前在不同民族、信仰或文化之间没有发生过。比如，
罗伯特·A. 威廉斯（Robert A. Williams）的看法与江文汉完
全不同。他仍采用"文明"这一概念，但将西方扩张和其后
的冲突上溯至 13 世纪及《教皇英诺森致蒙古大汗信》（Pope
Innocent's letters to the Great Khan of the Mongols）时期。威廉斯
写道："中世纪以来，西方世界一直努力将自我理解的事实强
加给非西方民族。在征服土地的过程中，那些西方的欧洲殖民
国家和殖民扩张的衍生国家背后都有一个中心思想作为支撑，
即西方世界的宗教、文明和知识比非西方民族优越。这一优越
感让西方世界产生救赎的使命感，一厢情愿地将自我理解的事
实强加给非西方民族。"[2] 威廉斯认为："西方世界将法律视为
备受推崇的文明工具；在对新大陆的非西方民族进行种族灭绝
式征服和殖民时，西方世界更是将法律看作最有活力和最见成
效的帝国工具。"

105

欧洲国家的帝国扩张影响深远，其与非欧洲世界的接触是
在万国法或我们今日所说的国际法的发展过程中进行的。有鉴
于此，本章从更为长远的角度审视文明间冲突及其对国际法演
变的影响，并特别述及文明的国际法律标准。江文汉认为，19 世
纪诞生了文明的法律标准最具体的表现形式。因此，本章也会
探讨文明的法律标准如何起源及发展，并着重论述现代国际法

如何根植于已存在数个世纪之久的欧洲万国法，从而深入探讨国际法和文明标准如何分别从一般和特殊两个角度解释欧洲帝国主义成因。

不过，我想暂时先回到威廉斯的观点和他对西方帝国扩张及压迫剥削的时间断定上。就像许多大范围历史事件一样，从某种角度来说也包括这一历史，威廉斯对西方世界的看法其实是回溯性建构（retrospective construction）。这就出现一些问题，威廉斯使用"西方世界"（the West）等描述性词语来指代中世纪的"欧洲"（Europe），从而将过去和现实连接起来，过度简化并高度依赖这样的抽象思维。不过，即使用"欧洲"一词也是有问题的。"西方世界"蕴含某种程度的社会、文化和宗教同质性，以及欧洲大陆和附属岛屿民族之间的凝聚性，可事实上并非如此。"西方世界"还暗示，唯有欧洲民族对非欧洲民族使用了暴力和进行了剥削，并且这种暴力和剥削只针对外来者。但历史已经向我们表明，真相并不是这样。不同文明和帝国曾在不同的时期主宰过欧洲大陆，它们亦通过暴力征服达到目的、扩张领土。几个世纪以来，暴力和剥削是内向的，利用暴力和剥削手段征服远方民族与征服邻近民族的行为不相上下。分裂的状态直到 17～18 世纪才有所好转，至少在西方欧洲国家间分裂才缓慢让位于萌芽的团结和凝聚意识。总体而言，以"西方世界"来描述中世纪的欧洲似乎是一个意识形态概念，与当时的政治环境相悖。如果的确存在连接中古欧洲和现代欧洲的特殊信仰，那也许只能是基督教了。只是在现代西方世界里，若想找寻一条直接脉络来解释其逾五百年的压迫行为，恐怕宗教改革和宗教战争会使这样的联系变得脆弱模糊。故而，欧洲国家的殖民扩张和欧洲万国法为此后的国际法打下了基础无可置疑。有鉴于此，我将从对它们的论述开始，在接下来要述及的经典文明标准里有很大篇幅以它们为参照。

## 中世纪的教皇和异教徒

按照詹姆斯·马尔登（James Muldoon）的判断，欧洲大国的扩张实际要比威廉斯推定的 13 世纪还要早几个世纪。他认为，起始年份应该是"1095 年，教皇乌尔班二世（1088 ~ 1099 年在位）宣布了第一次十字军东征"。马尔登也承认，即便在中世纪，"宗教动机"也并不是扩张的"唯一标志"。从第一次十字军东征开始，"经济和社会因素已经在宗教文化中密不可分地联系到一起了"。乌尔班二世清楚地意识到，"从异教徒手中夺取土地和财富将是多么有利可图"。[3]

法律发展对于一手研究至关重要，这里以 1245 年为起点探讨欧洲大国和非欧洲世界之间的"文明冲突"。这一年，教皇英诺森四世（1243 ~ 1254 年在位）在他对英诺森三世（1198 ~ 1216 年在位）的法令《教皇宣言》的评论作品中阐述了天主教和异教——文明和非文明——的关系。英诺森四世被弗雷德里克·梅特兰（Frederic Maitland）称为"圣彼得宝座上最伟大的律师"[4]，他对法律学后继者如弗朗西斯科·德·维多利亚和雨果·格劳秀斯具有重要影响，后两人被广泛认为是国际法的创始者。弗朗西斯科·德·维多利亚是本章及下一章的中心人物。十字军东征带来领土问题，受此影响，英诺森四世想要解决这样一个问题："侵入异教徒占有的土地或属于异教徒的土地是否合法"？这一重要问题直接触及未来7个世纪的殖民扩张和征服的核心，因此英诺森的观点十分重要，具有强大的影响力。为解决这一问题，英诺森提出如下法律意见："人们可以自行选择统治者……主权、财产和司法可以在异教徒和有信仰者中间合法存在，并无罪过。"然而，他笃信，作为"耶稣的代牧人"，教皇"有权力主宰基督徒和异教徒"。"教皇可以赦免那些为从阿拉伯人手中夺取圣地而入侵圣地的人……因为阿拉伯人的占有是非法的。"此外，"如果异教徒禁止布道士传教，他们就犯下了罪过，应当受到惩罚"。"如果异教徒不服从"教皇合法的命令，"世俗军队应驱逐他们，只有教皇能够对其宣战"。[5]在评论中，英诺森四世实际在宣称阿拉伯人以非正义战争的方式非法夺取了圣地，教皇能够授权采取入侵行动将圣地夺回，并由基督徒合法掌握。如果这还不足以作为理由的话，他进一步指出："圣地从所有权上说是基督徒的，因为基督在那里的生和死让那片土地变得神圣。基督的信徒应该定居在彼处，而非穆罕默德的信徒。"[6]在这么多世纪的时间里难以厘清因果关系、对错之争以及所有和占有之争，直至今日都在给该地区带来麻烦，以后也将如此。

英诺森四世对《教皇宣言》的评论是在里昂第一大公会议召开前夜于里昂写就的。前一年夏天，他被迫将教皇圣座从罗马迁出，以躲避被开除教籍的霍亨施陶芬王朝腓特烈二世皇帝即将发动的入侵。他对天主教和异教关系的看法，或者根据后来的分类即文明和非文明的关系，既受到早期文明冲突观点的影响，也反映在文明冲突中。这一冲突论明确了欧洲是通往"文明王国"的钥匙的守护者，也是最高文明。

1245年3月，英诺森担忧西方基督教世界的脆弱状态，从里昂派遣两个外交使团，一个是多明我会，另一个是方济各会，前往东方会见蒙古帝国大汗。由朗居谟（Longjumeau）的亚瑟里努斯（Ascelilinus）和安德鲁（Andrew）两名修士带领的多明我会使团取道近东地区，但成果不大，1247年仅到达驻扎在亚美尼亚和美索不达米亚的蒙古指挥官拜住（Baiju）的营地。[7]数周后，使者已逗留过久，因急于让拜住和他的部
108 下受洗皈依而与招待他们的主人变得疏远。亚瑟里努斯受洗的要求里充满自大的腔调，据说差点让他人头落地，但拜住手下留情，派人护送这位狂热的外交官和他的使团回到了里昂。[8]

第二支使团由亚西西（Assisi）的圣方济各的门徒约翰修士［柏朗嘉宾（Plano Carpini）］和葡萄牙的劳伦斯修士带领，后者在路途中因生病被留在一个蒙古哨所。[9]这群方济各会修士先前定下路线，向北经过俄罗斯，再经波兰，在那里本尼迪克特修士加入使团成为约翰修士的同伴并担任他的翻译。[10]15个月后，在走了超过3000英里后，使团在抹大拉的玛利亚盛宴日（7月22日）这天到达一个叫作“昔剌斡耳朵”（Syra Orda）的营地（和林一带——译注）。他们在那里待了4个月，其间有幸出席成吉思汗的孙子贵由大汗的推举和即位典礼。本尼迪克特教士称：“他们见到了大约5000名贵族……他们聚在一起推举大汗……约有3000名使节从世界各地赶来，向汗廷奉上信件、答复及各式各样的贡品和礼物。”仪式结束后的第3天，贵由汗召见使团，约翰修士呈上两封教皇英诺森四世的信件。

在第一封信里，英诺森四世向蒙古大汗介绍了基督教信条的道德礼仪。他写道：

> 耶稣将天国的钥匙交给圣彼得，好让他及他的继承者拥有向所有人打开或关闭天国之门的权力。因此，我这卑微之人，按上帝的意愿成了代牧人的继承者。我愿全力助你及其他人获得救赎，改正你们的思想，努力勤恳地予以照料，如此，依着上帝的恩泽，将那些误入歧途的人引上正途，为上帝争取众人。[11]

109

英诺森四世将他的使者称为"因宗教精神而受瞩目之人，德行卓然，通晓《圣经》"。他敦促蒙古皇帝"依从他们的教导，承认耶稣是上帝的儿子，崇拜他的圣名，皈依基督教"。

在第二封信中，英诺森四世向大汗劝诫，此前蒙古"入侵了许多属于基督徒和他人的国家，致使生灵涂炭，一片废墟"。他抗议称："你的怒火毫无减弱，你仍将毁灭的手伸向更遥远的土地。"英诺森四世认为，蒙古帝国这些毁灭性的行为"打破了自然的联系纽带"、神圣的自然法则以及"造就世界的基本元素"，而这些能够使"人类甚至那些非理性动物"联合起来。这一点在英诺森四世的法律和政治思想继承者那里得到重现和重申，如维多利亚、伊曼努尔·康德等。英诺森四世对蒙古此前的行动表达了不满，并提醒蒙古皇帝：

> 请完全停止这样的入侵，尤其不要迫害基督徒。你已犯下如此多的深重罪过，你无疑已经通过这样的挑衅激起

上帝的怒火，只有悔过才可使之平息。你的利刃挥向众人，全能上帝迄今为止让众多的国度在你面前沦陷，但你也不可再行此等野蛮之事。上帝有时不会惩罚人世间的骄傲，但若是因着这样的原因不愿向上帝行谦卑之礼，上帝将即刻严惩现世罪恶，对来世的惩罚将会更加严重。

英诺森四世在第二封信的结尾处对大汗提出要求："请通过修士转告我们：是什么原因让你摧毁众国，你未来的目的又是什么？"

完成与蒙古大汗会见的任务后，"这群修士由大汗派人护送回去，随身带着大汗亲自署名的致教皇的信件"。[12] 回程的前15 天，修士们由巴比伦的苏丹（Soldan）派随从护卫，保证他们向西的路途安全。平安抵达里昂后，约翰修士奉上贵由汗的回信，英诺森四世为此已经等了近两年。现在很难准确地了解英诺森四世想象中的回信是怎样的，但几乎可以确定的是，他收到的回信并非其预期。贵由汗的回信不含一丝一毫和解的意愿，英诺森四世也肯定，他面对的是一位有着绝顶智慧的人物。贵由汗如此回应道：

你又说……你曾向上天祈求和祷告，希望我接受洗礼。我不懂你的这个祷告。你还对我说了其他的话："你夺取了马扎尔人和基督徒的一切土地，使我十分惊讶。告诉我们，他们的过错是什么。"我也不懂你的这些话。长生天杀死并消灭了这些地方的人，是因为他们既不服从成吉思汗，也不服从窝阔台合罕，又不遵守长生天命令，成吉思汗和窝阔台汗都是奉派来传布长生天的命令的。那些人像你所说的话一样粗鲁无耻、傲慢自大。他们杀死了我们的使者。任何人怎能违反长生天的命令，依照他自己的力量抓人或杀人呢？

虽然你又说，我应该成为一个虔诚的聂思脱里教徒，崇拜上天，并成为一个苦行修道者，但是你怎么知道长生天要拯救谁、对谁真正表现出慈悲呢？你怎么知道你们的这些话是得到长生天批准的？从日出的地方，到日落的地方，一切土地都已被我征服了，谁能违反长生天的命令完成这样的事业？

现在你应该真心诚意地说"我愿意投降并为你效力"，你个人位居一切君主之上，应立即过来为我们效力并向我们进贡。那时你才会得救。[13]

英诺森四世宣称，教皇是上帝在人间的代言人。贵由汗实际上直接质疑了这一点。虽然贵由汗也并不是完全坚信自己能够保有这个头衔，英诺森四世本人却一定被他的表述激怒了。如果蒙古帝国所作所为"违背了上帝的旨意"，那么怎么能够成功地以军事力量征服各地呢？这一点的确有道理。 111

英诺森四世对蒙古大汗越来越失去耐心。1248 年，拜住派去护送多明我会使团回到里昂的队伍启程回国，英诺森四世让他们带去了一封给贵由汗的回信。他在信中强调，如此关注蒙古人纯粹是为了拯救他们的灵魂。他现在对拯救他们有了更深的担忧，因为"鞑靼人从拜访他们的朋友那里听到了基督真理，当上帝要审判他们时，他们便不能辩称自己对真理一无所知了"。[14]维多利亚在思考西班牙对新大陆的美洲世居民族有没有法律上的神圣征服权力时便得出了类似的论断。历史上，英诺森四世和蒙古贵由汗相互间并没有机会去竞争以证明自己是上帝在人间的使者。贵由汗在继位两年后，也就是收到英诺森四世最后一封来信不久后突然去世。此后，海迷失后称制，将关注重点从西方的欧洲转向了东方的穆斯林和美索不达米亚。[15]英诺森四世在位六年，去世后，亚历山大四世（1254～1261 年在位）继承了教皇之位。在马丁·怀特看来，英诺森四世与蒙古大汗的交流其实接近个体与帝国的碰撞，教皇的声明是欧洲优越论的最早版本。"教皇向基督教宣示统一性，吹捧帝国优越"，"当蒙古人的征服浪潮退去，他们的帝国也就成为基督教欧洲的传教地"。[16]我们将会看到，这一主题贯穿殖民时代始终，正如那些坚持西方统一性的观点一直延续到当代。

## 旧大陆遇见新大陆

马尔登认为，英诺森四世之所以有着重要地位，不仅是因为他在世时积极制定与异教徒交往的法律和政策，而且因为他创造了无数先例，在他死后影响了包括统治者和法学者在内的人的观念。"他有关异教徒自我管理的自然权利方面的论述是国际法发展史上的重要一部分。16 世纪西班牙人征服美洲，在讨论新大陆的世居民族是否拥有权利时，人们总是会引用他的观点。"[17]因此，我们直接跳到 16 世纪，审视英诺森四世法律学的继承者——西班牙神学家弗朗西斯科·德·维多利亚的著作和影响，重点讨论他专门论述这一主题的《论美洲印第安人与论战争法》（*De Indis et de Iure Belli Relectiones*）。[18]

詹姆斯·布朗·斯科特（James Brown Scott）认为，维多利亚和他的《论美洲印第安人与论战争法》十分重要，因为其"阐释的万国法后来成为基督教世界乃至全世界的国际法"。依斯科特钦慕的眼光看来，维多利亚的作品"将美洲的发现归因于国际法不断扩张以至其成为一套通行的行为法则"，诞生了一个"由所有国家组成的国际社会"。[19]安东尼·帕戈登的观点则少了些仰慕，他认为维多利亚的作品是"最早也可能是最重要的研究欧洲帝国主义合法性的著作之一"。[20]在研究欧洲与新大陆的交流过程产生的影响这一领域，维多利亚本人作品的重要性已经得到证实，即"维多利亚时代的国际法并非先于西班牙人和印第安人的关系这一问题而存在，也不能有效解决这个问题；国际法的诞生源于西班牙人和印第安人因交流而产生的独特问题"。[21]这种交流也许可以看作江文汉论述 19 世纪"文明与自身文化体系的冲突"[22]的前身，对塑造在法律上已经深深扎根的欧洲文明标准具有重要影响。

维多利亚在《论美洲印第安人与论战争法》中给自己提出的任务是解决"始于新大陆世居民族的……争议和探讨，他们通常被称为印第安人，在 40 年前遭遇了西班牙人势力，在这之前我们并不知道他们的存在"。[23]人们普遍认为这些印第安人生活在一种"绝对蛮荒"的社会政治组织状态中，"他们既没有法律，也没有国王和固定的住所，而是像野兽和野蛮人一样聚居"。[24]维多利亚首先试图提出一种观点，它将使长期以来被认可的一种说法受到质疑，即根据最高法律神圣法，教皇应被授予对新大陆的普遍管辖权，并有权对其进行军事征服。为代替传统上西班牙对印第安人的这种"神圣"要求，基于托马斯主义者（Thomistic）或人文主义者的自然法，维多利亚开始建立一种新的世俗国际法来管理与印第安人的关系。他开始自问："在西班牙人到来之前，我们所说的世居民族是不是新大陆的真正主人，无论是在私法还是公法意义上；也就是说，他们是否真正拥有私有财产，或者他们中有没有人是真正的印第安人王子或统治者。"[25]

　　在考虑这个问题时，维多利亚权衡了大量赞成和反对的论据。回想亚里士多德"简洁而合理的"言论，即"有些人天生就是奴隶……他们更适合被奴役而非统治"，维多利亚认为："这些人（印第安人）没有理性，甚至无法进行自我管理，只会做些别人吩咐他们做的事。"因此，"我们所说的世居民族就是奴隶"，而且如亚里士多德所言，"奴隶不能拥有自己的任何财产"。维多利亚还补充道："他们（印第安人）看起来真的与野兽没什么不同，完全没有管理能力。毫无疑问，让别人来统治比他们自己统治要好，亚里士多德此番关于奴隶的言论是公正和自然的。"维多利亚考虑的另一个论据来自《圣经》。维多利亚引用了《创世纪》（Genesis）第一章的内容："神说，我们要照着我们的形象，按着我们的样式造人，使他们管理海里的鱼……"维多利亚认为这句话"似乎在说统治的基础是神的形象"，"有罪之人（印第安人）没有神的形象……他便没有统治权"。[26]

　　在权衡了所有他想到的论据之后，维多利亚得出了一个模棱两可的结论："印第安人并没有因为（运用理性）而被禁止行使真正的统治权。事实证明，真实的情况是他们并非心智不全，而是会各从其类地运用理性。"同样的，"无论是从公法上看还是从私法上看，我们不能因为不信教之罪或其他弥天大罪而阻止这些野蛮人成为真正的主人，也不能因为他们有罪而使基督徒有资格侵占有他们的财产和土地"。维多利亚进一步提出："这些人几个世纪以来一直在进行苍白的救赎，这并不是他们的过错。他们生于罪恶且洗礼也无效，所以才借助于运用理性来寻求救赎所需之物。我在很大程度上认为，他们之所以显得那么不聪明和愚蠢，是因为他们的教养太差、太野蛮。"尽管得出了这些结论，但回到奴隶制和统治权的问题上，维多利亚得出的结论是，"大哲学家（亚里士多德）"并不"认为如果有任何天生智力低下的人，就可以没收他们的遗产、奴役他们，并将其作为商品出售"。相反，"他的意思是，由于本性的缺陷，他们（印第安人或世居民族）需要别人来统治和管理。他们服从别人是好事，就像儿子需要服从父母直到成年，妻子服从丈夫一样"。[27]在这样的表述中，我们获得最早的表达"文明的重担"的观点，即对不文明的人负责是文明人的职责。

在提出这两种观点之后，维多利亚又进一步明确阐释了另外五个西班牙人干涉印第安人的事务并取得对新大陆印第安人统治权的理由。但我暂且不谈这些声明，因为本书下一章会再讨论欧洲在新大陆和其他地方的"文明开化使命"。正是由于维多利亚对美洲印第安人无法进行自我统治的推测，在这里提高作为帝国工具的文明标准显得尤为重要。

通过延续贯穿第一种观点的思想脉络，维多利亚在《论美洲印第安人与论战争法》的总结中提出了第八种"持怀疑态度"的观点。他"不敢肯定这一观点……也不是说……要完全谴责这一观点","是这样的,虽然我们所说的世居民族(上文所述)并不完全都是缺乏才智的,但是他们还是不适合建立或管理一个合法的国家,即一个符合人类需求和民事权利请求标准的国家"。[28]在这篇文章中,我们发现维多利亚明确地提到一种类似于文明标准的东西,即一个以社会政治组织能力和自治管理能力为基础标准的"合法的国家"。由此看来,西班牙人的治理体系乃自然基准。

根据这一观点,维多利亚发表了一则明显不准确的声明,即使他很可能知道这一点。他继续谈道:

115

> 他们既没有适当的法律,也没有地方法官,甚至不能掌控他们的家庭事务;他们没有任何文学或艺术,不仅没有人文科学,而且没有手工艺术;他们没有精耕农业,也没有工匠;他们还缺少其他许多人类拥有的便利生活条件,甚至缺乏生活必需品。因此为了他们自己好,西班牙的君主们可能会给他们的国家提供行政管理,为他们自己的城镇派遣地方行政长官和总督,甚至可能为他们拥立新的君主。

然后为了进一步预示"白人的重担"或"文明的重担"这一言论,维多利亚补充道:

> 我认为这种争论是有一定道理的,因为如果他们都缺

乏智慧，毫无疑问这种管理方法不仅是允许的，而且非常恰当；不但如此，我们的君王必然要接手，那些世居民族就像婴儿一样要被接管抚养。同理，这似乎也适用于智力有缺陷的人；事实上，就自治管理而言，他们就像野兽一样，几乎与野兽没有一点区别，甚至比野兽也好不到哪里去，因为他们吃的东西并不比野兽的食物更可口，也不比野兽的食物更好。因此，他们的自治管理工作也应该同样委托给有智慧的民族。

　　在这篇文章的结尾，维多利亚回到了他的初始观点，即亚里士多德对奴隶的思考，并声称："这样一想，这个观点是很有道理的……有些人本质上是奴隶，因为所有的野蛮人都是这类人，所以他们在某种程度上可以像奴隶一样被统治。"显然尽管维多利亚认识到"根据他们的族类"，印第安人可能有一些原始或初级的政府形式，但这并不表示印第安人已经可以充分地与组织有序、管理有方的主权国家西班牙平等共事。[29]

　　安东尼·安吉指出，维多利亚眼中的印第安人有两个明显的特征。首先，像西班牙人和其他人类一样，印第安人属于这个世界。维多利亚不情愿地承认，"根据他们的族类"，有些族人具有一定的运用理性的能力，因此可以理解为他们拥有具有普遍约束力的《万民法》。其次，印第安人与西班牙人的显著差异在于，印第安人的"社会和文化实践与普遍规范所要求的实践不一致"。也就是说，这是"西班牙人特有的文化实践，（它）伪装成普遍性的实践成果却属于自然法则的范围"（如前一章所讨论的，世界主义关于西方道德和价值观的通行

主张有着相似的世俗逻辑）。因此根据安吉的说法，在维多利
亚的心目中北美印第安人是"精神分裂症患者，既像西班牙
人，又不像西班牙人"。虽然印第安人可能拥有被世俗普遍接
受的潜力，即西班牙范围内的接受，但这种"潜力只能通过
采用或强制实施通行的西班牙实践法则来实现"，这实际上意
味着那些根本不是真正的"通行的"价值观和法则。安吉由
此得出结论，"维多利亚所阐明的具有约束性的通行规范行
为"，不仅存在于新大陆的印第安人和西班牙人之间，也存在
于印第安民族的各个部落之间，这赋予西班牙人"一种非常
强大的干预权"。[30]

就欧洲文明标准的形成来看，"我们在维多利亚的工作中
看到，通过一系列强有力的行动，欧洲实践成果被假定为可行
的普遍规范，并且如果殖民地人民不想受到处罚并完全取得成
员资格，他们必须遵守这些规范"。[31]这就是文明标准的本质作
用。如果在西班牙人眼中美洲印第安人无法与欧洲的社会和文
化习俗相提并论，更重要的是他们无法与被认为具有普遍规范
性的社会政治组织和政府体系相媲美，那么印第安人就是野蛮
的、不文明的或幼稚的，即无论怎样都会被划为劣等的民族。

偶然遇到的新大陆（与随之而来的有合作性的殖民征
服），以及在很大程度上维多利亚对"新大陆"法律含义的发
现，将为未来欧洲人如何对待其他世居民族或"文明的冲突"
奠定国际法基础。将美洲印第安人分为次等文明或非文明的标
准，在很大程度上是基于他们的社会文化实践和自治的能力。
随后欧洲文明标准的牢固确立在未来很长一段时间严重影响其
他非欧洲世界的未来。正如安吉所言："非欧洲民族一直被描

述为野蛮人，这迫使国际法的范围进一步扩大。"[32]

下一章节将探寻国际法概念的延伸，因为其在传统文明标准的时代指引着法学家们的工作，而维多利亚在其上投下了如此之长的法律阴影。[33]谈到维多利亚对自己这一代法学家们的影响，19 世纪国际法的主要倡导者之一约翰·韦斯特莱克（John Westlake）声称："像维多利亚这样的人……我们同辈之间一般会光荣地称呼为'与世居民族为友的前辈们'。"[34]我们将会看到他们变成了多么好的朋友。

## 传统文明的标准

国际法的重要性体现在欧洲帝国的扩张过程中，我们可以 117
从另一位著名的国际法实践者兼作家亨利·惠顿（Herry Wheaton）的话语中找到那些为发展国际法做出过巨大贡献的专家们。我指的是在维多利亚之后的国际法学家，如雨果·格劳秀斯、塞缪尔·冯·普芬多夫（Samuel von Puffendorf）、克里斯蒂安·沃尔夫（Christian Wolff）、埃默里奇·德·瓦特尔（Emerich de Vattel）和科尼利厄斯·范·宾克斯胡克（Cornelius van Bynkershoek）。惠顿激动地指出："这些'杰出的作家，他们是人性之友、指导人类错误和脆弱的老师、举起科学火炬以点亮世界的伟大灵魂'，除他们之外我很难再想起有谁是靠文字对文明进程贡献良多的。"[35]这里再次表明了科学或"现代的"科学方法在促进文明进步方面的突出作用。

欧洲人探索得越深入，他们遇到的世居民族越多，就越会认为"原始社会"的特征是"没有制定、执行和管理法律的明确机制"。根据这种感知，观察者得出结论："野蛮人对任何真正意义上的法律均一无所知，被束缚在一个巨大的习俗网络中，这个网络支配着他的每一次行为、每一种思想、每一句话语。"[36]西德尼·哈特兰（Sidney Hartland）对此确信不疑。"野蛮人"，他告诉我们："被风俗习惯所束缚，被古老的传统所禁锢。不仅体现在他的社会关系上，而且体现在他的宗教信仰、他的医疗手段、他的工业、他的艺术以及生活的方方面面。"[37]在卡尔顿·肯普·艾伦（Carleton Kemp Allen）的《正在成形的法律》（*Law in the Making*）中也可以找到这种极端思想。他在书中宣称："蚂蚁群的无意识行为和澳大利亚的世居部落没有本质上的区别。在许多方面，蚂蚁确实更有优势。"[38]也许只有少数人会对这种把蚂蚁与世居民族进行良性比较的做法感到奇怪，该书 1939 年出版的第三版中仍保留了这种对比，只是在 1946 年出版的第四版中删除了。

在维多利亚首次提出后，德国哲学家、法学家克里斯蒂安·沃尔夫也发表了类似的看法，他在《根据科学方法制定的国家法》（*Jus Gentium Method Scientifica Pertractatum*）中写道："我们称一个国家野蛮……因为他们只关心知识上的美德，却忽视了智力的完善。由于野蛮国家没有通过训练来发展心智，所以他们在决定自己行动时，会遵从自己的自然倾向和憎恶。"与此相反，沃尔夫认为一个"有教养和文明的国家"是一个"培养智力美德"和"渴望通过训练来完善智力"以发展"心智"的国家。这就是所谓的文明国家，它有文明的习俗和符合理性及礼仪的标准。这条论证与第二章和第三章讨论的霍布斯和其他作家关于文明和进步的顺序及先决条件的思想有些类似。沃尔夫把野蛮国家和文明国家区分开来，认为两者是完全对立的，并补充说："由于野蛮民族有不文明的习惯，野蛮的民族与文明的民族是对立的。"在这两种民族中，文明的民族是比较优越的，并且"一个民族理应文明开化……因此，这个民族应该通过训练来发展心智，不能遵从自然倾向和憎恶而应该遵循理性的指引"。沃尔夫认为："民族理应文明开化"，"是因为国家意愿的建立会促成一个民族的完美健康，还因为一个民族的政府形式应当是健全的，前提是这个民族拥有了国家意愿；各国在完善智力的过程中，应当始终考虑建立国家意愿以及所需要的东西，故国民应为此付出一切努力"。[39]这里提到的实现主权国家地位的重要性，即达到文明的顶峰，与第三章中黑格尔后来提出的国家的崇高地位有相似之处。就这一看法来说，假设以国家形式出现的治教有方的"文明的"欧洲民族是"野蛮人"可能向往的标准，这便是一次文明的小进步。同样，假设协助训练不文明之人迈入他们渴望的文明世界领域是文明民族的任务，前提是他们的头脑足够灵活，足以接受这种帮助，这也是一次文明的小进步。由此，我们进入了这样一个时代，即"完善的"的欧洲诸国持续在全球发展它们的帝国羽翼，也预示着江文汉所言"文明与自身文化体系的冲突"。[40]

对于当时还处于起步阶段的国际法体系而言，欧洲人进入非欧洲世界所带来的挑战性和复杂性并没有让当时身处其中的所有国际法实践者感到困惑。与上述观点形成对比，后来在英国下议院任行政官的法学家罗伯特·沃德（Robert Ward）认为："当新大陆向旧大陆的精神和冒险敞开大门时，新的法律和习俗以及新的民族和语言的发现是合理的期待。"那就是新的文明。在沃德的法律学观点中，他相信自然法和万国法的体系并不适用于国际社会。相反，他认为法律依赖于基于每个国家文化背景的解释。这使他认识到，"每个阶层的民族可以说有不同的法律……北美印第安人有一种法律，南太平洋（the South Sea）的印第安人有另一种法律，第三种是黑人的法律，第四种是巴布亚的法律，第五种是鞑靼人的法律，第六种是伊斯兰教徒的法律，第七种是基督教徒的法律，等等"。然而，并不是说这些不同文明在相互冲突时其法律得到了平等对待。显然情况并非如此，因为沃德急忙补充说："指望西班牙人和墨西哥人交往时遵循与欧洲各国交往时的相同习俗是不合理的。"[41] 在这方面，沃德和他的大多数前辈、同辈以及后辈的意见一致，因为正如沃尔夫所坚认的那样，尽管"从本质上说所有国家都是平等的……但显然必须承认更文明的民族所认可的那种法律"。[42] 威廉斯·霍尔（Williams Hall）等国际法学家反复重申，基督教欧洲的文明国家应优先遵守国际法，因为他认为"国际法是一个特殊的现代欧洲文明的产物，旨在反映文明要符合国际规则的基本事实"。[43]

国际法建立在基督教的道德原则之上，这是欧洲基督教国家之间的相互实践，惠顿在其法律观点中明确表达了这一点。惠顿称赞并引用了弗里德里希·卡尔·冯·萨维尼（Friedrich Carl van Savigny）的观点，他认为："不管其他民族信仰什么宗教，在我们与全球民族的非互惠交流中，基于基督教精神的文明进步正逐步引导我们遵守法律。"惠顿的法学观点让沃德的话语更具有法律权威，后者认为欧洲文明国家的法律得到了有限的延长和保护。惠顿自问道："有没有统一的国际法？"他肯定地说："对于世界上所有的民族和国家来说，肯定没有一种法律是一成不变的。"在惠顿看来，"除了少数例外，公法（国际法）一直且仍然局限于信仰基督教文明的欧洲人民或那些有欧洲血统的民族"。[44]因此，在拥有国际法和韦斯特莱克所称的文明的"国际社会"成员资格之前，仅有"拥有欧洲文明的国家及社会"会被完全认可。文明的基督教国际社会，"首先是由所有欧洲国家组成的。正如在谈到《威斯特伐利亚和约》时所解释的那样，这构成了一个成员利益紧密相连的体系……第二，这个社会是由所有的美洲国家组成的。这些国家一旦独立，就继承了欧洲的国际法……第三，这个社会是由世界其他地方的一些基督教国家组成的，如夏威夷群岛、利比里亚和自由邦"。[45]

　　人们普遍认为，在欧洲边界及其移民的新殖民地之外，非欧洲世界的大部分地区是沃德所说的尚未开化的"仍处于自然状态的国家"。沃德表达了大多数前辈和后辈持有的观点，他明确表示："如果让我们看看穆斯林和讲土耳其语的民族……会看到他们的无知和对文明测验的抵制。如果说自第一次踏上欧洲的土地以来他们有什么进步的话，那大概是因为他们表示忠于那些他们最憎恨和最鄙视的真正的宗教。"他补充说："甚至在中国也能找到这种自卑的行为，但是中国人在其他所有的知识和道德科学领域都很出名。这些民族的战争总是带有东方式（Eastern）的野蛮，他们针对外来人的法律就足以证明这一点。"[46]第六章和第七章会再次提到这种明显的野蛮或未开化的战争制造形式。

在国际法看来，文明和不文明的民族之间有明确区分，这在众多国际法学家的工作中得到了广泛的认可，几乎不存在争议。例如，惠顿在概述"非洲的野蛮人"和北美的"野蛮部落"的法律地位时，就做出了这样的区分。[47]正如前面几章所指出的，孟德斯鸠认为："蒙昧民族和野蛮民族之间是有区别的：前者是分散的氏族，出于某种特殊的原因，无法将其称为一个整体；而后者通常是有能力实现统一的小国家。蒙昧之人通常是狩猎者，野蛮之人则为牧民和牧羊人。"[48]惠顿在区分文明世界和不文明世界时附和了沃德的观点，他说："土耳其人不是一个文明的民族"，相反，他们的国家是"不关心贸易、文学和科学以及和平诉求的一个属于军人的国家；但是他们中许多（基督教）臣民能够触及最高形式的文明"。惠顿注意到，"土耳其的执政竞选几乎停滞不前，但该国的许多臣民以及周边所有国家都在迅速进步"。[49]这显然是一种歪曲真实情况的观点，却被广泛接受。[50]

国际法学家詹姆斯·洛里默概述了民族法律等级制度的最显著区别。在孟德斯鸠之后，某种程度上洛里默的法律意见也受到了人类学家和民族学者的影响，如前文提到的路易斯·亨利·摩尔根和阿蒂尔·德·戈比诺（见第三章）。洛里默高调宣称："现代科学成果似乎注定要影响国际政治和法学，但没有什么学科的影响程度会比我们称为'民族学'或'种族科学'的影响还大。"受民族学的影响，洛里默得出这样的结论："作为一种政治现象，根据目前的状况，人性分为三类，即文明的人性、野蛮的人性和蒙昧的人性。"[51]在这三种分类中，他坚定地认为"野蛮人在城市组织进入最初级阶段之后就无能为力了；然而正是通过市政机构，人们才脱离了野蛮"。这就是第二章所详述的关于文明本质争论的实质。根据这一推理，他争辩道："格劳秀斯认为一群强盗不能成立一个国家，因此北非诸国从未被欧洲国家承认；法国对阿尔及利亚的征服也并没有被视为违反国际法。"他承认如果"阿尔及利亚开始尊重生命和财产的权利，它就不会在历史上被剥夺重新建国的权利"。但是当谈到整个伊斯兰世界时，他直接指出："将承认伊斯兰国家视为时间问题，那是胡说八道"。为什么呢？因为"为了获得认可，一个国家必须……同时"拥有"获得认可所需要的意愿……（和）能力"。对伊斯兰民族来说，这明显是一种错误的看法，并显得格格不入。如前所述，这也是黑格尔极力主张的文明的先决条件。

实际上，非欧洲国家内部建立的社会政治组织和政府形式的程度，成为决定这些国家能否加入文明大家庭的关键特性之一。韦斯特莱克明确地在《政府的国际文明测试》（*Government the International Test of Civilization*）的标题下表示，欧洲的自治管理能力标准是判断文明情况的先决条件。[52]按照霍尔的说法，用类似的方式，"从理论上讲一个政治上有组织的社会……一旦它能够表明自己已经拥有被称为一个国家的标志，就必须按照法律来对待它"。[53]但我们都知道，实践中的情况并不总是像理论设想的那样。一个非欧洲国家政府运作程度的重要意义在于其有能力根据万国法所提供的法律保障回报欧洲国家。惠顿阐述了其必要性："国际道德准则……建立在这样一种假设上：一个国家要求另一个国家遵守这些准则，其他国家也将遵守这些准则。这些准则所规定的义务是通过道德制裁和引起其他主权国家和民族对敌对国的忧虑来执行的，以防它们违背文明世界普遍接受和尊重的准则。"[54]

因此，"文明的"基督教国家的欧洲法律被确立为指导原则，用于确定一个国家是文明的、野蛮的还是蒙昧的，从而决定这个国家是被接受还是被排除在欧洲国际社会之外。为了达到必要的文明标准并成为遵守国际法的国家，非欧洲社会被要求以一种能立即得到欧洲国家承认的方式来管理社会，以反映欧洲国家所谓的社会政治组织的普遍标准。法学家格奥尔格·施瓦岑贝格（Georg Schwarzenberger）在评论国际法确立几十年后的传统文明标准时，简洁地总结道："测试一个国家（State）是否文明开化并能否得到国际上的广泛认可，可以只看其政府是否足够平稳以履行国际法的承诺，以及能否并且愿意平等地保护外国人的生命、自由和财产。"[55]当然这些外国人指的是文明国家的公民，也就是欧洲人。

从本质和实践来看，这意味着任何一个国家或民族如果不遵守欧洲的法律和习俗，就会被自动排除在国际社会之外。这种武断的排除在意大利国际法学家帕斯夸莱·菲奥雷（Pasquale Fiore）对"未开化部落"的定义中可见一斑。他声称："未开化部落是由一群人组成的，由家族的联合组成。它没有明确的政治组织，也没有文明的法律和风俗习惯。"他补充道："虽然野蛮人有定居的地方，但他们按照喜欢的方式生活并承认首领的权威，因此也不能被视为宪政意义上的公民（Magna civitas）。"[56]惠顿也有类似的武断排除（描述和标记在这里就是做评价和下判断的意思），他声称："一个国家可以和尚未形成民间社会的流浪野蛮人部落区分开来。"[57]在这里，我们也再次看到了主权国家地位的重要性。此外，很明显，当时主要的国际立法者认为，可能很少有"不文明"的国家会在短期内跻身"文明"的国际社会。霍尔评论道："新国家的成立往往脱离了原本实际存在的国家状态，除了极少国家是依据自己的领土而人为建立的，如利比里亚在成立之前并未附庸于一个文明大国，抑或国家是通过法律范围内的文明进步而自行建立。"[58]

## 国际法："世居民族的朋友"?

文明世界和不文明世界之间有明确的法律区别，并且两者之间还不可避免地相互作用，这促成了后来的所谓"不平等条约"（treaty system）、"投降协定"（capitulations）或"治外法权"（extraterritoriality）。菲奥雷明确指出："领事裁判权的任务是调节文明国家和不文明国家之间的关系，以确保对居住在领事裁判权生效国的文明国家公民可行使各自的主权。"他补充道："原则上，领事裁判权是对地方'普通法'的贬损；这一权力建立在哥斯达黎加、亚洲和其他野蛮地区某些国家的劣等文明基础上，这使在完全平等的法律条件下相互、平等地行使主权变得不可能。"[59]但这并不意味着那些被认为是不文明、在国际社会范畴之外、在国际法下缺乏同等认可的国家在国际法范围内没有任何地位。菲奥雷概述了这些国家在国际法中的确切地位，他问道："无论文化水平如何，野蛮部落可以被剥夺接受国际法约束的能力吗？"他回答说："他们承认首领的权威，所以不能和宪政意义上的公民处于同等的地位。"

他又说道："然而作为一种修复不文明国家与文明国家之间关系的手段，人们不能拒绝在这些国家实行国际法。"尽管拥有 124 类似准法律的地位，维多利亚所说的那些在国际法中处于模糊地位的印第安人大部分受制于国际法但在国际法下很少受到保护。菲奥雷坚持认为："未开化部落实际上与文明民族的情况不同；不论文化程度如何，'普通法'不能以同样的方式适用。"所以，虽然非欧洲人可能被认为有某种程度的"文化"，但他们不被认为拥有"文明"，"文明"仍然是欧洲独有的东西。

18 世纪末至 20 世纪初，国际法学家的权威是如此之大，以至于在第一次世界大战结束时，传统文明标准已经在国际法的编年史中根深蒂固。谈到在国际事务中受人尊崇的国际法学家的地位时，惠顿摆出这样的姿态："我们既不想夸大这些法学家的重要性，也不想在任何情况下用他们的权威来代替理性原则，但可以肯定的是，他们的判断大体上是公正的。国际法学家们见证了文明国家的情绪与惯例，政治家借助他们的权威时会增加其证词分量。"[60]正如本书开篇所述，这种自满的情绪有力地佐证了思想的力量、语言的力量、对重要公职人员产生影响的思想家的力量以及对决策和政策制定产生普遍影响的力量。

1921 年，美国的阿尔菲厄斯·亨利·斯诺（Alpheus Herry Snow）引用了法国国际法学家安托万·鲁吉耶（Antoine Rougier）的部分观点，说明在国际社会中文明标准的起源："这些国家承认自己有履行条款的义务，这对全部有组织社会而言都是必要的。它们通过常规的政府维持秩序与正义、保障居民的人权以'形成一个共同体或社会，即形成一个所谓的基督教国家社会（Community of Christian State），也就是现在所说的文明国家的社会'。"[61]那些未能达到欧洲文明标准的民族都被归入蒙昧、野蛮的第二等或第三等非文明世界，如低等的非基督教世界的、无政府的或无法被统治的、未开化的、大多数属于非西方世界的民族。这些民族或国家的成员被认为需要在通向文明的道路上接受欧洲文明帝国的进一步训练，然后才有希望迈入文明的行列。

　　施瓦岑贝格简明扼要地描述了一个很好的原理，用于支持传统文明标准的起源和执行，他说道："一旦文明与基本的人类联合类型有了联系，就已经没有必要满足于仅仅列举和描述令人眼花缭乱的各种文明了"，就像吕西安·费弗尔对文明所下的一个纯粹的"民族学"定义。但正如人们所争论的那样，文明的概念既是描述性的，又是评价性的。鉴于文明的规范性要求，"那么就有可能根据对文明程度的普遍性测试来评价和衡量个别文明，民族学对此也付出了特别的努力"。[62]讨论持续到 20 世纪，此时早已错过了许多殖民国家和部分法学家认为的恰当时机。文明的经典标准在解决二战的争端时最终被认定为已过时，至少在正式的国际法方面是如此的。所谓的文明世界的成员们被判定为进行了极权主义性质的侵略并犯下了罪行，它们见证了战争法的全面废除，并有效地终结了在法律层面把世界分为"文明的"和"不文明的"这一原则。核武器的演变和部署以及随后"相互确保摧毁"（mutually assured destruction）概念进一步破坏了这一原则。同样重要的是，在第二次世界大战之后许多反殖民民族主义运动迅速出现在欧洲的许多殖民地，谋求新的民族自决权、不受干涉的国家主权并要求无条件地进入国际社会，并根据国际法得到充分承认。

　　甚至在战争之前，一些知名法学家就认识到，追求文明的标准"被越来越多的非欧洲国家认为是不合时宜的和侮辱性的，这些国家出于政治和法律上的原因正迈入国际社会并成为国际大家庭的成员"。[63]例如，赫什·劳特帕赫特（Hersh Lauterpacht）严厉批评了洛里默对文明社会、野蛮社会和蒙昧社会进行明确的法律区分。后两者未被正式承认，"因为它们无法满足洛里默所称的'同等回应意志'（reciprocating will）的基本条件"，或者劳特帕赫特所称的洛里默"对不同程度文明的生动描述"。劳特帕赫特对这种两分法的不断出现感到愤怒，他指出："为了得到认可，现代国际法不知晓文明国家和不文明国家之间的区别，也不知道文明国际社会内外的国家之间的区别。"[64]哲学家科林伍德表达了类似的观点，因为他始终认为这种分类方法非但不合适而且多余。在1940年的一次演讲中，他提到了"文明社会和野蛮社会的二分法"，并大声疾呼，"仍然有人接受这种二分法。在20世纪中叶仍然接受这一观点，无疑是一种此法死灰复燃的迹象，即你的思维习惯落后于时代一个半世纪"。[65]在评论这一争议时，劳特帕赫特的声明中带有不少讽刺意味："二分法学说在这一点上到达了另一个极端：文明的标准已经消失，国家理应有法律义务承认不文明的国家及其政府。"[66]很明显，尽管根据二战后的国际法传统文明标准可能已经过时，但世界上某些民族仍未开化的观念在某些地区依旧存在。正如第七章和第八章所概述的那样，科林伍德敲响的丧钟极其简短，因为这种思想仍然以各种形式存在于世界政治中。

在评价国际法遗产和传统文明标准时，应该把这一点铭记于心，即这些文明标准是由于欧洲人与非欧洲世界的接触而产生、扩展和扎根的。根据安吉的说法，维多利亚的观点和国际法的意义在于维多利亚发展建设了"西方强国用来压制非西方世界"的一套观念和论据，这是一套可以同时用来描述和评价、比较和对比、赞扬和谴责的观念，"在后帝国主义的世界仍被用于处理当代国际关系"。此外，维多利亚的工作表明了欧洲的一种倾向，即把自己的行为假定为"殖民地人民如果要避免争端并成为文明的国际社会的正式成员，就必须遵守的普遍性准则"。这随后产生的法律学结果是对"不文明的""他者"的解释，"他者"受法律制裁，但被剥夺了任何法律所提供的真正保护措施。因此，这"创造了一个目标，使主权可以通过一种未经调解、无条件的暴力来表达它的全部力量，这种暴力被证明是引导皈依、救赎和文明的原因"。[67]正如在整个过程中所概述和争论的，无关时间和起源，文明和进步等评价－描述性概念不仅持续存在，并且对政策的制定和辩护仍有影响力。

所谓"文明的冲突"及其产生的后果并不会出现在平等主权国家之间，而是出现在欧洲主权国家和非主权或准主权的美洲印第安人以及世界上其他世居民族之间。一旦殖民世界被认为缺乏文明，也会被认为缺乏主权。国际法将承担"一项伟大的救赎任务，即把边缘化带入主权范围内、教化不文明地区并发展必要的司法手段及机构"，这几乎是无法回避的。因此，我认为文明的法律标准原则与一个长期的、世界性的西方帝国计划有关联是有道理的。作为国际法的手段和扩展其范围的工具，文明的标准"在这种征服和消灭外来文化的历史中陷入困境"。[68]我将在下一章中讨论以下问题：文明标准是如何陷入困境的？它又是如何通过暴力的"文明开化使命"来"开化""不文明的民族"且在过去的500多年里始终保持着活跃状态？

128

# 第六章
# 文明的重担与"殖民的艺术和科学"

我像大自然最初创造的人一样自由，
奴役的基本法则开始生效，
高贵的野人在森林里狂奔。

——约翰·德莱顿：《征服格拉纳达》
John Dryden, *Conquest of Granada*, 1670

世界的历史是无情者对无脑者的胜利。

——汉弗莱·阿普比爵士：《是，首相》
Humphrey Appleby, *Yse*, *Prime Minister*

## 引　言

我在前几章已经描述了欧洲人如何与不同的文明或民族走到一起，这导致文明等级被准确地分为文明、野蛮和蒙昧。这种分类又导致了传统文明标准在国际社会的确立。我认为，作为自诩为"文明"的民族对"不文明"的民族强加的一种法律和政治工具，文明的古典标准牵涉被认为是劣等的民族及其文化的从属地位和消亡。对这些罪行的辩护或者说是欧洲文明国家所宣称的道德高地赋予其"开化""不文明"的权利和义务，即所谓的"白人的重担"或"文明的重担"。欧洲文明在这个过程中往往采用暴力手段，是一种过分积极的"文明开化使命"。这类"文明开化使命"是在任何可能的地方或任何可能的时候通过指导、培训以及皈依基督教来改善世界上的野蛮民族和蒙昧民族的生活条件。下面是对这些任务的叙述，时间从发现新大陆一直到 20 世纪后期。显而易见的是，无论哪个特定的欧洲国家（或欧属殖民地）以文明的名义行事并实行开化，在时间和空间上都具有一定的统一性和连续性（尤其是在概念、语言和实践层面）。

当 1492 年克里斯托弗·哥伦布偶然发现新大陆上富饶的岛屿时，他"把所有岛屿都据为己有"并称自己为"国王"，没有人对此提出反对意见。至于已经生活在这些"我发现的岛屿"上的美洲印第安人，他说道，他们"都赤身裸体，无论男人和女人，就像母亲刚生下一样……他们没有钢铁或武器，这些不适合他们"。这并不是因为他们的身体有什么缺陷，在哥伦布的记录中，他们个个"体质良好"，而是因为他们"无可救药地胆小"。事实上，他认为这些印第安人是"世界上最胆小的人"，有些人甚至"胆小到'过分'的程度"。但他们又过于慷慨，"如果有人找他们要些什么，他们不会拒绝，相反，他们会邀请任何人一起分享，并尽可能多地表达他们的爱，就像他们愿意为别人献出自己的一切"。在如此慷慨雅量之下，他们"甚至连酒桶上的破环也接受了，就像野蛮人一样，愿意用他们所有东西和别人交换"。哥伦布的一个水手甚至用一条皮带换了"两个半'卡斯特利亚诺'（castellanos）重的金子，而其他人用其他不值钱的物品换取了更多东西"。但哥伦布坚持认为，这种贸易大体上是公平的，因为他"给了他们一千件漂亮的好东西……为了让他们对我们产生好感，更重要的是，能成为基督徒并为尊敬的国王和整个卡斯蒂利亚民族奉献爱与服务"。他相信印第安人已经准备好并愿意这么做。哥伦布还相信，他们想要"努力收集和给予我们自己所拥有的丰富资源，这是理所应当的"。[1]

哥伦布表面上慷慨而深情地赞扬了当地居民，并受到了他们热情的欢迎，但按照他自己的说法，他相信印第安人认为他简直是上天派来的。哥伦布"强行带走一些当地人，以便让他们了解并告诉我这里的情况"，他对自己的这种行为毫无悔意。他毫不犹豫地在这片土地上开采了一些"价值连城的黄金"，哥伦布也不认为把"和我一起的印第安人"作为他发现新大陆的证据带回西班牙有什么不妥。总的来说，他认为美洲印第安人显然缺乏任何形式上的政府组织或文明的风俗习惯，他们不仅会欣然接受基督教和西班牙人的方式，而且欢迎那些强制性且低劣的措施。根据这一评估，哥伦布有效地确定了基本的指导形象和原则，这些指导形象和原则将决定未来 500 年欧洲殖民者的性质及其与非欧洲世界的关系。

在哥伦布发现美洲及其居民的 50 年里，对许多人来说，"印度群岛"无疑是"世界上最重要的问题"。巴托洛梅·德拉·维加（Bartolome de la Vega）当时感叹道："目前最要紧的是，这个新发现的世界的所有居民的身体和灵魂能否得到拯救。"[2]虽然这听起来有点言过其实,但发生在美洲的事件,尤其是西班牙人对待印第安人的方式,对于不同民族之间关系的未来的重要性,远远超出了维加当时的考虑。欧洲人在同新大陆各民族接触之后所确立的法律惯例表明了欧洲人随后与全球世居民族接触的性质。正如哥伦布所观察到的,在美洲和其他地方,经常与欧洲探险者和殖民定居者接触的世居民族要么采用欧洲的方式并被同化,要么面临灭亡的危险。

确切地说,世居民族的命运在很大程度上取决于殖民地征服者对他们的评价,即这些世居民族距离文明有多远、对文明有多顺从。面对数量众多但无法计算的世居民众,最好的办法是"干脆把他们赶走"。也就是说,把他们赶出自己的土地,奴役他们,把他们折磨致死。有时为了"找乐子"而追捕他们,或者更人道一点,允许他们在保留地灭绝,这些都被认为是相当合理且合法的做法。剩下的世居民族,即"较先进(或不那么固执)的民族被吸收到"文明的"下游",通过不同的"强制手段"、"纪律训练"以及"指导措施"让他们学会文明欧洲人的生活方式。[3]不管他们的"进步"如何,在任何时候印第安人都没有达到完美的(欧洲)文明,因此只能生活在社会的底层和边缘,并逐渐被吸收和同化。在发现新大陆美洲印第安人后,茨维坦·托多罗夫对他们的困境和遭遇的"强度"做了很好的描述,他评价说"16世纪发生了人类历史上最严重的种族灭绝"。[4]

正如前一章所讨论的,征服未开化民族并不是欧洲人在新大陆冒险时独有的行为,尽管这确实加速了欧洲人在法律上的合法化和正规化。例如,几个世纪以前英格兰人通过征服和扩张占领威尔士和爱尔兰的凯尔特人领地，并在美洲和其他地区进一步"磨练"了自己的殖民技艺。当地的"行政长官都敏锐地意识到，本地少数民族面临着文化挑战，首先成为英式礼仪的头号受害者"。[5]为了应对这种威胁，英国人发表了法律声明，如1284年的《罗得兰法令》（Statute of Rhuddlan）［也称《威尔士法令》（Stature of Wales）］以及1366年的《基尔肯尼法令》（Statute of Kilkenny），两个法令先后于1498年和1536年做了补充与修订。法令上写到，英国殖民者"放弃了英语语言，穿衣、骑马的风格，法律条规，生活习惯和自我管理，转而学习爱尔兰敌人的礼仪、着装和语言，还与爱尔兰人联姻、结盟，这逐步削弱了他们对国王和英国法律的忠诚"。[6]约翰·达尔文（John Darwin）指出，这种"不宽容和陈旧"的规定经常被强制执行，似乎与"当时及后来奠定了英国扩张基础的文化优越感"相悖。[7]詹姆斯国王手下的爱尔兰总检察长约翰·戴维斯（John Davies）爵士在一份报告中披露了英国王室在征服爱尔兰方面遇到的困难。戴维斯写道："农夫必须先翻耕土地，然后才能更好地播种。完成土地翻耕并施了肥料，如果没有立刻撒上好种子，土地就会变回满是杂草的荒地。因此，一个野蛮的国家必须首先被一场战争打破，然后才能拥有良好的政府；而当它完全被征服和统治后，如果没有良好的改造和管理，它将很快回到以前的野蛮状态。"[8]这些早期的殖民经历临近欧洲本土，所以欧洲人不需要花太多心思。而现在作为征服者，欧洲人却将类似的思想、标签和实践扩展到美洲印第安人身上，以"拔掉"和"取代"已经开垦好的殖民地土壤上的"杂草"，并建立一个良好的印第安人或其他世居民族

132

政府或文明。[9]

正如前一章所言，"基于实证主义的国际法在文明国家和非文明国家是不同的，国际法进一步被证明只适用于属于国际文明社会的主权国家"。在发现了文明的欧洲人和未开化的非欧洲世界之间的差距之后，欧洲征服者开始采用一系列的方法来消除或者"弥合这个开化与未开化世界之间的差距"。[10]因此，欧洲世界背负起"文明的重担"，为世界上未开化的部落带来启蒙和救赎。在这一过程中，这些部落要么被启蒙开化，要么被消灭殆尽。

在原本的生活方式受到威胁的情况下，一些非欧洲人合力与欧洲侵略者进行了抗争，例如美洲的"印第安人战争"（Indian War）、阿富汗战争。当人们回想起赫伯特·斯宾塞在处理野蛮人问题时所提出的建议时，就会清楚地意识到世居民族所面临的危险。根据这一思路，斯宾塞坚称："野蛮的种族玷污了产生忠诚的感情而不能进入文明的状态，所以必须被其他有能力的种族取代。"如果任由他们自行其是并不加管控，世居民族的不理性就会造成无政府状态。因此，"要么驯服他的个性，要么解散他的部落"。德国哲学家爱德华·冯·哈特曼（Eduard von Hartmann）在其对进步的思考中和《论种族的进步》（The Improvement of the Race）中也提出了类似的观点。[11]哈特曼的著作在德语版出版后不久就被翻译成英语并被大众传阅。哈特曼尝试将叔本华、黑格尔、弗里德里希·冯·谢林、戈特弗里德·莱布尼茨等人的观点汇集在一起并加以调和。为了做到这一点，他认为人类进化的方式之一是"种族和国家之间为生存而进行的竞争。在自然法则下人类相互竞争，像动物和植物之间的竞争一样显得无情而残酷。"基于这个立场，哈特曼指出：

> 地球上没有任何力量能够阻止人类种族的灭绝，作为前期发展阶段的遗产，我们将人类的经历一直延续到今天。当有人割掉狗的尾巴时，几乎没人能够帮助狗免于断尾之命。所以人类没有办法去拯救濒临灭绝的野蛮人，只能让其垂死挣扎了。如果懂得人类进化论的自然规律，真正的慈善家就不应当回避社会的大动荡，而是应当努力迎接最终的结局。[12]

哈特曼的论证存在一些普遍的严重逻辑问题，因为他认识到"劣等种族"实际上是人类的一部分。同样的，他也承认这些人正处于白人经历过的发展阶段。因此，尽管他们处于发展停滞的状态，但他的推理表明，其他种族没有充分的理由不及时经历类似的进步。但是哈特曼在这里想说的是，由于他们在地球上的劣等存在，单一种族正在阻碍所有种族的发展。正如在第三章中所看到的，这种思想在18～19世纪的种族进步理论家中并不少见。这些理论家大多认为，世界上较弱小、较不文明的民族不可避免地会被更强大、更有弹性的民族所吸收或灭亡。

这种观点一直存在，在哥伦布到达美洲400多年后，美国开始在菲律宾、波多黎各、关岛以及古巴开展殖民活动。而在此之前，阿尔菲厄斯·亨利·斯诺曾在《世居民族问题》中写道：

这是公认的……1898 年标志殖民艺术与科学的新时代到来，文明国家已经得到越来越多的认可，监护世居部落意味着保护他们，这不仅是一种传教士个人、慈善与教育的善行，而且是一种对世居部落立法、执法以及司法制度的积极开化义务。这让他们能照顾好自己的弱小国家，他们可以在文明社会的指导下在最短的时间内成为公民和政治上的成年人，也可以在民主与共和体制下平等地参与自己政府的工作。[13]

显然，"文明的神圣信任"（sacred trust of civilization）原则在欧洲征服和殖民的国家中得到了广泛接受，即使到 20 世纪中叶仍能在国际法中找到这一准确表达。国际法庭（International Court of Justice）在 1966 年对西南非洲案的判决中提到了这一原则。在案件二审时，在审判长的决定性投票下，法庭裁定申请人（埃塞俄比亚、利比里亚）尽管是国际联盟的成员，但它们没有合法权利或合法利益称南非共和国（Republic of South Africa）违背了国际联盟授予其在西南非洲（即纳米比亚）的委托统治权。[14]针对这一裁定，7 位法官持有异议，其中田中（Tanaka）法官说："至少从维多利亚时代开始，以下想法已经存在了数百年时间，即殖民征服者有接管和善待被征服土地上的世居民族的神圣义务。"[15]

如前一章所述，从田中法官的判决中可以看出维多利亚对国际法和殖民政策的影响是深远的。因此，这是一个西班牙人"发现"和征服新大陆的时代，而我接下来会讲到维多利亚等人为其提出的法律依据（justification）。

## 拯救未开化之人的灵魂

1542 年，西班牙国王查理被告知新大陆上的西班牙征服者对美洲印第安人犯下了难以言表的暴行，包括一种被称为"补偿性补偿"（repartimiento 或 encomienda）的奴隶制（一种闻所未闻的丑恶发明）。在"每一位专家和学者委员会委员"的建议下，查理提出禁止奴隶制，并下令释放所有被奴役的世居民众。一些征服者认为这是他们应得的东西，于是违抗王令并继续有利可图的屠杀和掠夺。其他对王令持不同意见的人则寻找"能以有力的法律论据攻击帝国法律的有学识之人"，希望说服查理改变他的决定。他们找到了西班牙皇家历史学家胡安·希内斯·德·塞普尔韦达（Juan Ginés de Sepúlveda）。塞普尔韦达在《关于战争的正义原因》（On the Just Causes of War）中试图攻击新法律的可信性，当他为西班牙对印第安人的征服做出四点辩护时没有明确地引用新法律的内容。[16]

在塞普尔韦达的案例中，他的主要论点是美洲印第安人"野蛮且没有受过知识和管理技术的教育，他们全然无知且没有理性，除了僵硬机械的技艺（mechanical arts）之外，完全不能学习任何东西"。此外，"他们残忍且罪孽深重，还带有那种必须受他人意志支配的自然特点"。塞普尔韦达宣扬圣奥古斯丁的权威，并坚持认为"为了他们自己好"，自然法要求印第安人"服从那些在美德和性格上的杰出者"，即西班牙人。接下来，警告道，如果美洲印第安人"拒绝服从西班牙的合法主权，西班牙人可能为了印第安人自己的利益而用战争

135

的恐怖威力使他们被迫服从"。塞普尔韦达引用亚里士多德的
权威言论（《政治》的第 2 章、第 3 章和第 5 章），以及《圣
经》（"愚者理应服从于智者"，《箴言》2：99）和圣托马斯·
阿奎纳（"居神学家首位"）的言论，认为这样的战争基于
"公民和自然法则"。如果这些还不能充分证明的话，"所有的
政治哲学家只有根据这一理由教育城市居民、国王臣民和国家
公民，只要精于谨慎和美德就能以主权来管理国家，这样政府
就可以根据自然法则而变得公正"。这就是为什么奥古斯丁认
为强迫别人做违背他们意愿的事情对他们是有很大好处的，这
也是为什么阿奎纳认为罗马人征服其他国家是公正合法的。除
了这些观点，塞普尔韦达补充说即使美洲印第安人，"这些野
蛮人……理解能力不差，所以更要服从那些教导他们像人类一
样生活的人"。[17]

　　塞普尔韦达的第二个论点是，美洲印第安人"必须带上
西班牙的枷锁，改正错误，接受惩罚，因为他们犯了违反神圣
自然法则的罪"，尤其是"偶像"崇拜（idolatry）和活人祭祀
的罪。第三点紧扣第二点。而塞普尔韦达的最后一个论点是关
于基督教在印第安人中的"传播和发展"。他认为如果新大陆
上的人被驯服和控制，那么"将会实现"传教这一目的，这
样"圣职人员就可以安全、毫无危险地传讲基督的福音"。本
书第五章指出，几个世纪前教皇英诺森四世也提出了类似的观
点。塞普尔韦达总结了自己的四个辩护观点，并声称："这些
野蛮人被基督教信徒的西班牙人征服并管理，这是完全公正且
最有利的办法"，因此"教皇亚历山大六世的法令枢机主教团
（College of the Cardinals）宣布探险队要武装起来，以对抗印

第安人"。所以"上帝指挥的战争是正义的，没有人会否认一场上帝使者承认的战争……被称为正义之战"这一说法是不可否认的。

136

最早为印第安人发声的人之一是巴托洛梅·德·拉斯·卡萨斯。拉斯·卡萨斯回应说，他在塞普尔韦达关于废除法律的辩护中发现了"用蜂蜜伪装的毒药"。他还认为塞普尔韦达提出的一些论点"是愚蠢的，一些是错误的，一些是最没有说服力的"。[18]也就是说，他指责塞普尔韦达"歪曲《圣经》和最神圣、最睿智的神父与哲学家的教义，制造出某些有利于满足贪欲的虚假论点"。[19]随后拉斯·卡萨斯综合著名的神学家、法学家和"印度群岛"（Indies）的王下议会（King's Council）的言论，表明在很大程度上上帝并没有鄙视印第安人。"上帝若让他们缺乏理性，变得像野兽一样，他们会被称为野蛮人、蒙昧之人、野人或野兽"，"恰恰相反"，拉斯·卡萨斯争辩道，"他们是那么温柔、正直……并准备放弃对自己偶像的崇拜，接受上帝的旨意和真理"。[20]这一观点很重要，因为在印第安人寻求他们的文明和灵魂的过程中，这句话仍然为干涉印第安人事务和日常生活提供了理由。拉斯·卡萨斯补充说，"即便印第安人是野蛮人，也不意味着他们没有治理国家的能力且必须由别人来统治，他们只需要接受天主教信仰的教育并接受圣礼"。虽然印第安人有可能是野蛮人，但拉斯·卡萨斯确信他们既不是野蛮人，也不是没有知识的人，因为"他们在听到西班牙人这个词很早之前，就已经有了完善的国家组织，良好的法律、宗教和风俗"。因此，这不是证明了"可敬的塞普尔韦达博士用错误和恶毒的言语"来反对美洲人民吗？

虽然拉斯·卡萨斯已经向委员会说明了他的大部分观点，委员会赞同其中一些观点，对剩下的观点持保留意见，但这并没有阻止西班牙开展在美洲的事业。如第五章所述，对于制定处理"文明的"征服者和"不文明的"被征服者之间关系的法律，维多利亚的影响更大。塞缪尔·约翰逊（Samuel Johnson）高度赞扬了维多利亚所属的萨拉曼卡学派（Salamanca School），因为这个学派提出了征服美洲"不合法"的观点。[21]一些人也把维多利亚看作维护印第安人权利的斗士。例如，在 1949 年版的国际法中，法学家布里利（J. L. Brierly）宣称，维多利亚对"西班牙人统治新大陆居民权力的考察……勇敢地捍卫印第安人的权利"。[22]相比之下，其他人如罗伯特·威廉斯对"维多利亚开始执行如此苛刻的法律条款"表示抗议，并认为"欧洲国家体系的法律话语终于不再那么愚昧，表达也不再过于神性和中古化，还适应了欧洲文艺复兴时期为建立帝国而提出的世俗化的合理需求。"[23]

当我们深入研究相关文献，特别是《论美洲印第安人与论战争法》的第三部分，就会发现对维多利亚在国际法历史上的地位合理性的争议变得更加难以理解。在这部分，他概述道："在合法和适当的名义下，印第安人可以受西班牙人的统治。"受英诺森四世关于"自然联系纽带"构成"世界机器"的论述的影响，维多利亚则以"自然的社会和友好关系"为题，为西班牙对美洲印第安人的统治辩护。[24]他说道："西班牙人有权进入这里并逗留，只要他们不伤害当地人且当地人也未阻止他们。"根据类似的逻辑，英诺森四世在致贵由汗的信中所使用的证据"来自万国法，万国法要么是自然法，要么来源于自然法"。根据维多利亚的说法，自"世界之初（当时万物众生平等）"以来，人们就拥有"自然的社会和友好关系"，而且"人们不会分割财产，以免破坏这种互惠的权利"。这个名义的另一个证明是，"将特定的人群当作敌人赶出一个城市或区域或驱逐他们，这些都是战争行为。"维多利亚认为"印第安人的战争并非正义的"，也暗示"西班牙人并没有伤害他们"，因此，"让西班牙人离开他们的领土是不合法的"。[25]

维多利亚提出的其他证据包括"西班牙人可以合法地在印第安人当地开展贸易"，未受到"印第安王子"的阻挠。有关这项名义的证据是"允许外国人开展贸易的万国法"。如果这些证据还不够，维多利亚还认为"类似的证据事实上是神圣法则允许的"。"印第安人的统治者受自然法则的约束，应当热爱西班牙人。因此，印第安人可能不会无缘无故地阻止西班牙人谋取利益。"维多利亚进一步提出了两个证据。"如果印第安人有可以用来同等对待本地人和外来人的法则，他们可能不会阻止西班牙人与他们交流、加入他们的群体。"尽管美洲印第安人没有相应的"公民权"概念，但"如果任何西班牙人的孩子出生在那里，他们会希望获得公民身份，我们似乎不能禁止他们成为公民或享有其他公民也拥有的权利"。

在概述了西班牙可以合法统治印第安人的第一个名义后，维多利亚接着断言，如果"当地人想阻止西班牙人享有任何万国法中规定的权利……西班牙人首先应该用理性、劝说的方式来消除误会"。然而，"如果在诉诸理性之后，野蛮人拒绝和解并打算使用武力"，维多利亚认为，"西班牙人可以采取一切手段来保障自身的安全"，包括宣战。为了保障

138

自身的安全，西班牙人如果采取了一切合理的措施并用尽
"一切努力"之后，印第安人仍然构成威胁，维多利亚认为
他的西班牙同胞不得不"对印第安人发动战争，不要像对无
辜的人那样手软，而是要像对待不共戴天的敌人"。因此，
西班牙人获得发动"战争的权利来掠夺印第安人的财产，把
他们变成奴隶并将前任统治者赶下台，然后建立新的统治。"
他还谨慎地指出："在战争中得到的一切都是胜利者的财产，
这是国际法上的普遍规则。"维多利亚的结论是："这可能是
西班牙人拥有的第一个夺取当地人的领土和主权的名义。"
人们不禁怀疑，如果有人提出美洲印第安人也有一套相应的
权利，如果他们在西班牙海岸登陆，将会招致西班牙人彻底
的愤怒。

　　第二个名义是通过维多利亚所说的"基督教的传播"，西
班牙可以合法地获得对印第安人的统治权。"印第安人不仅是
罪恶的，还徘徊在救赎的边缘……看来西班牙人一定要这样
做"。更重要的是，这是教皇"委托"给西班牙人的任务，而
没有交给其他国家。因为"如果让其他地方的基督徒参与进
来，他们很可能会阻碍征服任务并制造摩擦，干扰世居民族皈
依基督教"。更重要的是，西班牙人"幸运地发现了新大陆，
所以应禁止其他国家参与其中并让西班牙人独享自己发现的果
实"。在提出这一点时，维多利亚有意忽略了支撑其论点的逻
辑与他自己关于"自然的社会和友好关系"的探讨以及相应
的旅行、贸易和结盟的自由权利，这显然是自相矛盾的。

　　对于第二个名义，维多利亚还指出："如果印第安人……
阻止西班牙人自由地传播福音，西班牙人首先要与他们讲道

理，以消除误会……然后甚至可以发动战争，直到他们成功地传播福音并获得安全保障。"如果印第安人试图"阻碍皈依"或阻止他们的同胞寻求皈依，发动战争也被认为是一种合理的反应。本质上，关于基督教传播的名义表明，"如果没有办法继续进行传教工作，西班牙人将有另一个理由没收世居民族的领土、拥立新的领主、流放旧的贵族，并行使每一项在所谓正义战争中所允许的权利"。维多利亚列出了另外五个西班牙人能够合法占领新大陆的名义，包括"在盟友事业中发现的朋友"。他的理论基于罗马帝国扩张的先例，一个"圣奥古斯丁和圣托马斯认可的合法帝国"。总体来说，后面提出的这些名义只不过是换了种说法，但主题没变，因此不值得在这里做进一步的研究。

　　毫无疑问维多利亚对国际法的构建和发展具有持久的影响，除了法学家，他还受到许多人的尊敬。根据欧内斯特·尼斯（Ernest Nys）在卡内基版《论战争法》中的引言，"由于他推理的活力、高尚的情操以及他对人类的爱，维多利亚在我们的时代（1913 年）仍然是一个令人难忘的人物"。"他很谦虚，单纯又善良，他是真理和正义的坚定捍卫者。"[26]同样，詹姆斯·布朗·斯科特在总结他对维多利亚及其自然法则的评论时，宣称："维多利亚是一个天生的自由主义者，他继承了国际主义者的传统。因为维多利亚兼有自由主义和国际主义，他的国际法是自由的国际法律。"[27]可能是这样，但如果真的如此，那并不一定能解释清楚国际法的基础。有待解决的问题是，整体上，维多利亚对当地人产生了积极影响还是消极影响？他有可能在试图博取同情心和获得人道的支持，以便西班牙能够合法地征服新大陆，许多人仍然相信这是事实。然而，维多利亚最终背叛了这场征服不可回避的暴力本质。他至少会承认："我担心西班牙采取的措施超出了人类和神圣法则所允许的范围。"[28]

人们很难衡量维多利亚同情美洲印第安人的真实程度，因为在"战争法"的头衔下，他声称"有时杀死所有罪犯是合法且有利的"。"这种情况对非信徒尤其如此，指望从他们那里获得任何条件下的公正和平是徒劳无益的"。此外，在表达他的真实情感和动机时，维多利亚总结自己关于"印第安人的最近发现"的讨论，指出："即使提出了这些名义，也没有任何驱动力。"但他认为还是有的，"没有阻止与印第安人开展贸易的义务"。这样一种"对皇家金库的严重伤害（一件不能忍受的事情）"是不可想象的，因为"当地人有许多富余的物品，而西班牙人可以通过物物交换获得"。总而言之，毫不夸张地说，在《论美洲印第安人与论战争法》一书中，维多利亚试图提出一系列的名义和论点，以支持西班牙人对新大陆印第安人（及其土地和财产）进行不可避免的暴力征服。此外，暴力征服不仅是不可避免的，而且西班牙人可以攫取巨大的物质利益，还被认为美洲印第安人也能获得巨大的整体利益。印第安人将受益于西班牙这个"慷慨而高贵的恩人"，而西班牙将把他们置于自己的庇护之下，在统治他们的同时为他们带去救赎。简而言之，维多利亚根据印第安人的社会习俗和文化习俗以及他们缺乏自治能力的情况，将印第安人归类为不文明的、不如人类（less than human）的，这就是帝国主义和殖民主义的开始。

17 世纪，胡安·德·索洛萨诺·佩雷拉（Juan de Solórzano Pereira）在《印第安法典》（*De Indiarum Jure*）中引用了塞普尔韦达和维多利亚的著作，以进一步使对新大陆土地的占有合法化。本质上，这是因为西班牙人用教皇的权威来证明他们在美洲的作用。早在 1493 年，教皇亚历山大六世就根据哥伦布对世居民族的观察下达教令，以承担拯救他们的责任。尽管哥伦布眼中的他们赤身裸体，但他认为他们"显然倾向于信奉天主教并接受良好的道德训练"。因此，美洲印第安人在西班牙控制下的"基督化过程"就这样开始了，这一过程被认为"先于印第安人文明化"。[29]事实上，如果没有基督教信仰，文明是不可能实现的，特别是对西班牙人来说，对于天主教更是如此。

此时，英国人已开始对新大陆的殖民地提出要求，但他们的诉求引起更高权威的关注。1620 年，国王詹姆斯一世（King James I）批准了新英格兰议会（The Council of England）的一项特许状，声明："在最近几年里，天降灾祸，暴发了一场惊人的瘟疫，也发生了许多残忍的屠杀和谋杀，我们对野蛮人犯下了滔天罪行……使整个野蛮人地区被彻底破坏、毁灭，他们灭绝了。""惊人的瘟疫"的暴力是上帝计划的一部分，"利用他（He）的强大武器并满怀仁慈与爱意"，上帝为英国人提供支持。这片土地"被居住在此的自然居民遗弃了，接下来应该由我们的臣民占领这片土地并安居乐业"。[30]西班牙人对新大陆的要求建立在上帝使者的权威之上，而英国人对占领土地的要求则去掉了中间人，可以说他们直接利用了上帝的权威。

## 通过殖民来输出文明

抛开上帝的意志不谈，世居民族对土地的占领和使用程度成为欧洲侵占新大陆领土的一个重要因素。在这个问题上最有影响力的人物之一是约翰·洛克。洛克不仅仅是一位政治哲学家和思想家，他与沙夫茨伯里伯爵（Earl of Shaftesbury）共同撰写了《卡罗莱纳基本宪法》（Fundamental Constitutions of Carolina），并在殖民地政策中发挥了积极作用。1673~1675 年，洛克出任贸易与殖民委员会（Council of Trade and Plantation）大臣（Secretary）。虽然洛克反对西班牙式的征服，但他认为"哪里的土地比居民占有的更多，哪里就有荒地，无论谁都有自由使用这些荒地的权利。"[31]在他看来，这种情况在新大陆是普遍存在的。他想知道："在野林和印第安人没有开垦的土地上，一千英亩地的种植产量能比德文郡的十英亩沃土更能改善穷苦居民的生活吗？"[32]因此，如果当地人不像欧洲人那样犁耕、播种和收割土地，那么英国人就完全有资格这样做。他们把自己的劳动力与土地结合，也就有资格被称为这片土地的主人。像洛克那样的英国功利主义和自由主义思想家随后相继涌现，如詹姆斯·穆勒和约翰·穆勒，这说明了思想的力量、政治思想与政治实践之间的关系以及它们对政策制定和实践的深远影响。

这种思想对哲学家兼法学家埃默里奇·德·瓦特尔在如下两个问题上的思考产生重大的影响，即"新大陆的发现"和"一个国家能否合法占领任何一片巨大领土的一部分，这片领土上只生存着少量的游牧部落且未分布于整个国家"。瓦特尔认为"耕作土地是……自然强加给人类的义务"。因此，有些民族"为了逃避劳动，以放牧和采摘果实为生，这是违反自然法则的"。"那些仍然追求这种闲散生活方式的民族占有的土地远比在辛勤劳动制度下的民族所需要的要多，而且如果其他比较勤劳的国家因为在国内太受限制，前来占有他们的一部分土地，他们可能不会抱怨。"当时，在瓦特尔看来，懒惰的印第安人并没有很好地利用土地，他们只是"漫游"而不是"居住"在这片广阔的土地上。因此，他们"对土地的占领是不确定的"，并不是"真正合法地占有土地"，从而为欧洲人"合法占有并建立殖民地"创造了条件。[33]

帕斯夸莱·菲奥雷后来以类似的方式提出，"作为一个原则问题，殖民和殖民扩张是不容置疑的"。因为这是完全合适的，"文明国家为了给日益增加的活动找到新的出路，需要扩大他们现有的土地占有量，占领地球上那些对未开化民族来说用处不大的土地"。[34]这是帝国主义扩张的经典论据，基于资本主义的扩张需求以及资本主义对新投入资源和新市场的需求。[35]此外就洛克的原则，菲奥雷补充道，"地球通常会满足每个人的需求，但这对野蛮人来说是行不通的。因为他们无法从自然产品中获得任何利润，所以应当离开这片没有开发培育的土地并让出其丰厚的产品资源。"[36]

随着时间的推移，欧洲人认为自己有义务去这些地方耕种，因为诸如国际法学家詹姆斯·洛里默的言论逐渐成为一种行为规范。洛里默认为："对蒙昧之人和野蛮人的土地进行殖民开垦（如果可能的话）是道德和法律上不可避免的义务。在需要使用武力的情况下，这些土地属于必要的战争目标。"

履行这一义务的责任并不一定要落在"个别国家"身上，洛里默认为最好由"一个整体上获得认可的中央权威机构来承担，因此文明的进步理应成为文明人的共同任务"。[37] 在当时，这实际上指以西欧为基础、由文明国家构成的国际社会，或许还有勉强建立在北美殖民地基础上的文明国家的国际社会。

在谈到干预时，人们普遍认为这是一种使用预示性语言的当代人道主义干预，法国国际法学家安东尼·鲁吉尔认为，一个"政府如果忽视了人民的利益而疏于管理，导致其机制失效就会出现所谓的主权反复。"主权缺失，即当野蛮的或半文明国家发生不利于人类团结的违法行为，并陷入持久的混乱，文明大国有必要寻找更有活力的控制方法，即预防错误行为的发生而不是进行镇压或寻求赔偿。这种更有力的方法意味着"在通常的干预权利之外，又出现了永久干预的权利"。[38]

另一位杰出而有影响力的法学家约翰·韦斯特莱克强调了这一论点背后的基本原理和殖民政策背后的驱动力。他说道："凡是世居民族无法建立政府的地方"，他认为在欧洲人与世居民族接触的地方本来就没有政府，"首先必须建立一个政府"。人们想当然地认为"白人的流入是不可能停止的，因为那里有可以耕种的土地、可以开发的矿藏，可以发展商业，可以享受运动，还可以满足好奇心"。此外，如果任何"狂热崇拜野蛮生活之人认为白人应该被拒之门外，他也只能从另一个途径得出同样的结论，因为当时的政府有必要首先把他们拒之门外"。[39] 这是循环推理的另一个例子，在这种推理中，不论有什么理由，征服不文明的世居民众和侵占他们的土地都是不可避免的。

有观点认为，有组织、治理良好、文明的民族——如欧洲——通常比组织较差、治理较差、不文明的民族更有优势，并且欧洲人拥有很长的征服历史。继续第三章中概述的思想，黑格尔进一步评论："在《伊利亚特》中，希腊人披挂上阵与亚洲人展开了史诗般的战争。战斗一开始就进入白热化并成为希腊历史中具有重要意义的转折点。"他接着说："锡德（Cid）也以同样的方式对抗摩尔人；在塔索（Tasso）和阿里奥斯托（Ariosto），基督徒与撒克逊人作战；在卡莫恩，葡萄牙人与印第安人作战。因此，在几乎所有伟大的史诗中，我们都能看到不同的民族在道德、宗教、语言上，简而言之，在思想和环境上彼此对立。我们完全处于和平之中，这是由于世界——历史上证明是正确的——高层次原则战胜低层次原则的胜利，而低层次原则屈从于一种不把任何东西留给失败者的思想。"黑格尔得出结论："从这个意义上说，过去的战争史诗描述了西方对东方的胜利（欧洲式中庸的胜利），以及给自身设禁锢的理性的个体美。"[40] 此外，正如他在其他地方所写的那样，文明社会的"内在辩证法"驱使它"超越自身极限，在工业普遍落后的地区寻找市场"，进而开展"殖民活动……在那里诞生了成熟的民间社会"。[41] 因此，无论是美洲的美洲印第安人、澳大利亚的世居民族，还是非洲的各个民族，对世居民族的征服都被看作世界历史上自然且不可避免的一系列事件，这符合近代世界历史发展的模式。[41]

然而，比较文明的人战胜不那么文明的人的情况并不总是如此。亚当·斯密认为："在古代，富裕而文明的国家发现自己很难抵御贫穷和野蛮的国家。"而在现代，贫穷和野蛮的国家发现很难在富裕和文明的国家面前保护自己。这一变化的原因是，"在现代战争中，能够负担巨额武器开支的国家具有明显的优势，所以富裕而文明的国家能打败贫穷而野蛮的国家"。这里提到的亚当·斯密的观察突出了欧洲将文明输出到世界每一个不文明角落存在几乎不可避免的暴力性质。他补充说："火器的发明，乍一看似乎危害巨大，但它肯定是有利的，既有利于文明的持久性，也有利于文明的扩展。"[42]

这场争论的另一方是启蒙时代的反帝国主义者，如约翰·戈特弗里德·赫尔德、丹尼斯·狄德罗和伊曼努尔·康德。[43]如前所述，在这些思想家中，康德经常被视作世界主义的拥护者和公开的反帝国主义者，他认为"殖民征服在道德上是不可接受的"。[44]康德在《永久和平论》中写道，国家"是一群人组成的社会，除了国家本身之外，没有人有任何权力去命令或处置他们"。此外，"如果把它和另一个国家像嫁接一样合并，就是在破坏它作为道德个体的存在，从而把它降格为一件东西"。康德接着强调了欧洲从事这种愚蠢行为所带来的危险。[45]但是在这里康德所讨论的政治实体都是主权国家，这也引出了康德思想的另一面。

尽管康德反对欧洲占有殖民地，并且像玛莎·努斯鲍姆所声称的那样提倡"一种真正普遍的政治"，[46]但康德的宽容远远达不到一种仁慈的"自己活下去并让别人活下去"。这一点在他很少被讨论的著作《地理学》（Geography）中表现得最为明显。大卫·哈维提出了一个合理的观点："康德的《地理学》的地位令人感到如此尴尬，以至于很多人忽视了它。"[47]今天的人们很难接触到这部作品，这令人有些惊讶，因为康德其他一些更受认可的作品已经影响了家庭手工业。下面这段话是从最近的一篇法语译文中摘录出来的，哈维译成了英文："在炎热的国家里，人们在各方面都成熟得更快，但不如温带的人完美。白种人取得了人类最大的成就，属于黄种人的印第安人就没那么聪明了。黑人的地位要低得多，而美洲一些民族的地位则远远低于他们。"[48]乔治·泰瑟姆（George Tatham）总结了他从德语翻译过来的段落："所有生活在热带地区的人都极其懒惰；他们还胆小，居住在遥远北方的人也有这两个特点。他们因为胆怯而变得迷信，在国王统治的土地上被奴役。奥斯特雅克人、萨莫耶德人、拉普人、格陵兰人等，他们的胆怯、懒惰、迷信和对烈性饮料的渴望与热带地区的人相似，但不像热带地区的人那样善妒，因为他们的气候不太可能激发他们的热情。"[49]在其他地方，康德认为，通常我们假定没有人会对另一个人怀有敌意，除非他被另一个人主动伤害。这个假设是正确的，"如果双方都在民法之下，因为进入这样一个国家后，掌握权力的君主为他们都提供了必要的安全"。然而也有例外，对于不太文明的民族，康德认为："处于自然状态下的人（或民族），即使他不是有意的，但如果他靠近我，仅凭他的状态，也会夺去我享有的安全、伤害到我，这是因为他无法无天的状况（他的状态）不断威胁着我。因此，我可以强迫他跟我一起接受民法的约束，或不让他住在我附近。"[50]

　　康德与其他许多主张欧洲"文明开化使命"的人并没有太大的不同，实行这些"使命"的目的是让当地人脱离自然状态并进入法制的政治组织领域，或者说进入文明领域。如果

"文明开化任务"失败了或者没有按计划进行，同样的任务就会变成更暴力的征服任务，威胁逼迫野蛮人"转移"到一个对文明威胁更小的地方。或者如哈维所解释的那样："当（康德的）规范性理想作为一种政治行为原则作用于一个世界时，会发生什么？在这个世界里，一些人被认为是低人一等的，而另一些人被认为是懒惰的、有味道的，或者仅仅是丑陋的？"实际上，"可以这么总结：要么有味道的霍顿托特人和懒惰的萨摩亚人必须进行自我改造，以符合康德假定的普遍伦理准则"，要么在现实中，"他的普遍原则伪装成符合普遍利益，实际上带有强烈歧视性的准则"。[51]

罗伯特·范·克里肯（Robert van Krieken）准确地指出，文明进步"伴随着对那些仍未开化的人的侵略和暴力，这主要是因为他们对文明成就的脆弱性构成了威胁"。同样，"正是这种侵略构成了联合的文明攻势"。实际上，文明和"国家对暴力的垄断涉及对那些被认为不符合普遍文明标准的群体实施暴力"。[52]正如康德所论证的那样，约翰·穆勒也论证了这一点，他指出："文明的政府不能没有野蛮的邻居"。因此与康德一样，他认为，当这个国家这么做时，"它不可能总是满足于采取防御姿态，仅仅是为了抵抗侵略"。经过一段不确定但令人难以忍受的警戒时期后，这个国家几乎不可避免地"发现自己有义务征服它们，或可以对它们行使如此多的权力"，这就使不文明的邻国逐渐陷入依赖文明国家的状态。约翰·穆勒认为，这能用于解释英国政府和印度"土著邦国"之间关系的历史和性质。根据约翰·穆勒的解释，英国从未"在自己的领土上获得安全感，直到它将邻近的印度国家的军事力量削弱到不足为惧的地步"。[53]

在谈到文明社会和不文明社会之间的关系时，约翰·穆勒认为，"假定在文明国家和野蛮人之间拥有同样的国际习俗和国际道德准则"是一个严重的错误。为什么？因为"普通的国际道德规则意味着互惠"，这是蒙昧之人和野蛮人无法做到的。他认为，未开化之人的"头脑""不可能会付出如此巨大的努力"，而且"不能指望这些人遵守任何规则"。此外，约翰·穆勒补充道，野蛮民族还没有发展到"不需要被外国人征服和奴役的阶段"。这里的基本原理是，普遍认为对更文明的民族的发展至关重要的"独立和民族主义"是不文明民族的"障碍"。因此，约翰·穆勒认为，在国内法律框架下，"文明国家间对彼此的独立和民族所肩负的神圣义务"并不适用于不文明社会，因为"野蛮人没有建立一个国家的权利"。作为这一法律原则的结果，约翰·穆勒认为，"因此，对法国人在阿尔及利亚的行为或英国人在印度的行为提出的批评"，往往是"基于错误的原则"。[54]

爱德华·赛义德（Edward Said）在《东方学》（*Orientalism*）一书中讲述了一个很好的例子。他在书中引用了 1910 年 6 月 13 日阿瑟·鲍尔弗（Arthur Balfour）在英国下议院的演讲，认为那是对英国在埃及所扮演角色的激烈而片面、不充分的辩护。如前所述，欧洲征服者通常认为他们比那些野蛮人更了解"外来"文明，因此他们最适合充当野蛮人的监督者。鲍尔弗同样坚称："我们对埃及文明的了解比其他任何国家都要多，因为我们了解得更早，更加熟悉，知道得也更多。"根据鲍尔弗的说法，埃及及其人民的福祉最好是托付给英国人管理。他

147

接着说："西方国家一出现在历史上，就具备了自治能力。"
"但在欧洲之外，纵观东方人的整个历史……你永远找不到自
治的痕迹……征服者继承了征服者，一个统治接着另一个统
治；但是，在所有东方国家的命运和变革中，你从来没有见过
一个国家通过独立的行动建立起我们西方人所说的自治政府，
这是事实。"有了这个"事实"，鲍尔弗相信他不仅找到了英
国殖民占领埃及的正当理由，而且找到了整个大英帝国的正当
理由。他进一步论证英国为负起责任而使用的道德理由，"我
认为经验表明，英国人拥有更好的政府，这不仅对他们是有
利的，对整个西方文明也无疑是一件好事。我们在埃及不仅
仅是为了埃及人的利益，也是为了整个欧洲的利益。"[55]因此，
正如斯诺所说，在 19 世纪末，它"被确立为万国法的一个基
本原则，并认可文明国家作为世居部落监护者的身份"。[56]殖
民和"文明的神圣信任"不仅是为了欧洲，也是为了整个不
文明的世界。

## 争夺非洲

到 19 世纪末，世界上绝大多数适合被欧洲人占领的地方
都有"主"了。与此同时，塞西尔·罗兹（Cecil Rhodes）坚
称："非洲仍在等待我们，我们有责任抓住它。"在非洲南方
所谓的"黑暗大陆"已经为人所知并与之开展贸易。这里的
部分地区多次被征服和占领，尤其是 1498 年瓦斯科·达·伽
马发现一条通往印度的航线之后。但直到 19 世纪后期，这些
探索活动大多局限于非洲沿海和更干旱的北非的贸易港口及定

居点。现在，西方的注意力转向了基本未被开发的内陆地区，因为像罗兹这样的人认为，"抓住每一个获得更多领土的机会"是一种责任。他认为，"我们应该坚定地把这一观点摆在我们的面前，即更多的领土只是更加意味着盎格鲁－撒克逊民族是世界上最优秀、最有人性、最高尚的种族"，而目前居住在大陆大部分地区的那些"人类是最低贱的"。[57] 其他欧洲殖民强国对非洲也有类似的打算，并已开始在那里建立据点。因此，1884～1885 年，欧洲列强在柏林召开会议，最初是为了缓解因刚果盆地主权和贸易权问题而产生的紧张局势。然而，历史表明这次会议也导致欧洲列强开始瓜分非洲。迈克尔·多伊尔将在柏林瓜分非洲的过程描述为"对晦涩的非洲家谱到离奇的地理知识的一系列精彩演练"。当欧洲列强提出要求并就边界问题展开争论时，"探险家、官员、商人和传教士一直在缓慢地进行着一项工作，以使在柏林得到认可的书面附件生效。"[58]

与欧洲在其他地方开展的冒险活动一样，"文明的神圣信任"对许多欧洲人的思想产生了重大影响，当时帝国主义强国开始了"对非洲的争夺"。[59] 因此，根据《柏林会议总则》（Berlin Conference's General Act）第 6 条，在"行使主权"方面，签约国被授权"监督对世居部落的保护，并注意提高他们的道德和物质幸福条件。"为此，他们需要"不分信仰或民族，保护和支持所有为实现上述目的而创建和组织的宗教、科学或慈善机构及事业，或教化当地人并使其感受到文明的恩赐"。因此可以相当慷慨地说，"基督教传教士、科学家和探险家及其追随者、财产和收藏品也应受到特别保护"。[60]

包括第 34 条在内的《柏林会议总则》的其他重要条款要求欧洲国家在非洲海岸线建立或夺取新的殖民地，假定其为殖民地的"保护国"，必须告知其他签字国这一行动以得到承认。其后，第 35 条规定，为了合法占领非洲沿海一带的土地，占领国必须在那里得到进入非洲腹地的权力以"保护现有的权利"和"贸易和过境自由"。结合来看，这两条条款介绍了"势力范围"学说和"有效占领"学说。有观点认为这两条条款让征服和占领非洲的过程变得不那么暴力和血腥。

我们不能仅仅因为"文明的神圣信任"已经成为具有法律约束力的文件，就据此推断到 19 世纪末至 20 世纪初殖民化进程已经成为一种和平且有益的经验。相反，在非洲和其他地方，它仍然是暴力和血腥的。[61]哈特曼提倡"消灭""劣等"种族和民族，他指出，"最好的方法之一是支持文明开化使命，这……比白种人为消灭野蛮人的一切直接企图更有助于实现自然（Nature）这一目的"。[62]查尔斯·亨利·亚历山德罗维奇（Charles Henry Alexandrowicz）指出，到 19 世纪，"国际法已收缩为一个以欧洲为中心的体系，这个体系把自己的思想强加给欧洲以外的国家，包括允许战争和争夺主权需要的非军事压力"。与此同时，这个体系"也歧视非欧洲文明并与殖民主义相违背，逐渐成为一种政治趋势"。[63]非洲的殖民主义经历是全面又残酷的，特别是在撒哈拉以南非洲。对于许多殖民地和国家来说，这种暴行一直持续到 20 世纪下半叶。奴隶制、殖民主义的遗产以及正在进行的争取获得真正独立的斗争对非洲大陆及其人民造成持久的影响。

# 从殖民地到殖民者：美帝国主义的兴起

西美战争于 1898 年底宣告结束，战争的胜利者美国即将正式称为"殖民者"。[64]战争结束后，西班牙和美国于 1898 年 12 月 10 日签署了《巴黎条约》（Treaty of Paris），做出正式的所谓"和平安排"。西班牙将其前殖民地波多黎各、关岛和菲律宾割让给美国，古巴获得了短暂的独立。条约签署后，美国国内的意见和参议院的辩论在是否应该批准该条约的问题上出现了严重分歧，从而将美国推入了欧洲帝国主义国家的行列，成为一个占领者和"文明"的执行者。亨利·卡伯特·洛奇（Henry Cabot Lodge）认为，如果条约未得到批准，美国就会被打上"无法跻身世界强国之列的民族"的耻辱烙印。反帝国主义者参议员乔治·弗里斯比·霍尔（George Frisbie Hoar）认为："条约将使我们成为一个控制臣民和附庸国的低俗而平庸的帝国，因为条约中总会有一个统治阶级和一个被统治阶级。"参议员克努特·纳尔逊（Knute Nelson）对此持反对意见，认为："上帝赋予了美国传播基督教文明的责任。我们是来侍奉天使的，不是来当暴君的。"撇开最好的意图不谈，这与许多自认为开明而不友善的欧洲文明开化者所提出的理由是一样的。他们认为自己应该统治世居民族，所以他们很快就会变成暴君。这也是一个早期的例子，表明美国政府中很多掌握权力的人有一种更持久但不那么令人钦佩的倾向，即他们没有能力或不愿从过去的经验中吸取教训。尽管遭到反对，美国国会还是于 1899 年 2 月 6 日批准了《巴黎条约》，投票结果为

57 票赞成、27 票反对。翌日，麦金莱总统签署了该条约，美国正式成为一个殖民大国，占领了菲律宾、关岛和波多黎各，不久后还占领了古巴。[65]

斯诺认为，"美国作为一个殖民大国进入文明世界"的标志是承认"在必要时允许自己作为一个共和国去统治一个远离本土的社会"。进一步说，只有当殖民者"能够承认和履行这些对被统治社会有积极和必要影响的责任，即作为幼儿的监护人教导和训练他们走向文明，才会被称为殖民者。"美国的基本政策之一是促进"民主与共和主义"，但不是通过消灭无知或不信服的人来实现的。相反这一政策是"通过共和国积极、有益的宣传工作将世界上非民主与非共和的国家转化为民主共和国来实现的"。[66]从 21 世纪初的情况来看，美国最近的外交政策目标与这些原则有相似之处，将在接下来的章节中对此进行讨论。

安德烈斯·史蒂芬森（Andres Stephanson）在《昭昭天命》（*Manifest Destiny*）中表示这一总体观点早就植根于乔治·华盛顿的第一次就职演说中，"这是圣经语言和古典语言的典型混合，并呼吁保留自由与共和政府模式的圣火。没有什么比这一刻更伟大了……这远胜于许多歌颂美国'崛起的荣耀'的诗歌"。作为一种体裁，这些颂歌"将科学、商业、帝国和千禧年结合在一起，形成了'长治久安'的最终愿景并体现了美国的博爱精神"。[67]在一个半世纪后，伍德罗·威尔逊也认为美国有一种"特殊的使命"。在威尔逊看来，美国"能够看到曙光并注定要为历史的倒退指明道路"。事实上，美国"在可以想象得到的最完美原则的庇佑下，有责任充分开发和

151

传播它的潜力"。史蒂芬森认为，这种观点"在美国历史上是一脉相承的"，但它在世界其他地方有两种截然不同的表现形式。在不同时期，美国将自己树立为一个远离"腐败和堕落世界"的典范，敦促其他国家尽可能地跟随其脚步。而在其他时期美国却通过"再生干预"（regenerated intervention）来催促其他国家前进。但往往是前者主导了美国的大部分内政和外交政策，虽然偶尔会出现被普遍误会的冒险主义。

尽管美国与其他许多殖民国家一样有崇高的要求和愿望，但美国作为一个殖民大国在 20 世纪远远没有达到它所宣称的目标。然而，根据斯诺的判断，"美国以一种认真负责的态度和热情履行了这一职责，使其能够在国际法的未来发展中起带头作用，尤其是在菲律宾"。[68]然而，如果有人问菲律宾人对美国驻扎部队的看法，他们则会对发生的事情做出完全不同的评价。[69]

正如历史所呈现的那样，随着美国重新树立起作为一个新兴大国和实权大国的信心，美国以一个殖民大国的身份开始肩负起发展外国干涉原则的责任。西奥多·罗斯福总统在 1904 年 12 月 6 日的国会年度演讲中概述了后来被称为"罗斯福推论"（Roosevelt Corollary）的"门罗主义"。为了警告欧洲强国不要对拉丁美洲过度施加干预，罗斯福说，迄今为止"在国际法中还没有强制执行权力的司法途径"。因此，如果一个国家冤枉了另一个国家或者冤枉了许多国家，那么就没有办法把惹事的人带到法庭上定罪。所以：

直到想出一些办法对惹事的国家（违反了国际法）实施一定程度的国际制裁，不然对大多数文明大国来说解除武装是一件很诡异的事情，因为他们拥有最强的国际义务感和最敏锐的是非观。如果当今强大的文明国家完全解除武装，其结果将意味着一种或另一种形式的野蛮行为立即重现。

鉴于乔治·W. 布什总统最近就"邪恶"政权构成的威胁所发表的声明，罗斯福曾做了某种预言性的补充说明："一个伟大的自由民族对自己和全人类都有责任且不会在邪恶力量面前显得无助。"他继续说：

> 长期的错误行为或导致文明社会纽带被破坏的不作为行为……最终可能会引起一些文明国家的干预。在西半球，美国对门罗主义的坚持可能会迫使美国在面对这种错误行为或不作为行为时，无论多么不情愿都会行使国际警察的权力。

并非在预言什么，罗斯福进一步说道：

> 如果每一个加勒比海域的国家都能在稳定和公正的文明下进步，就像我们的军队离开后，在普拉特修正案（Platt Amendment）的帮助下古巴所取得的进步，以及南北美洲的许多共和国正在持续不断地展示出的出色进步，那么这个国家对它们所有事务的干涉问题都将得到解决。我们的兴趣和我们南方邻居的兴趣实际上是相同的。加勒比海域的国家拥有巨大的自然财富，如果其境内能够实现

153

法制和正义，它们一定会变得繁荣。它们如此遵守文明社会的基本法律，大可放心，我们将以平等的精神和有益的同情对待他们。

在这些问题上，古巴没有继续走美国为它规划的道路，美国也没有放弃干预其南部邻国的事务。具有讽刺意味的是，虽然门罗主义的目的是阻止欧洲干预西半球，但实际上罗斯福的推论为美国在整个西半球以及未来的干预政策提供了正当的理由。1912 年，罗斯福的继任者威廉·霍华德·塔夫脱总统在一份声明中明确指出了这一原则潜藏的极端后果。塔夫脱曾任菲律宾总督（1901～1904 年在任），他在担任总统期间主张："在三个等距点上的三颗星和三条线将划出我们的领土：一处在北极，另一处在巴拿马运河，第三处在南极，这样的日子已经不远了。"塔夫脱提出这种主张的理由，让人想起斯宾塞和其他种族至上主义者，因为他补充说："整个半球实际上将是我们的，因为我们种族的优越性，至少它在道德上已经是我们的了。"先不管塔夫脱数学水平好坏的问题，因为他所说的三等分的地球面积应该大于一个半球，美国断断续续的干涉主义和扩张主义倾向已为大家所共睹。幸运的是，由于美国的北部和南部邻国问题，塔夫脱失去了罗斯福的支持，进而失去了民主党的总统提名。国际法学家伍德罗·威尔逊获得了提名，他想用自己的一套干预想法让世界获得"民主安全"。

尽管斯诺盛赞美国是一个殖民大国，但约翰·A. 霍布森（John A. Hobson）对形势的评估更接近事实。他断言道：

　　这个国家突然打破了两个执政党都坚持的保守政策，该政策的每一条都受到本能和传统的欢迎，并且它投入一个快速发展的帝国事业中，但它既不能从中获得物质装备也无法提升道德修养。通过建立军国主义和镇压那些不符合美国公民条件的民族，美国大胆地用自由平等的原则及其实践冒险。

　　这仅仅是一种蔓延式的疯狂行为，还是一个国家突然重新认识了自己的命运后政治野心的爆发？都不对。作为为帝国主义服务的力量，冒险精神和美国的"文明开化使命"显然是受经济因素推动的。[70]

　　这表明美国冒险进入帝国领域的主要动机是经济利益，但并不一定意味着从决策者自身的思想考虑，"文明开化使命"在其向国内选民证明和"出售"这样的冒险主义时是不重要的。正如所强调的那样，某些思想、概念和语言是可以用来描述、评估和证明的强大工具。事实上，维多利亚做了类似的实验并得出了类似的结论。在洛克、穆勒等人的著作中可以发现，这两个宗旨并不一定相互矛盾。不管对错，一百多年来在一个以全球化和"华盛顿共识"为标志的时代，在一个美国领导的以全球反恐战争为标志的时代，这些指控的箭头仍指向美国。

## 殖民主义之后的"文明的神圣信任"

　　如前一章所述，第二次世界大战结束后，欧洲许多殖民地发生了许多反殖民民族主义运动。菲律宾已经进行了斗争并赢得了独立，到 20 世纪 60 年代中期，许多撒哈拉以南非洲国家已经获得独立或正在斗争，而且有些国家的斗争更加惨烈。葡萄牙在南部非洲的所作所为表明，也许正是因为这种残忍、血腥的方式，那种已经消失很长时间但曾被强大殖民国家使用过的借口还保留着最后的痕迹，但总体上大多数人认为殖民主义一直在不断变化发展。

155

　　但这并不意味着"文明的神圣信任"也过时了。相反，即使在澳大利亚这样的移民殖民地，那里仍有大量的世居民众需要"管理"，他们的"文明"问题仍然很突出。例如，领地公共财富大臣（Common Wealthy Minister for Territories）和本国福利事业会议（Native Welfare）主席保罗·哈斯拉克（Paul Hasluck）"不会向愤世嫉俗者或科学家道歉"，他于 1951 年10 月 18 日向澳大利亚联邦议会发表如下声明：

　　　　我们值得拥有文明的祝福。在过去的许多年里，人们对于将文明的祝福带给野蛮人感到相当紧张，因为他们害怕被指责伪善和虚伪。然而当今世界正再次认识到，这样不可避免的改变正在步入正轨。我们现在认识到，采取高尚的措施来改善野蛮人的健康和营养，让他更有修养并引导他走向文明的生活方式，对他是有好处的。我们知道文化不是一成不变的，它要么变化要么消亡。我们还知道，虽然进步概念曾被嘲笑，但其蕴含着真理。同化并不意味着对世居民族文化的压制，而是在代入的过程中进行文化调整。由于历史的力量，世居民众将逐渐融入他们注定要接触的社会。[71]

哈斯拉克的声明与约 50 年后世界银行高级副行长兼首席经济学家约瑟夫·斯蒂格利茨发表的声明相差不大，第三章中曾详细叙述过。他认为，现代化要求社会从传统的思考以及传统的卫生、教育和制造业方式转变为更加现代化的方式，以增加生存机遇和提高生产力。[72] 但是，正如哈斯拉克的现代化政策所宣称的有意结果那样，西式的现代化计划明显引发了帝国主义的新问题。例如，迪安·蒂普斯（Dean Tipps）认为，虽然不是"所有的现代化理论家都必然是美国扩张主义的辩护者"，但这种理论往往需要"一种文化上的帝国主义"。这是一种价值意义上的帝国主义，它把美国的或者更广泛的西方文化选择强加给别的社会，就像倾向于把经济发展的技术要求置于所有考虑的首位（也许除了政治稳定的考虑）。[73] 这同时也回避了一个问题，即在一个被认为是后殖民时代或后帝国时代的年代，所有这些真的都发生了变化吗？难道正式的帝国和帝国主义不是已经被某种非正式的帝国主义所取代了吗？这个问题将在第三部分中进一步讨论。

1910 年法国殖民主义的倡导者朱尔斯·哈曼（Jules Harman）认为，有必要"接受这样一个事实的原则和出发点，即种族和文明是有等级的，而我们（欧洲或西方人）属于自上而下的优越种族和文明。此外，还应该认识到，虽然优势赋予了权利，但也有了强加的严格义务"。他进一步主张："我们的优越性保证了征服世居民族的合法性，不仅是我们在机械、经济和军事上的优越性，还有我们的道德优越性。"哈曼认为，我们的尊严和企业的尊严"取决于这种品质，它构成了我们指导其他人的权利的基础"。[74]

直到今天，帝国主义的许多普遍问题仍然围绕着优越感和文明、种族、国家或任何特殊集体的等级观念。坚持相关的观点同样重要，即人类整体上沿着从野蛮到文明的道路前进。纵观历史，欧洲人认为他们代表了这一进程的最高阶段，这是处于不同发展阶段的其他民族所渴望达到的目标。在近代，美国自诩为"进步和文明之光"，它是一个极力主张个人主义、商业和消费社会的缩影。时至今日，仍有许多人认为，"传统的"或"落后的"社会仍然需要良好的教育，以帮助它们实现类似的"发展"状态。虽然从第一次发现野蛮人所带来深远的"文明开化使命"到最近的传统文明的干预需求已经过去了很久，但我们对加强干预的许多表达和思想仍然非常熟悉。

正如约翰·穆勒在《论自由》一书中所说的"一个非常简单的原则"，即自由和完全自治也有例外。那时就像现在一样，处于像孩童一样的"落后社会状态，种族本身可能在其幼年时期"就被排除在外。虽然今天不太可能明确地用种族观念来表述，但文化和社会往往是首选的标签。人们仍然认为"需要"由"文明的发达国家"照顾发展处于停滞状态的社会，而且"必须保护它们不受自己的行为的伤害"。而且约翰·穆勒认为，对于这种"传统的"或"不发达的"社会而言，家长式的"专制是一种合法的政府模式……只要目的是改进，手段是正当的就可以实现"[75]。这里要强调的是，这种思想从过去到现在仍然是由文明和进步等强有力的评价－描述性概念所驱动的。虽然今天的研究所、理论家、政策制定者和实践者所使用的语言与约翰·穆勒所使用的语言略有不同，但其意图和含义仍然没有改变。在前一章中，文明标准被认为是过去的遗产，因此相应的"文明开化使命"也被认为是历史的遗留物。然而，正如上文所述，只要在我们世界的不同社会中仍存在明显的阶层区别，且诸如文明这样的强有力概念仍在被运用于某些目的和手段，"文明开化使命"就不会退出历史舞台，这将会在下一章中讲到。

158

# 第三部分
# 新野蛮主义、旧文明与帝国主义复兴

罗马人，你要以自己的力量来统治地球上的民众——因为你的艺术是这样的：平和、实行法治、宽恕被征服的人、打败骄傲的人。

——维吉尔:《埃涅阿斯纪》

Virgil, *Aeneid*

先前所有的帝国都崛起了，罪恶、征服、流血或篡夺也随之产生。然而，我们借助他们的不幸与罪行来启迪智慧、积累知识，并孕育出一个更好的时代；我们的宪法建立在自由的基础上，并且所有国家的祝福也源于自由；拥抱人类的广泛事业，一个属于我们的帝国，一个属于我们的法治世界。

——大卫·汉弗莱斯:《一首论美国幸福的诗歌》

David Humphreys, A Poem on the Happiness of America[1]

# 第七章
# 新野蛮主义与现代性面临的考验

我当然明白，对于那些居住在社区的人来说，没有什么比接受治理更加迫切的事情。如果可能的话，他们可以选择自治；如果他们足够幸运的话，治理工作会显得井井有条。但无论如何，接受治理才是根本。

——沃尔特·李普曼，引自塞缪尔·亨廷顿，《变化社会中的政治秩序》

Walter Lippman, quoted in Samuel P. Huntington, *Political Order in Changing Societies*

## 新野蛮主义与即将到来的无政府状态

本书的最后一部分旨在向读者展示我在前面章节所探讨的那些颇具影响力的观点、概念及其相关政策工具是如何持续对当下的思想和政策制定产生重大影响的。文明以及与其相关的进步、现代化、发展等评估-描述性概念仍能够产生广泛且深远的影响，尽管有些人曾断言政治正确的重要性已超过公共演说，进而使这些概念看起来是那么的不合时宜。

前面的章节指出，罗宾·乔治·科林伍德非常坚定地认为，用二元对立的方式区分"文明社会"与"野蛮社会"是一种过时的做法。[2]格奥尔格·施瓦岑贝格对此持类似的看法，但不如科林伍德坚定。施瓦岑贝格认为，文明的划分标准是历史的遗产。[3]即便如此，我愿意在这里表明我个人的观点，即那些认为已无须区别对待文明的想法看上去仍为时过早。不可否认，在人类学和法学领域，对于文明社会与不文明社会的区分已不多见。反过来，外界目睹了在国际法历史演进过程中，人们在法律层面对传统文明标准的扬弃。也就是说，鉴于某些涉及文明的描述性与规范性概念依旧存在并被经常使用，如"发达的"（developed）、"现代化的"（modern）和"欠发达的"（underdeveloped）等具有标志性的词语，某些特定标准或基准仍用来识别和区分不同的国家体系，或将其归为一类，或将其排除在外。这就是自第二次世界大战结束后反殖民主义浪潮推动更多国家实现独立以来国际政治领域的现状。而在当时，文明的传统划分标准被认为是多余的。马丁·怀特观察到，在后冷战时代，整个国家体系仍被按照一种同心圆的方式划分为"城市地区"和"乡村地区"。正是基于这种双层国家体系形成了"对冷战的一种不成文的理解"，即"美苏两国理应悉心维护欧洲地区的和平，而在第三世界争夺影响力与地位"。[4]就在怀特得出上述结论之际，长期进行的共产主义实验的崩盘以及随后苏联解体为冷战时代画上了句号。即便如此，"国家等级制度"（hierarchy of states）这样一种在殖民主义时代和冷战时代流行的观点，在后冷战时代仍然有支持者。[5]尽管可以从多角度诠释与解读上述概念，但其"核心主旨在于说明作为国际社会的一员，各国在决策过程中或多或少存在能力上的差异"。[6]这意味着，正如历史上的情况一样，通过阐述某些标准或要求，差异依旧存在，这也成为评判国际社会是包容的还是排外的一把标尺。

为了探讨国际社会中存在的等级制度，本章将审视那些由不同等级体系构成的社会。对于构成国际体系的社会仍存在类型与特征上的差异，许多论点均依据合法性的标准进行了体面的阐述。不可否认，受到早先关于文明与野蛮论述的影响，尽管对于该问题的具体解释不尽相同，部分观点均抱怨国际社会正退回某种形式的"实质上的野蛮主义"，尤其是在后殖民地时代的第三世界。在那里，由部族或种族原因引发的暴力事件正在向四周蔓延。上述观点对重要决策岗位产生了重大的影响，进而为那些呼吁在21世纪执行一种明确的文明标准的声音造势。接下来就是将那些更具影响力的阐释编辑造册，并鼓吹恢复文明的标准。

那些对上述观点持肯定立场的知识界精英发表了各种带有悲观色彩的评论，将其比作"文明的倒退"、"重返野蛮主义"、"滑向野蛮主义"或"新野蛮主义"的兴起。在他们中的部分人看来，这种野蛮主义呈现偶发性以及在地理上（或者文化上）割裂的特点。然而，他们普遍认为其产生的消极后果将波及邻近地区和那些居住在外国的本国侨民。这种野蛮主义也证实了将不同国家或地区依据文明和野蛮程度予以归类的长期合理性。在很大程度上，许多观察家将全球范围内正在发生的分裂归咎于民族主义、种族或宗教等方面的原因，正是由于上述因素的存在，全球各地自冷战结束以来爆发了多起冲突。[7]例如，埃里克·霍布斯鲍姆（Eric Hobsbawm）就认为，

162

"野蛮主义势头正在上升……没有迹象表明这种上升势头会停止"。在其看来，这种野蛮主义具有两方面的含义。首先，它标志着"相关准则与道德行为体系的瓦解与崩溃，所有社会行为体通常借助该体系规范彼此间的关系，以及在更小的范围内管控内部成员与其他社会行为体之间的关系"；其次，这标志着启蒙运动戛然而止或出现倒退，"该运动意图在道德行为方面建立一种普遍性的准则与标准，这从各国建立的旨在推动人性实现理性进步的机制中可见一斑"。[8]与此类似，克利福德·普瓦罗（Clifford Poirot）回想起欧洲早期的分裂，指出在巴尔干地区特别是共产主义在当地的垮台"造成了某种向野蛮主义的倒退，同样的情形也出现在19世纪末的德国"。[9]冷战结束伊始，内森·加德尔斯（Nathan Gardels）曾描述整个世界是如何被一分为二的：在"民族主义复仇心理"的驱使下，加上因"被压迫、无礼对待和被漠视"而产生的伤痛，世界的一部分呈现出分崩离析的景象。此外，在这个世界，"通信和技术领域发展缓慢，陷入自身过往的伤痛而无法自拔，对未来不抱期望"。在世界的另一端，蒸蒸日上的西半球看起来富足、协调、联通且相互依赖。对于两个世界间存在的裂痕，加德尔斯提出一个问题，即"原本在历史上就未能实现同步的两类文明，即土地文明与卫星文明，能够共存吗"？[10]

163　　　沿着这一逻辑，相关新闻工作者得出一些颇为形象且具有影响力的观点。在他们看来，大部分非理性的部族暴力活动源于某种形式的野蛮与凶残，这也是殖民时代未能充分履行"文明开化使命"所造成的恶果。其中最著名的是罗伯特·卡普兰（Robert Kaplan）为《大西洋月刊》撰写的那篇广为人知的文章《即将到来的无政府状态》（The Coming Anarchy）。该文以混乱的非洲西部地区事态为原型，带有启示性地预言我们居住的星球及人类的未来。在作者眼中，被冲突与纷争撕裂的塞拉利昂就是西非和大部分欠发达地区的典型代表："在那里，中央政府陷入瘫痪、部族与地区势力沉渣泛起、疾病肆意传播、战争不断席卷各地。"[11]简而言之，在卡普兰看来，大部分非西方世界充斥着毒品、疾病、犯罪和暴力活动，并导致其处于事实上的无政府治理状态。

为了形象地描绘一个因治理水平差异而被显著割裂的世界，卡普兰借鉴了环境安全领域专家托马斯·荷马-迪克森（Thomas Homer-Dixon）的研究成果。世界被一分为二，一部分是治理赤字区域，另一部分是治理良好区域。卡普兰试图让我们设想这样一种场景："一辆加长版豪华轿车停靠在纽约市一处崎岖不平的街道，那里住着无家可归的乞讨者。这辆轿车内部是诸如北美、欧洲、新兴的环太平洋地区和其他一些单独享有空调设施的后工业化区域，它们聚集在一起举行贸易峰会，并享有计算机信息高速公路的优势。轿车外部则是朝着截然不同方向发展的另一部分人。"[12]此外，卡普兰还在上述类比中加入了更加生动的图景："这辆加长版轿车的外部是一个正在走向衰落且拥挤不堪的地球，其中挤满了留着平头发型的哥萨克人和佩戴符咒的勇士，他们拒绝接受西方流行文化并怀有一种古老的部族仇恨。"[13]说来奇怪，卡普兰所表现出的悲观主义的根源与弗朗西斯·福山对人权和人性特征的思考如出一辙。在他们看来，暴力是人性固有的一个组成部分，"当人们在经济、教育和文化领域达到某种标准时"，这种潜藏于人性中的暴力色彩才能淡化。[14]此外，现代国家被认为是一个"纯粹西方化的概念"。卡普兰认为，目前没有证据显示"国家这样一种理想化的治理形式能够在全球尚未实现工业化的地区成功传播"。据此，卡普兰认为，"我们正在进入一个二元化的世界"。说得更具体一些，"全球部分地区居住着像黑格尔以及福山在《历史的终结及最后之人》一书中所描绘的一批人，他们身体健康、衣食无忧、沉浸于技术带来的红利。与此同时，在世界另外一部分更广阔的区域，居住着霍布斯在《利维坦》一书中所描绘的一批人，他们的生活因充斥着'贫穷、道德败坏、野蛮和无礼行为'而备受谴责"。[15]而长期以来，这种想法不可避免地受到历史上文明、蒙昧、野蛮等观念以及这些观念与国家主权和独立之间关系的影响（正如在本书第一部分中所描述的）。同样，非洲给外界留下了"黑暗大陆"（dark continent）的强烈印象，以及固有的野蛮和事实上低下的治理能力，促使欧洲人将这片大陆以及生活在这里的大部分人排除在文明范畴之外长达数个世纪。那种后殖民地时期的乐观主义精神充其量只是昙花一现而已。

　　为了将后冷战时期"马尔萨斯与枪"（Malthus with guns）启示论与早期的马尔萨斯反乌托邦主义区分开来，保罗·理查兹（Paul Richards）提出"新野蛮主义"（New Barbarism），以迎合当前那些灾难预言者。对于"新野蛮主义命题"，尤其是卡普兰所描述的发生在非洲西部"毫无意义"的暴行及其可能引发的民粹主义倾向上，理查兹彻底驳斥了新野蛮主义的大前提。理查兹指出，卡普兰的错误在于将非洲西部的事件归咎于逻辑的缺失。与此相反，野蛮行为之所以在当地盛行，背后是有逻辑依据的，就像在其他地方一样。正如在卡普兰之前的许多西方人士一样（比如利文斯通博士、亨利·莫顿·史丹利先生以及卢加德爵士），鉴于卡普兰惯于采用西方的视角，对可接受的战争方式存在曲解，他似乎难以领会或认识这类方式背后隐藏的历史。[16]这里需要强调的是，尽管卡普兰的世界观并未对相关事件给出严谨或极具说服力的解释，但他的部分观点受到一些重要部门的重视。部分原因在于，卡普兰观点中所汲取的相关想法、符号和界定方法早已深入人们共同的灵魂深处。例如，就在卡普兰的文章发表后不久，美国前参议员、时任克林顿政府负责全球事务的副国务卿蒂姆·沃思（Tim Wirth）便用传真将该篇文章的复印版发送至美国位于全球的各大使领馆。这篇文章还在联合国高级官员内部引起了轰动。据称，"他们还在纽约召开了秘密会议，以便讨论该文章可能产生的影响"。[17]

毫无疑问，诸多评论员、理论家、政策制定者和政治家均认可这样一种观点，即"野蛮主义"区域在相当程度上存在于世界上的某些角落。而在国际体系当中，国家在秩序维度上存在的显著差别（主要分为有序国家和失序国家）事实上将整个世界分裂为"文明"与"不文明"两大范畴。即便国际体系中存在不同的标准或多元文化，并且这些不同标准与文化之间存在联系，我们还是能找到文明标准或在实际中与此对等的标准。考虑到在历史上欧洲人对于凭借种族和文明优势开启颇具暴力色彩的文明开化使命，进而催生殖民主义普遍持有的强烈立场，人们在后殖民主义时期不再提及"文明标准"这一术语。然而，在苏联式共产主义崩溃、资本主义自由民主国家在意识形态领域缺乏主要竞争对手的背景下，加上卡普兰等

165

人对文明间冲突做出的极具感性色彩的描述，以及自"9·11"事件以来对国际环境的关注，促使整个国际政治生态发生了很大的变化。曾在过去短暂存在的遭遇不公正对待的说法也很快消失，转而呼吁（以一种含蓄或直言不讳的方式）重塑文明标准。与此同步发生的则是曾短暂存在却很快消亡的人类集体旧有的等级制度。依据相关标准，该制度明确将各种族划分为"蒙昧"、"野蛮"和"文明"三类，而不断扩充的术语则进一步固化了文明间的等级。

## 文明标准的复苏

关于传统文明的论述，在冷战最后十年间，江文汉曾写道："在当代国际社会中，至少存在两种用来替代传统文明的新标准。"其中一种被称作"非歧视性标准或人权标准"，另一种被称作"现代性标准"。[18]关于前一种标准，江文汉借鉴了牛津大学法理学家伊恩·布朗利（Ian Brownlie）的研究成果，后者曾于早期提出"人们早在 1965 年就将尊重与保护人权这一原则作为一项法律标准"。[19]加上传统文明标准的起源，江文汉认为"保护人权的意愿与能力已成为欧洲的一项新标准"。以希腊于 1981 年 1 月 1 日获得正式批准加入欧洲共同体为例，他进一步指出，《欧洲人权公约》（European Human Rights Convention）是授权对其所属公民实施强制性仲裁的唯一公约。凭借其"维护人权的能力"，该公约"保留了部分旧有的角色，作为那些寻求加入欧洲大家庭国家的参考准则"。有一个恰当的例子，即土耳其一直试图加入欧洲大家庭，并开启漫长的谈判进程。然而，正是由于土耳其自身糟糕的人权记录，整个谈判进程变得遥遥无期。[20]此外，江文汉认为："在一个强烈呼唤国家主权的年代，欧洲自身超国家属性的公约和法律体系使其制定的标准具有了跨国主义的特征。"在这一点上，尽管东南亚国家联盟曾发表严正声明，表示东南亚国家联盟不是对欧盟的简单效仿，但江文汉坚持认为："东南亚国家联盟仍是一个类似于欧洲共同体的组织，就像在19世纪那个传统文明标准盛行的时代，它们的先辈被当作准主权或半主权国家看待一样。"[21]

　　第二个替代标准被称作"现代性标准"，它由两种可能的形式出现。一种"旨在证明19世纪假设的正当性，即那些具有普遍性特征、支撑理性宇宙学的科学法则，将使'文明的福祉'惠及四面八方"。其主要意义在于通过科学技术的实际应用，将"生活标准"与"生活质量"广泛植入健康、营养学及其他相关议题，这也是约瑟夫·斯蒂格利茨所称的"现代"。"现代性标准"的另一种形式通常以"当代世界性文化"的面目呈现，体现一种"共同的价值观、道德准则与经历"，诸如"地球村"和"全球城市"等一些流行的表达形式。此外，江文汉将此项标准视作全球化进程中文明的世界性标准。[22]从本质上看，这就是本书第四章所论述与分析的具有普遍意义的世界性文明。

　　与怀特的情况类似，江文汉所做的观察，恰逢整个世界因冷战对立而被异常明显地分割为东、西两大阵营。在这个关键的历史节点，国际社会难以就共同的价值观和行为准则达成广泛共识，更不用说相关经历了。与此相反，冷战造成的分裂局面抑制了——或者更确切地说——一个基于共同意识形态价值观与行为准则的包罗万象的国际社会的形成。[23]更何况，鉴于对立阵营双方决心不惜一切代价来赢得盟友的支持以及在不顾及政权性质的情况下将它们纳入各自集团的意愿，冷战推动形成了一些看似古怪的便利同盟。这种情形并非独一无二的，人们只需要翻阅一下历史，就能找到诸如此类联盟的案例或一些符合当时秩序的微型"国际社会"，拿破仑战争时期组建的表面上互不协调的同盟就是其中一个例子。冷战的终结开启了一个被人称颂为"新世界秩序"的时代，资本主义自由民主政体作为一种政府体系击败了其他渴望获得成功的政体。国际政治进入一种全新的环境，个人权利概念、通过些许民主因素参与政府事务、通过市场无障碍地获得相关商品与服务，被公认为是令人向往的行为准则与规范。

167　　　"西方取得的巨大成就"，或从更大意义上说，西方怀有的必胜信念，使其自身处于支配性地位，能够对其发起挑战者更是寥寥无几（极端恐怖主义问题除外）。西方也因此具有为了塑造和重新界定 21 世纪文明标准而设置议事日程的权利。用乌尔里希·贝克的话说，"如今，西方首次能够自行界定和推广普遍价值观"。[24]这一论断引发了对两大议题的思考，第一个议题与本章内容没有太大关联，而是与前面章节涉及的议题有关，即的确如西方或者作为其先驱的欧洲所宣称的那样，首次占据道德制高点吗？有证据显示，其实不然。对当下更有意义的问题是，如果西方不得不首次在由众多社会构成的非西方世界中定义和推广这些价值观，它们真的具有普遍性吗？相关证据再次给出了否定的答案。麦赫迪·莫扎法里（Mehdi Mozaffari）注意到，

"规划角色"和为文明标准制定相关原则是占据主导地位的文明义不容辞的责任。当罗马帝国雄霸欧洲时，罗马人负责标准的制定；当权力的天平倒向伊斯兰文明一边时，其倡导的相关原则就占据主导地位；当"基督教享有支配性优势地位时，基督教就成为主流价值观"。如今的情形正如莫扎法里所坚称的那样，"文明的全球标准——最主要的——由占据支配性地位的西方文明来定义，即民主、自由和经济全球化"。[25]然而，这并非各方必须奉行的价值观和实践标准。事实上，一种由"权力即权利"（might equals right）演变而来的逻辑盛行，即既然西方占据绝对优势地位，那就由西方来制定标准。

## 人权与民主的标准

考虑到文明、进步、现代性等概念在世界政治理论与实践层面持久的重要性与不断提高的影响力，接下来要论述文明标准在整个后冷战时代国际社会中迂回曲折的存在状态。人们很快就会发现，与此前的传统文明标准相比，江文汉提出的两大替代性标准并非与之截然不同，它们之间还是存在一定关联的。与此同时，人们也越发清晰地看到，这两大替代性标准，即人权标准与现代性标准之间有趋同的倾向，或者说两者在很大程度上实现了融合。

或许是得益于后冷战时期更加友好的环境，20世纪最知名的政治哲学家之一约翰·罗尔斯在其提出的案例中，将对人权标准的衡量作为国际体系的基准。尽管罗尔斯并未对文明标准本身做出明确论述，但在被他称为"自由"与"等级"社会间是如何相互作用的法律规划中有过暗示。此外，罗尔斯还指出，在他看来一个国家真正成为国际社会的一员应该达到的最基本要求，或者用他的话来说，如何才能成为以公正公平著称的"万民社会"（Society of Peoples）中的一员。罗尔斯认为，人权"是一种区别于其他类别的权利，能够实现在最广泛领域中的应用，并且人们不会对其总体意图产生较大争议。它们属于公正合理的《万民法》的一个组成部分，并应民众的要求明确限制国内相关机构的权力。从这层意义上看，它们明确了国内法可接受的外部边界，这对于一个享有良好声誉的社会来说是必不可少的"。[26]

在江文汉、罗尔斯及其他学者所做的基础性工作的基础上，杰克·唐纳利（Jack Donnelly）对人权做出更加清晰的诠释，在他看来，"尽管人们对国际人权仍普遍持怀疑态度……但国际社会仍普遍认为人权已基本成为一种全新的国际'文明标准'"。借用卡普兰的话语表达方式，唐纳利辩称："文明标准可以使我们远离在国家主权的原始状态下产生的野蛮主义，否则无数个体和整个民族都将被国际社会所抛弃。"因此，唐纳利观察到，在"当下这个关键的历史时刻"，只有"《世界人权宣言》及相关国际人权公约中所涵盖的理想和原则看似能够扮演这种角色"。在一份声明中，唐纳利的个人意图体现得淋漓尽致，尽管认识到"在传统文明标准的框架下，存在'文明'的话语被滥用这一'重大污点'"，但他仍坚持认为，"人权代表着 20 世纪末一种重要的进步思想，那就是国际合法性以及国际社会正式成员身份的获得，必须部分依赖于公正、人道或文明行为等标准"。与此同时，他还承认，

"国际社会公认的人权都具有类似的法理逻辑"。[27]与江文汉一样，唐纳利还着重强调了欧洲在人权事业中扮演的领导角色，而这主要源于欧洲人权委员会的权威和欧洲人权法院的权力。此外，他还认可这样一种观点，认为对"'文明'积极诉求"的"更大程度的强调"能够掩盖其存在的"重大污点"。尽管数个世纪以来，假借文明的名义实施的压迫与征伐时有发生，但通过"将对文明的关注由其所体现的排他性尤其是不同文化的特征的一面，转向包容性与普遍性的一面"，"文明"这一术语如今已被赋予一种全新的、具有启发意义的后殖民时期含义。确切地说，人们尚未对文明的包容性与普遍性做清晰的定义。正如在本书第一部分中解释的那样，普遍性和普遍性历史几乎已成为文明叙事的一个组成部分，进而其帝国色彩被淡化。尽管如此，按照唐纳利的说法，随着上述关注重点的转移，"欧洲的人权倡议已成为对'传教布道'一词的最佳诠释，他们试图向外传播欧洲本土享有的（普遍性）价值观红利"。也许有人会将其解读为暗示西方将不可避免更多地介入"不文明"世界的事务，以拯救地球上的那些可怜之人，使他们摆脱土生土长的"野蛮主义"。我们先不考虑人权目录所涵盖的具体内容，如果真要将唐纳利在此处指出的一系列宽泛的价值观向外传播，它们当真具有普遍性吗？其中部分价值观难道不附带文化条件吗？事实上，这样的争论都是围绕民主的概念展开的。[28]唐纳利目前认为，民主总有一天会成为一种恰如其分的文明标准。尽管唐纳利沮丧地看到"正在出现的选举合法性标准仍无法取代权力、利益和主权平等"，但他同时看到"如今的国家需要承受因不民主的行为而产生的政治代价,而这种行为在 20 年前还曾被视为一种标准"。例如,"国际的选举过程中监管行为的大幅增加表明国际社会越发认可在国家民主选举中存在积极方面的国际利益"。[29]

在对民主权利的思考与理解方面,唐纳利的观点绝非独树一帜。法理学家托马斯·弗兰克(Thomas Franck)不仅拥有与其类似的观点,而且在具体表述上更加明晰和有力。弗兰克将民主治理作为其观点的核心要素,认为对于一个国家来说,要想真正成为国际社会的一员,自身的合法性至关重要。此外,我们还能够从弗兰克的论述中找到文明标准与民主和平论或者民主三段论之间存在的显著联系。康德曾宣称"发现民主、和平与人权三者之间的联系",显而易见,弗兰克在这方面追随了康德的脚步,认为"对制止发动战争准则的遵从与墨守人权与民主权利之间存在千丝万缕的联系"。与此同时,弗兰克坚称:"从马达加斯加到蒙古国,无论是在街头、大学校园还是立法团体,民主权利正受到广泛的欢迎,这不仅仅是出于对构建一种崭新的全球政治文化的期许……更是因为它带动了国家本已停滞的政治、经济和文化的发展。"弗兰克进一步指出:"只有在一个由稳定、和平国家组成的世界中,才能成功解决欠发达问题,而这又是以一个由开放型民主实体构成的世界为前提的。"[30]紧接着,弗兰克描述了在国际社会以及与之相伴而生的政体中,文明所应具备的民主标准。他坚称:"任何一个国家在相关国际机构的代表权,以及分享全球财政、贸易、发展与安全项目红利的权利,均取决于该政府是否满足国际体系对民主标准的认定"。弗兰克甚至准备考虑"在民主国家遭受攻击时采取适当的集体安全措施"。曾有人提出："如果联合国以实行民主转型为前提，授权在未来向科威特提供集体性保护措施，这对塑造科威特内部的民主秩序会不会有所帮助？"对此，弗兰克承认科威特"正处于体系规则的变更期，还难以在短期内实现民主转型"。但他相信"这是值得引起科威特思考的问题"。[31]

可以说，弗兰克的观点清晰明了，某种形式的民主治理理应成为国家作为国际社会完整一员而存在的前提条件。他甚至认为"人权加民主加和平"的资质看似已经"越发显著地存在于标准化的课本与实践行为中"。对于那些弗兰克试图让我们相信的观点是否已经通过正规或强制性方式予以确立，目前仍存在疑问。即便如此，一些知名人物通过他们自身在智识领域的影响力，表达对上述观点的接受与认可。例如，阿马蒂亚·森（Amartya Sen）认为，在 20 世纪，"民主的观念已成为任何一个有资质的国家具有的某种'正常'的政府形式，无论是在欧洲、美洲、亚洲还是非洲"。[32]正如本书第四章中所述，联合国历任秘书长与全球其他众多领导人和国际知名人物一道，共同倡导民主政府这样一种"常态"。更重要的是，推动民主事业已成为美国历届政府的一项既定原则。1982 年，美国总统罗纳德·里根在英国议会宣布实施"一项在全球范围内促进民主发展的运动"。这项政策一直延续到乔治·H. 沃克·布什政府时期，比尔·克林顿也曾在 1992 年总统竞选期间以及当选后重提这项政策。此后，乔治·W. 布什政府在阿富汗、伊拉克和更广大的中东地区推进民主进程（以一种不平衡的方式）——至少在言辞上是这么回事。[33]

## 人权、民主与现代性的融合

　　正如前文所述，在关于传统文明标准的论述中，江文汉提出了两种可能的替代标准，即"人权标准"和"现代性标准"。[34] 在这层意义上，现代性被西方公认为存在于资本主义自由民主社会氛围笼罩下西方人所居住的世界，而世界其他地方——部分原苏东国家和第三世界或欠发达世界——则在某种程度上处于落后或前现代状态。就像菲罗兹·曼日（Firoze Manji）和卡尔·考伊尔（Carl O'Coill）所描述的那样，如今，不能再将非洲人看作"不文明"的，非洲人现在处于一种"欠发达"状态，这应该是对待非洲的一种普遍态度。但是，无论采用何种描述与评估性标签，"文明的"或"发达的"西方都能够在"开化中"或"发展中"的非洲扮演一定的角色。[35]

　　回想第三章中斯蒂格利茨对"发达"内涵的详细论述，在他看来，唯有借助西方发展模式才能实现现代化或者说现代性。这意味着要想实现由欠发达状态转向发达状态，需要将注意力从传统生存方式转向事实上已涉及日常生活方方面面的科学手段的运用。在将上述定义牢记于心的同时，有证据显示，逐渐显现的文明标准——出于论证需要而对人权和民主进行权衡与考量——正好与江文汉提出的可能的替代性标准相吻合。最起码，遵照世界史和现代化理论，在一些领域，人们认为在人类进步的历程中，人权、民主和西方模式的现代性（或发展）相互交织、不可分离。比如，经济史学家戴维·兰德斯（David Landes）宣称并不是所有的文化"均能够在物质层面成功获得高生产率"。其中，被兰德斯称为"可能会对固守它们的人造成不利影响的有毒文化"就无法在物质生产层面取得成功。兰德斯认为，尽管这群人能够从自己的文化中获得"想得到的全部慰藉"，但最终"这种文化会对其培养在现代世界中的竞争能力构成障碍"。[36]我们可以在弗兰克关于"民主、和平与人权三者间关系"的表述中找到相同的看法，其主要论点是"民主权利……能够带动国家本已停滞的政治、经济和文化的发展"。他还补充道："只有在一个由稳定、和平的国家所组成的世界中，才能成功解决欠发达问题。"[37]实际上，这一系列论述表明，奉行人权标准以及借助经济发展实现现代性——这意味着成为国际社会中的真正一员——均能通过建立民主政府的方式实现。作为该进程中必要的组成部分，也就是之前提到的民主三段论的第三部分，即充分融入国际自由金融与贸易体系。上述这些内容，犹如本书第四章所述，被普遍认为在太平洋地区拓展源于自由市场的自由民主政体联盟可能增强实现世界和平。

关于人权、民主和科学现代性之间的融合，弗朗西斯·福山曾做过明确论述。这与进步的观念以及他本人对世界史的看法直接相关。他指出："在当代自由民主国家中，人权是作为一个范畴更大的一揽子权利中的一部分而存在的。"福山继续说道：

> 这些权利反映了现代社会的道德期许和优先重点，也就是说，人们可以通过对科学和技术的系统性应用来满足自身的需求。然而，一旦试图将作为更大范畴内的权利的

一部分的人权传播到传统意义上的非民主社会或那些持有截然相反政治原则的社会，结果往往会适得其反。此外，如果涉及的国家具有强大的国力，这同样会非常危险。唯有从发展的角度看，人权才称得上具有普遍意义，即那些在经济和政治领域高度发达的社会，才会在人权方面拥有明确的期许。[38]

尽管福山对文化多样性和偶然性的认识被人们称道，但他从存在的差异性（如果不是价值观的话）中推断出的结论并不能令人信服。福山主张，一个社会只有在经济和政治领域达到一定程度的现代性才能拥有基本人权，例如生存权、自由、免于刑讯或减免惩罚等，这一观点仍存在很大争议。因为它未能提供一个令人信服的案例解释那些总的人权原则为何与一些不符合西方"理想"模式或与其存在不同的社会格格不入。同样，我们不能将那些未把与科学和技术有关的特性以及物质世界作为选择标准的社会看作"落后的"，并对它们嗤之以鼻。我们需要它们的存在。在上述社会中生活的个体一直在寻求跳出既有模式，以便能够自由选择可替代的生活方式。通常那些"传统的"事物被简单认为是与众不同的。但更加中肯地看，非西方世界要想实现现代化或在经济上有所建树，无须在文化领域以牺牲多样性为代价来达到西化的目的。

## 市场文明的全球标准

关于经济发展的议题让我们想起了戴维·菲德勒对自由经

济文明标准的认同与推动，其中涵盖人权、民主以及经济全球
化背景下的自由与现代性。菲德勒发现该标准正在朝着——如
果不是已经实现的话——"自由和全球化文明的标准"发展。
在他看来，此标准与"文明和全球化的标准"同步产生，并
且存在相似之处。尽管催生传统文明标准与全球化新标准的
"历史背景"被认为是"迥然不同的，但两大标准所蕴含的实
质性内容大致相当"。"传统文明标准要求营造并维持某种环
境，使西方人能够安全、高效地在非西方国家从事商务与贸易
活动"，全球化的标准同样如此，因为"文明标准与全球化标
准两者间拥有共同的核心目标，那就是改善西方与世界其他地
区之间经济互动的条件"。这也有力地说明了自西班牙人发现
美洲大陆、维多利亚为西班牙统治地位辩护以来，上述标准背
后所隐含的逻辑依据就未曾发生过改变。菲德勒所持观点与江
文汉和唐纳利极其相似，他发现传统标准与全球化标准出于同
源：前者反映了早期欧洲文明的某些准则，后者则反映出
"相同文明所涵盖的准则，只不过该文明如今早已超出欧洲和
北美洲的界线"。[39]

　　简言之，菲德勒认为"文明标准与全球化标准在 20 世纪
末的交汇催生了一种综合性的自由与全球化文明标准"。作为
对上述诸多观点和要素的融合，再加上贸易和经济部分的内
容，文明新标准应当包括以下内容："第一，尊重基本的民事
与政治人权；第二，在国内和国际政治层面重视民间社会的重
要性；第三，对民主治理的承诺；第四，在国内和国际层面对
'法制'的承诺；第五，承诺在国内发展自由市场经济的同时，
在国际上开展自由贸易与投资；第六，承诺研发并运用相关科

173

学技术，应对在政治、法律、经济和社会领域面临的挑战。"

对经济自由主义以及将科学技术应用于社会政策方面面的承诺已成为全球公共政策的基石。在这方面，罗尼·利普舒茨（Ronnie Lipschutz）认为"自由主义——以独立个体为核心"实际上代表了一种"在全球政治中占据支配性地位的'运行体系'"。利普舒茨使用了一种令人联想起殖民时代的语言和术语，宣称"经济与政治自由主义的相关原则就如同文明社会中的'市民法'"。[40]最终，这些原则出现在形形色色的政府间论坛上，并受到世界银行、国际货币基金组织、国际清算银行、世界贸易组织等重量级国际金融与贸易机构的推崇。上述机构和机制不仅推行这些政策原则，而且这些机构与机制中的大多数成员和参与方需要采取诸如此类的政策方法，并承担相关义务。在这方面，上述组织在制定及执行与政府透明度和腐败、财政和货币政策、仲裁与争端解决等（这里不再逐一列举）有关的国际通行的文明标准方面均扮演着至关重要的角色。[41]尤其是当20世纪90年代中后期金融危机席卷亚洲、拉丁美洲、俄罗斯，并在21世纪初继续游荡徘徊之际，一种"金融现代性标准"如今正在管束和规范活跃于国际金融系统中的行为体和交易行为。其主要目的是通过提高透明度和信息的自由交流，避免出现国内腐败和干预仲裁的行为，确保离岸投资和相关资产免于国有化和被强行征用等。此外，金融现代性标准与其他标准一样，依照惯例将当代国际金融体系中的行为体划分为"发达经济体"、"新兴经济体"和"非市场经济体"三类。对于"金融现代性标准"所起到的作用，江文汉做出如下描述：如果相关国家渴望吸引贸易与国外投资或者获得贷款，并真正成为现代金融与贸易体系中的一员，它们"必须接受并遵守一种逐渐根植于国际体系中的新标准"。[42]

　　中国获准加入世界贸易组织就为该体系的运转方式提供了一个范例。在成为世界贸易组织成员之前，中国不得不在大量国内经济政策议题上寻求妥协与让步。例如，反倾销和反补贴措施；包括补贴在内的相关产业政策；司法审核、整齐划一的管理和透明度问题；针对个别产品的保护措施；进口数量限制，其中涉及相关禁令和配额问题；卫生与农作物检疫；与贸易相关的知识产权保护；过渡期评估机制。[43]这不会是一个一帆风顺的过程，在一个国家符合必备的经济与市场文明标准之前，仍要跨越诸多障碍。与此类似，标准普尔和穆迪等国际信贷评级机构也在制定各方都能接受的经济治理标准方面发挥着重要作用。一些评级机构会发布关于国家主权信用等级的报告。一国一旦在信用等级方面处于劣势或排名下降，就会对自身吸引外资及获取贷款的能力造成重大影响。[44]需要引起人们注意的是，相关经济和贸易事务与其他领域的社会文化活动休戚相关。安东尼·帕戈登观察到，"世界经济已构成了一种新型人文环境"，而这同样是具有西方特征的世界性文化的产物。因此，"这就要求那些身处其中的国家选择贴合实际环境的政治与价值观"。此外，正如第四章中提到的，当人们思考西方国家在"欠发达的"非西方世界实施的"整体发展计划"时，很难将西方的世界性文化从维系其帝国生存的支柱中剥离出来，这些国家仍在"人道"和"善意"等观念的持续感召下为旧有的"文明开化使命"辩护。[45]在这里，人们不能忽视文明以及诸如进步和现代性等用于维系这一发展计划的相关概念所产生的持续影响。

与菲德勒的观点类似，麦赫迪·莫扎法里认为在"在持续进行的全球化进程"中，"'文明的全球标准'的兴起反映出世界正处于一种转型进程中"。事实上，在他看来"全球化已经在很大程度上减少了形形色色（竞争性）的世界观之间的分歧"。[46]就像其他论述详尽解释的那样，"文明的全球标准涉及旨在规范'国际行为体'之间互动的一系列法律、准则、价值观和惯例"。与其他许多论述一样，莫扎法里的论述适时地认识到早期的传统标准或者说"欧洲行为准则"的重要意义，注意到"文明的全球标准是文明的欧洲标准的产物，它是在长达数个世纪的时间里以一种逐渐积聚的方式形成的"。也就是说，诸如文明的等级等颇具影响力的观念从未真正消失，而是以各种各样的形式实现进化和存续。在评估全球化历史进程及其对国际法的影响后，莫扎法里认为："自文艺复兴以来，尤其是 1648 年《威斯特伐利亚和约》签订以后，只有欧洲文明在拟定一系列准则、创建具有全球性或普遍性的各种组织和机构方面取得了成功。"与此相反，在他看来，那些"旧文明"——也就是那些传承至今的古代文明或前现代文明——不论是中华文明、伊斯兰文明还是印度文明等，均未能"成功制定出一部详尽的可替代的'国际法'"。在解释其结论时，莫扎法里将非西方世界"在改进并纠正占据支配性地位的准则方面的微薄贡献"从总体上归咎于"民主的缺失与民间社会的羸弱"。这种批评无外乎是西方必胜主义的一种极端体现，以及西方在制定相关准则与标准方面所秉持的"权力即权利"逻辑的一种变相存在形式。它未能解释西方式民主和民间社会在国际法制定进程中所包含的积极性因素及其含义。又如本书第五章所显示的，考虑到现代国际法的根基起源于欧洲，而当时民主在欧洲还远未深入人心，民间社会也至多算是处于萌芽阶段。[47]

## "9·11"事件后分裂的世界

关于文明对抗野蛮主义的事件，离人们最近也最能引起人们关注的是 2001 年 9 月 11 日发生在纽约和华盛顿的恐怖袭击。在恐怖袭击事件发生 4 天之后，《纽约时报》的头版标题为"美国需要让阿拉伯国家选边站队"。美国总统乔治·W.布什在 2001 年 9 月 20 日的国会演讲中重申："全球任何一个地区的任何一个国家，现在都需要做出决定。你们要么跟着我们，否则你们就是恐怖分子。"布什总统进一步宣称，那些应对纽约和华盛顿恐怖袭击事件负责的恐怖分子是"20 世纪所有残暴思想意识的继承人……他们正沿着法西斯主义、纳粹主义和极权主义的道路向前发展"。当时，在措辞方面，为了避免将"反恐战争"定义为一场"文明的冲突"或一场在基督教西方世界与东方伊斯兰世界之间爆发的战争，布什总统将这场战争视为"文明之战"。任何一位观察家都不会对美国在这场战争中所持路线抱有任何怀疑，总统也曾信誓旦旦地表示"文明社会正站在美国一边"。[48]这样一来，"9·11"事件被视为"野蛮的"恐怖组织及其支持者对整个"文明"世界发动的一次突袭，此种看法也引起了外界的普遍共鸣。例如，为了体现本国与美国"完全团结在一起"，德国总理格哈德·施罗德（Gerhard Schroeder）谴责这起恐袭不但是对美国的攻击，"更是针对整个文明世界的"。同样，在恐怖袭击发生后，英国伦敦的《独立报》发表社论，指出："除非文明国家放弃其秉持的文明价值观，否则恐怖分子是不会取得真正的胜利的"。[49]接二连三的表态证实并反映了这样一种趋势，即世界曾一度被明显地区分为两个对立的阵营。世界上所有国家被呼吁与其中一方或另一方站在一起并为其提供支持。一旦有国家发表对"文明"的美国及其"文明"的盟友不利的言论，就会因对野蛮的恐怖分子抱有"怜悯之心"而被视为其同情者，进而面临被抛弃的危险。在全球反恐战争中，采取某种形式的中立立场或者避免选边站队并不是一个可选项。对于布什政府及其盟友来说，事实就是这么简单。非黑即白，灰色阴影地带是不存在的。

在"9·11"事件发生4个月后，布什总统在国情咨文演讲中再次强调"文明世界正面临史无前例的危险"。紧接着，布什宣称"要认清他们的真实面目"，朝鲜、伊朗和伊拉克政权"与诸如此类的国家及其恐怖主义盟友一样，是将自身隐藏在文明世界幕后的邪恶轴心"。[50]通过上述言论可以看出，美国的态度已不可更改。对于布什政府来说，整个世界事实上正被划分为两大范畴：一个自我标榜的为"正义"而战的"文明"世界，正处于与一个由正统恐怖分子及其同情者组成的"不文明"或"野蛮"世界的交战状态，而后者通常行事"邪恶"。遵循类似的逻辑，"基地"组织二号头目艾曼·扎瓦赫里（Ayman al-Zawhiri）将此描述为"舍弃中间道路，向上帝对地球的统治发起针锋相对的斗争，这是关乎人类最终命运的正义与邪恶之间的战争"。[51]人们不禁发现，从话语遴选以及随之而来的各种声明的角度看，这与 13 世纪教皇英诺森四世与蒙古帝国大汗贵由汗之间形成的对峙局面（第五章中有过论述）存在某种程度的相似之处。

　　将"9·11"事件定义为"野蛮人"对"文明发起的攻击"，以及随后将反恐战争界定为文明一方或为了实现文明而对某些次文明一方发起的战争——主要指恐怖分子及其支持者，这是具有重要意义的一点。经过审慎地选择话语，这场战争被塑造成以下形象并向外界推广，即旨在捍卫代表一切文明元素的文明守护者与反对并旨在彻底摧毁文明世界的野蛮恐怖分子之间的战争（颇具讽刺意味的是，乌萨马·本·拉登以及处在二元对立另一边的其他人也曾提出过类似的论断）。无论对错如何，这并不是一种全新的形象。因此，与其他类型的战争相比，反恐战争并没有什么新颖之处——这与我们从战争发起者那里听到的有所不同。在某种程度上，正如在前面章节中所详细论述的，那些涵盖文明和野蛮主义等强有力评估－描述性概念的历史范例，为我们理解目前发生的事情以及反恐战争的实施提供了很大帮助。

　　约翰·穆勒认为："在野蛮和未开化群体中，每个人都处于独立谋生的状态；除非爆发战争（即便这样也不一定），我们鲜少看到多数人为了采取联合行动而团结在一起。"可以说，没有比战场更能体现出合作能力的重要性的地方了。约翰·穆勒还指出："让我们看看战争这一被野蛮民族视为头等重要的事情吧。自马拉松战役以来，那些粗鲁的或处于半文明以及被奴役状态的国家是如何对抗文明国家的。原因又是什么呢？纪律所具有的功效要大过数量，作为一种完美合作形式的呈现，纪律性被认为是一种文明的属性。"[52]第六章提到，在论及征伐的问题时，人们长期以来一直认为组织得当、治理良好且文明的民族，会拥有对组织乏力、治理混乱和野蛮民族的优势。正如约翰·穆勒所暗示的，我在这里要说明的是，文明社会组织能力的一个重要方面就是要具有一种正当防卫的能力、理解战争的"文明"法则和遵守该法则的意愿。美国人类学家哈里·霍尔伯特·特尼－海伊（Harry Holbert Turney-High）在其著作《原始战争》（*Primitive War*）中写道："战争的复杂性与社会组织的其他形式相契合，并依次在技术和经济布局上与胜利存在紧密联系。"[53]在此之前，亚当·斯密在《国富论》中也表达过相同的观点。

历史已反复证明，在与未开化和野蛮群体长达数个世纪的交锋中，欧洲与西方国家在战场上展现出无可匹敌的战略与技术能力。与此同时，在谈到关于战争理由正当性和遂行战争手段正当性的问题时，欧洲人连同西方人长期占据道德的制高点。[54]我们注意到，评判一个民族或社会文明程度的一个重要标志就是它们在战争中的行为。考虑到上文那些与反恐战争有关的论述，这是一个值得引起我们深思的话题。

"军事眼界"（military horizon）就像是在沙滩上画的一条具有象征意义的分界线，将所谓的组织得力、有约束力、富有骑士风度的欧洲"文明"战争，与由未开化和野蛮人发动的"原始"战争区分开来，而后者通常因自身的桀骜不驯和投机主义色彩而显得杂乱无章。特尼－海伊认为："军事眼界并不取决于武器装备是否充足，而是取决于充分的团队合作、组织

和指挥。"由于缺乏文明所必需的组织与合作，"尽管他们会 179
施以伪装术和进行零星的屠杀"，但那些不文明的民族仍会被
视为缺乏军事眼界。因此，他们"不是战士"，更不"懂得战
争艺术的基本原理"。[55]何塞·德·阿科斯塔曾在《西印度自然
与道德历史》一书的第一、第二部分对上述问题做过界定。
那些来源于美洲和欧洲边远地区的各式各样、形形色色的第一
手论述产生了巨大影响力，这从威廉·罗伯逊的名著《美洲
史》中可见一斑，他在书中写道：

> 当那些看起来举止儒雅的国家赢得胜利的荣光，或是
> 占据了额外的领土，它们就会以一种体面的方式结束战
> 争。然而，对于那些未开化的野蛮人来说，直到将所憎恨
> 的对象彻底消灭之前，他们是不会善罢甘休的。他们战斗
> 的目的不是占领，而是破坏……一旦处于交战状态，他们
> 绝不会在敌人面前表现出一副和颜悦色的样子，而是以一
> 种无休止的敌意继续参与纷争……在敌人面前，复仇的怒
> 火总是无止境的。在这样一种情绪下，人类会变成最凶残
> 的动物。他既不会感到遗憾，也不懂得原谅和饶恕……他
> 们的荣光并不在于通过公开武力打击敌人。对于指挥官及
> 其随从来说，突袭和破坏才是他们最大的优点和最值得骄
> 傲的地方。[56]

在与欧洲人或欧洲移民发动的战争做比较时，将美洲印第
安人的战争视为野蛮之举。然而，这种比较是不恰当、具有误
导性或者说完全错误的。即便如此，它还是存在于美国在

1776 年 7 月 4 日发表的《独立宣言》等具有伟大纪念意义的文献中。托马斯·杰斐逊在《独立宣言》中指责英国国王"在美国国内煽动暴乱，并试图让边远地区的世居民族，也就是冷酷、野蛮的印第安人也参与进来，而后者对战争法则的理解就是抛开年龄、性别及其他环境因素，不加区分地摧毁目标"。直至今日，《独立宣言》仍受到人们的尊崇，尽管其中包含类似上述粗俗化的界定和中伤。罗伯特·沃德曾宣称非欧洲人正在靠近欧洲人的家园，"由他们发起的战争总是带有东方式的野蛮色彩"。[57] 因此，在战争中使用野蛮手段的绝不仅限于新发现的世居民族。

美国法理学家昆西·赖特（Quincy Wright）曾在 1925 年 10 月法国轰炸大马士革（叙利亚当时是法国的托管地）后提出一个关于"原始战争"或"野蛮战争"的重大命题。赖特提出，"战争法则是否适用于不同文明的民族？国际法是否对此做了规定？"对此，他随即回答道：

据称，古代犹太人拒绝将通行的战争法规用于和他们具有不共戴天之仇的部落；古代希腊人并未将自己认可的战争法则应用在野蛮人身上；中世纪基督教文明在与异教徒的战争中也持有类似的看法。1906 年，一位英国作家将关注目光投向"文明国家在对次等文明的战争中采取的特有野蛮方式"，沉思片刻后，他接着说道："例如戈登、基奇纳和罗伯茨等盛极一时的英雄人物会选择与从事奴隶贸易的商人或旧官僚签订合约，他们砍伐果树、焚毁农田、将注意力聚焦于妇女和孩童、保护装载停虏的军列，以及收买其他被俘人员，让他们与自己的同胞自相残杀。这些行径似乎将我们带回那个不堪回首的旧时代。而那些负责记录他人高尚德行的人们还要面对一系列可怕的谎言，包括英国和德国在南非、法国在马达加斯加和越南、美国在菲律宾、西班牙在古巴、荷兰在东印度群岛以及比利时在刚果的所作所为。"或许，在大多数关于法国近期对大马士革轰炸的描述中，对于欧美造成的相对较轻的损失旨在表明，西方群体在道德层面的确存在区别对待的问题。[58]

赖特对法国在叙利亚的拙劣行径所表达出的懊悔与惋惜之情——赖特将其比作"一项恐怖主义政策"——在西方评估自身与其他文明的交往中被视为一个例外。作为对赖特评估法国轰炸大马士革行为"合法性"的回应——这通常预示着在更宽广的道德层面的堕落——美国陆军上尉埃尔德里奇·科尔比（Eldridge Colby）指出："尽管赖特教授对相关事实表示惋惜，但这是一个必须面对的现实。区别对待的问题的确存在。"科尔比接着说道：

　　　　这是由人们对发动战争的方式存在分歧以及秉持不同的战争行为准则造成的。当战斗人员和非战斗人员在现实中合二为一的时候，那些野蛮或半野蛮民族就可以利用这种身份上的同一性，对"常规"敌人使用诡计、发起突袭并将其彻底击败。作战指挥官必须以一种完全不同的方式应对这一难题，这与他们和西方民族进行的战争是不一样的。当"常规"部队和"非常规"部队之间爆发战争时，前者必须学会用不同的思路来考虑所有的战略和战术问题，甚至是必要的战争法则问题。[59]

为了支持自己的观点，科尔比借助一系列司法和军事权威来证明事情就是他所描述的样子。英国陆军少校 J. F. C. 富勒（J. F. C. Fuller）在《战争改革》（*The Reformation of War*）一书中写道："在应对野蛮国家的小型战争中，采取的战争形式必须符合当地现存的具有细微差别的文化。我的意思是说，在对抗低等级文明的对手时，我们需要选择更加野蛮的战争形态。"[60]英国出台的《军事法律指南》（Manual of Military Law）中写道："国际法相关法则仅适用于文明国家之间的战争，战争双方都对相关法则有所了解并为遵守该法则做好了准备。但它们并不适用于与野蛮国家及部族之间进行的战争。"[61]科尔比还进一步指出："出于自卫和拓展美国西部边界的需要，美国骑兵与印第安人之间进行的旷日持久的战争，则充分证明了后者会在战争中采取统一行动（男人、妇女和孩童均扮演战斗人员的角色），并且这些红皮肤的战士普遍暴露出野蛮的一面。"[62]尽管科尔比承认"体面的好处"，"采取适当审慎措施的好处"，以及"遵守国际法中相关行为准则的好处"，但他仍坚持认为"事实证明，在对付那些不知晓国际法的存在，更不会遵守它的野蛮民族时，人们必须另辟蹊径"。在这里，我们权且将那些模棱两可的要点放在一边，仅上述观点就存在两大明显的问题。首先，交战一方如何才能心照不宣地利用他们本就不知晓的法则？其次，作为文明的一种标志，这是否给予交战的另一方放弃他们遵守的相关法规的权利？对此，科尔比总结道："本质在于破坏和毁灭是未开化部落所知晓的最主要的战争方式。"这样一来，"文明"的西方人士就可以借此为自己对"野蛮"部落采取的"更加残暴"的破坏与毁灭行为做辩护。

甚至在2001年"9·11"事件发生之前，人们就将恐怖主义视为某种形式的"新野蛮主义"或者说当代的"野蛮战争"。军事历史学家和军事理论家埃弗里特·惠勒（Everett Wheeler）声称："现代恐怖主义造成的冲击，类似于17世纪或18世纪欧洲常规军在北美大陆遭遇印第安人伏击，后者将欧洲通行的竞技准则置若罔闻"[63]（和其他人一样，惠勒不愿承认或未能意识到，那些部落本就不知晓战争准则的存在，遑论遵守）。通常情况下，恐怖主义因"对无辜受害者采取意想不到的野蛮行为而饱受谴责，其在价值观层面造成的冲击，让人感到整个文明社会正处于混乱的边缘"。根据对"野蛮战争"这一命题的传统理解，惠勒认为"在一场常规战争中，尽管存在诸多不成文的规定，但公开交火和遵守相关准则是首要的条件"，然而，"恐怖主义青睐的原始战争却在很大程度上属于非常规性质，即冲突双方缺乏共同的价值观"。就像那些曾在美洲、澳大拉西亚、非洲、亚洲、中东甚至是亚欧大陆游走的蒙昧民族或野蛮民族发动的战争，"对于恐怖分子来说，最重要的是避免陷入高强度的战斗以及与常规武装力量形成对峙状态，转而依靠突袭、伏击、欺骗、打了就跑等原始战争中采取的灵活机动的战术"。

就在"9·11"事件发生后不久，英国著名军事历史学者

182

约翰·基根（John Keegan）爵士在为英国《每日电讯报》撰写的评论文章（该文章被全球各大报纸转载）中宣称："西方人进行的是面对面、正大光明的战斗，直到交战的另一方屈服投降。他们选择最粗暴的武器装备，但会遵守在非西方人眼中看似稀奇的荣誉准则。与此相反，东方人却在面对高强度战斗时畏缩不前，并将其讥讽为一种游戏。他们更倾向于将伏击、突袭、背叛和欺诈作为战胜敌人的最佳方式。"基根进一步指出："对突袭和刻意追求轰动效应的强烈反对就是西方推崇的战争样式。"在他看来，"这是一种与东方作战风格与言辞格格不入"的作战风格。基根接着论述了他所认为的历史上野蛮人与现在野蛮人之间存在的显著关联，认为："东方的战争发起者也就是当今的恐怖分子，希望采取埋伏和突然袭击的方式消灭对手，这使他们可以通过在战争最后阶段制造令人惊恐的氛围取得进一步的胜利。"[64]在其他场合谈论"基地"组织编织的恐怖主义网络问题上，基根认为该网络"具有鲜明的伊斯兰化，尤其是阿拉伯色彩——你会发现该网络根植于伊斯兰世界，特别是其秉持的可以追溯到17世纪的阿拉伯伊斯兰作战风格。突然袭击……胜利……为了自身利益而大肆杀伐"。[65]

183　尽管上述观点对人们更加深入了解其他传统和文明有所帮助，但与编年史家对新大陆和其他"蛮荒之地"的记录相比，仍显得大同小异。后者的记录仅仅是基于推测、虚构和旅行者并不靠谱的描述。

与此相反，那些携手打击"基地"组织及其"东道国"的西方世界大多数领导人不遗余力地强调反恐战争绝非针对整个伊斯兰世界和阿拉伯世界。他们强调，这并不是一场"文明的冲突"。同样，大多数领导人对此做了大量的解释工作——意大利总理西尔维奥·贝卢斯科尼（Silvio Berlusconi）是一个典型的例外[66]——以使人们相信他们并未将伊斯兰文明或阿拉伯文明视为不如西方的次等文明。然而，这并不意味着西方评论员这么做是出于职责。例如，基根对反恐战争所下的结论中就有不恰当的讽刺与抨击，不禁让人回想起数个世纪之前那些愚昧无知的言论。

> 反恐战争属于生活安定、充满创造力和殷实的西方人与以掠夺和破坏为目的的东方人在更大范畴内爆发的一场年代久远的冲突。不要认为生活在沙漠和空旷地区的民族与以农耕和制造业为生的民族拥有相同的文明等级。事实并非如此。长期以来，他们认为西方的态度是一个随时能够有所斩获的世界。当西方世界变得面目狰狞，凭借更先进的武器与更高超的战略和战术发起反击时，东方世界并未试图与之展开竞争，而是通过某种崭新的劫掠和突袭方式发泄自身的不满。[67]

2005 年 6 月 28 日，乔治·W. 布什总统在北卡罗来纳州布拉格堡发表"全国讲话"时进一步强调了如下观点，即冲突各方使用的战术能够体现各自的文明程度：文明的一方彬彬有礼且具备高尚的道德情操；而不文明的一方既野蛮又怯懦。布什表示："我们目睹了恐怖分子的本质，他们在巴格达一条热闹的商业街引爆汽车炸弹，还在一座清真寺外面引爆汽车炸弹。我们目睹了恐怖分子的本质，他们派了一名自杀式炸弹袭击者至位于摩苏尔的一所医学院。我们目睹了恐怖分子的本质，他们对平民人质处以极刑，并将自身暴行公之于众。这些都是暴力的野蛮行径。"他接着说道："我们要与那些是非不分、手持致命性武器且能够采取任何暴行的人战斗。"这些现代的野蛮人，就像在他们之前出现的北美印第安人和越南南方民族解放阵线一样，"没有统一的制服，不遵循战争法则和道德准则"。[68]而当此种认识与以下咒符相结合，即认为反恐战争就是针对"纯粹邪恶"且罔顾"作战准则"的敌人发动的一种"特殊战争"，其结果自然是需要采取必要且更加野蛮的战术和战争工具。[69]

恐怖分子的确采取了残忍和不道德的行为，从事反恐战争的一方也是如此。对于前者来说，采取残暴和麻木不仁的行为被视为一项既定政策。[70]那些反恐战争的发起者却试图为自己的暴行辩护，他们将其归咎于由一小撮无赖部队引发的孤立事件，例如在伊拉克阿布格莱布监狱发生的令人蒙羞的事件。诸如此类名誉扫地的事件和案例还有很多，比如广为传播的"附带损害"问题，这些足以表明暴力行为的发生绝不是个案。真实的情况则是西方世界为了应对野蛮之敌的暴行与野蛮行径，以"文明和正义与邪恶之战"为名，为自己采取必要的手段辩护，其中包括"更加残忍"的战争手段。在他们看来，仅凭常规手段难以战胜邪恶和不择手段的野蛮之敌，必须以其人之道还治其人之身——这就是西方人的观点。然而，事实也许是西方人自始至终都掌握着那些更加体现原始本能和"野蛮化"的手段并运用自如。本书描述的"文明的冲突"历史，尤其是从发现北美印第安人开始，均能够说明这一点。而那些强大的评估－描述性概念，例如文明以及作为其对立面的野蛮和蒙昧，以及文明、统一、彬彬有礼的战斗人员和以机会主义和狡诈著称的野蛮人的两分式概念，被证明会引发严重的后果。在这一点上，瓦尔特·本雅明（Walter Benjamin）曾说过一句发人深思的话："世界上本不存在关于文明的记录，关于野蛮主义的记录也是如此。"[71]

## 文明标准的含义

发动战争仅是用于区分等级的表述以及用于褒贬的敏感话语所引发的一系列严重后果中的一个方面。从更普遍的意义上说，对民族或社会等级的区分以及相伴而生的对文明新标准的欲求，其背后遵循的逻辑与第五章中用于界定传统文明标准的逻辑和话语如出一辙。1955 年施瓦岑贝格提出："一旦文明涉及人类交往的基本模式，人们就不会仅满足于对那些在数量上令人眼花缭乱的文明进行一般性的列举和描述，而是会根据一种普遍适用的文明程度检测方法，对单一文明所达到的文明程度进行评估与衡量。该标准在了解民主国家是否以及在多大程度上比极权或专制政体更加文明方面，发挥着重要的作用。"[72]

尽管施瓦岑贝格提出这个观点后已过去 50 多年，当代对于强制性文明标准的推崇早已超出仅将治理领域的少量民主作为衡量文明的标准。从上述交代的背景可以看出，如今，"现代自由民主"涵盖的内容远远超出民主选举的范畴，还包括人权、全球化的自由市场与自由贸易以及经济与文化领域的全球化进程。在 21 世纪的开端，人们愈加感到为了符合修订后的文明标准，就必须满足一系列不断提高的标准。尽管该标准仍在持续演变，但目前来看，如果一个国家被认为是由文明国家组成的国际社会中的真正一员，它起码需要符合下列原则，包括人权与法制、代议制民主治理、允许开展国际贸易并对外资持开放态度的自由主义经济和自由市场、宗教与文化多元主义以及高效能的科学与技术水平。在走向全球化和自由化的进程中，一个国家如果宣称推动并符合上述这些原则，那它无疑已经达到"现代性"或者更准确地说达到一种西方现代性的高级别状态。与此相反，诸如伊拉克、阿富汗、苏丹、索马里以及绝大部分撒哈拉以南非洲国家，被认为已经在"现代性的测试中败下阵来"。与西方那些"文明"的自由民主国家相比，这些失败国家或"无赖国家"被贴上"野蛮"的标签。此外，从某些方面来看，后者实现现代性的唯一希望就是"跟随一位合适的老师，那就是西方。"[73]

不可否认，根据将世界划分为文明与不文明的标准，当今世界与过往世界存在显著的共同之处与相似之处。不仅是这些相似的地方，那些用于描绘这一割裂局面并为其存在辩护的相关观点、概念和符号，诸如文明（及其对立面）的概念，以及以进步和现代性为代表的附属概念，仍在现有的文明分界中占据重要位置。在 21 世纪初期，人们愈加明显地感到，许多西方理论家和评论员仍秉持一种依据不同文明程度来划界的世界秩序观，更不用说政客了。无论这种划界是用"秩序井然"与"秩序混乱"、"公民的"与"掠夺的"、"善良的"与"邪恶的"、"文明的"与"野蛮的"这类二元对立的词语来界定，这些均属于语义方面的问题。与文明的传统标准一样，目前对文明的衡量是非西方国家能否采取一种被西方国家所接受的治理与行为方式，无论是在平时的贸易活动中还是在战时。最起码我们已经得出一点结论："由国际法律秩序问题引发的开放式思考愈加认为，将世界划分为不同区域是可能的。"本尼迪克特·金斯伯里（Benedict Kingsbury）注意到，在现实层面的确存在"法律的自由地带，该区域由践行高级别法制文明的自由国家组成，其他国家只有在满足必要标准的前提下才能加入其中"。这实际上是"西方法律思想史周期性范式的一种延续，可以追溯到16世纪欧洲人将世界划分为基督徒和异教徒，或者詹姆斯·洛里默在19世纪末将世界划分为文明国家、野蛮人群和蒙昧人群组成的等级制度"。对于一些人来说，对不同文明区域或文明等级的确认，仅仅是为了描述现有或新兴政治现实。然而，正如本书自始至终所主张的那样，从另一个层面看，故事还存在标准化的一面，那就是将西方抬升到国际自由秩序守护者的高度。正如金斯伯里所说，"许多一本正经的拥护者将自由西方视为变革中的全球法律秩序的先锋"。[74]

那些关于不同区域或不同文明等级的理论，尽管包含吸收借鉴的成分，却促使"在自由区域边界交织的地方出现区别对待的现象，自由（或文明）区域的成员被赋予某种特权，并为加入这个区域设置高级别障碍。"对此，金斯伯里曾一语中的，"文明新标准被正式作为一种工具，推动文明的倒退"。这并不新鲜。正如在此前章节中所看到的，维多利亚女王就曾呼吁采取新标准，并将其视为在殖民时代执行"文明开化使命"的正当理由。此外，金斯伯里还恰当地提出这样一个问题："在众多了解与区分世界的方法中，为何通过构建一种以

‘其他’、‘我们’和‘他们’为特征的可识别系统，人类就会变得更加兴旺发达。”这种构建行为的结果“似乎将维持一种分类体系，对于那些世代处于文明边缘的人来说，这既起到一种解释说明的作用，也是证明其存在合理性的依据”。而自洛里默在一个多世纪前提出文明等级划分以来，将特定社会或社会类型视为“文明”的分类就再未出现更动的事实也恰好证明了上述结论。

除此之外，支持将世界按照不同文明范畴或等级进行划分，并强制实施与之对应的被忽视或拒绝承认的文明标准，还会引发更多的后果。正如在接下来章节中所要论述的，就像在传统文明标准时代将世界划分为野蛮、蒙昧和文明的人群会造成后期演变为殖民主义的暴力“文明开化使命”一样，当今“文明”世界对于所谓的“不文明”世界的干预与介入，同样会引发严重的后果，无论它是以人道主义干预或预防性战争还是以开发援助的形式出现，都是对现代性的一种愚弄与欺骗。

# 第八章
## 帝国主义的"新现实"

我们如今是一个帝国了，当我们采取行动时，就会创造属于我们自己的现实。而当你们对此展开研究时——你们会采取一种明智而审慎的方式——我们会再次采取行动，创造出其他新的现实，你们同样要对此展开研究，这就是处理问题的方式。我们是历史的参与者……而你们，也就是你们所有人只需要研究我们做的事情。

——高级顾问致美国乔治·W. 布什总统，2002 年[1]

## 概　述

本章内容是第六章中所描述事件的当代版或最新版，当时欧洲企图通过具有殖民色彩的"文明开化使命"向非欧洲世界输出文明。归根结底，它体现了政策制定是如何持续受到一系列概念及相关符号的影响，以应对国内和国际社会的组织问题。正如在此前章节中所显示的，目前普遍存在一种观点，即认为大多数非西方国家还远未达到文明的理想标准，或者说还未能通过现代性的考验。与本书第二部分描述的事件循环极其相似，对文明等级的表述以及强制执行当代文明标准的做法，同样会导致出现帝国式的"文明开化使命"或相关政策，以缩小文明世界与不文明世界之间的差距。无论从外在形式还是从规模上看，这些使命都不尽相同——这部分取决于"文明开化使命"的发起方与接受方，使用的名称也是五花八门，从预防性战争到发展援助。然而，"文明开化使命"的本质大多与帝国主义相关并被认定是在实施帝国主义行为。这是一个有趣的变化，尤其是考虑到就在不久前，迈克尔·多伊尔还表示帝国主义不是世界政治学术界的"主流"。[2] 但在过去 20 年中，许多事情已经发生了变化。特别是在 2001 年"9·11"事件过后，人们已经满怀热情地将帝国与帝国主义作为思考和诠释世界政治事务的首要选项。[3]

前面章节描述了西方政治思想和实践领域里有影响力的行为体是如何持续地将世界一分为二的，即一部分是由独立主权国家组成的文明的国际社会，另一部分是由不具备合法性的准国家组成的次文明社会。而处于高度文明社会和混乱、野蛮的恐怖分子之间的是一系列相关国家，一些国家具备很多完全文明国家的特征和制度，一些国家却离西方眼中的理想社会渐行渐远。那些滑向不文明范畴底端的国家因未能承受现代性的考验而被称作"失败国家"、"无赖国家"或介于两者之间或更加符合上述两类条件中的一种。无论如何，在一个由具有完整和独立主权国家组成的国际社会中，它们未能满足一个绝对主权国家所应具备的条件。对于部分从事国际事务评论的人士来说，如此划分整个世界，既是对标准理论的应用，也是国际政

189

治在实践层面的有效运用。鉴于存在这样一种划分方式，现阶段世界政治的面貌将不可避免地持续受到当前文明标准的影响与制约，如大量使用近似的语言阻止一国获得机构成员身份，否认一国主权，为干涉行动辩护。在殖民时代，传统文明标准通常带有一种干预不文明社会的倾向，如占领、殖民，对当地民众花言巧语并进行培训，使其朝着文明的方向迈进。而在最近这段时期，不文明国家的存在已不再被广大国际社会（在一般性的公共演说中，通常还被称作"国际共同体"）视为一项紧迫的关切。只要不构成最直接的威胁，它们就会被人弃之不顾或至少被疏远，这也成为它们需要面对的一个问题。然而，对于长时间存在的普遍准则来说，这仅仅是一个短暂存在的例外，2001 年的"9·11"事件以及恐怖主义本身带来的持续威胁引发了极其严重的后果。一种似曾相识的干预主义倾向再次形成了。与此同时，前面章节提到，有关文明与野蛮主义的话语再次成为一股显著的力量，用于证明相关外交政策背后逻辑依据的合理性。"问题国家"再次被"文明国家"视为一种威胁，对"政治正确"的短暂遵从被忽略了，部分原因在于"问题国家"的身份定位，但更多的是因为恐怖分子和其他"无赖国家"那些不可告人的首要关切。

現阶段西方国家以安全为名在功能失调国家和社会推进、谋划并实施的干预行动绝不是无足轻重的。在政治左翼和右翼阵营中均出现一种愈加强烈的论断，他们要求恢复某种形式的帝国主义，并将其作为应对那些失败国家和处于失败边缘国家的有效方式。按照目前的文明标准，上述国家已难以实施有效的自治或实现文明。然而，如果认为西方世界在该议题上已形

190

成了"统一的声音"那就大错特错了。西方国家在实施干预行动的地点、时间、缘由、对象和具体事项上存在巨大的分歧和争论。此外，所有的帝国主义形式，无论在经济、文化、自由、人道主义还是在民主层面，都被视为治理动荡和失序造成的灾难的良方，这也是西方人和美国人时常提及的。围绕"新帝国主义"产生的诸多意见和看法使该议题变得更加模糊而非变得清晰。多伊尔提出："霍布森曾对使用'伪装话语'来赢得处于迷茫状态的知识阶层支持野蛮政策的做法提出警告，列宁也曾担忧沙文主义思想对处于统治地位的工人阶级造成的影响，熊彼特曾讨论将'帝国主义'作为一种'口号'。人们切记不要再加剧思想上的混乱了。"[4]因此，此处为便于讨论，起码应尝试采取一种恰当的方式，利用更具普通性的话语来界定"帝国主义"。

多伊尔告诫，"帝国，就像国际政治一样，"其某种特征和规律贯穿于时间和空间维度，但是我们需要谨记"广泛的类比不但会产生一种看似真实的相似性，也会产生一种虚幻的分歧"。换言之，"通常情况下，帝国往往被狭隘地界定为对所占据领土的正式兼并"，本书第二部分已对此进行了详细论述。然而，帝国还可以"更宽泛地界定为任一形式的国际经济不平等、国际权势、国际剥削和国际秩序，甚至是文明的一种延伸与拓展（从征服者的视角看就是如此）"。准确地讲，191 最后这种特征就是本书要探究的一种帝国"文明开化使命"形式。这种帝国主义形式也是本章关注的重点，即依据现代化标准将文明延伸至那些在经济、法律、文化和社会政治层面看起来处于次等文明的社会。最终，多伊尔将帝国界定为"一种关系，即一国通过正式或非正式途径，对其他政治社会在政治领域的独立自主地位施加有效的控制。这可以通过武力、政治协作以及在经济、社会或文化领域的依附关系实现"。"帝国主义就是建立或维持一个帝国的整个过程或政策。"[5]特别是在非正式关系方面，这种定义可部分用来解释在一个全球化愈加深入的世界，那些用于编织一张庞大关系网的诸多不对等权力关系是如何被贴上帝国主义标签的。这里需要再次重申，也是我始终所认为的，概念和结果、思想与实践之间存在紧密的联系："从短期看，帝国的决策精英依赖于解释型精英，包括知识分子、作家、学者、新闻工作者等，后者向前者提供各种观点和看法，用于强化权力的行使并为其提供合理依据。"[6]

与"新帝国主义"有关的第一个问题是为何选择帝国主义？从防务角度看，理由通常为"帝国就是对世界秩序的塑造"。[7]鉴于世界政治目前所处的关键时刻，美国及其亲密盟友相信需要一种世界秩序——当然，这是由它们亲手缔造的。或者如迈克尔·伊格纳季耶夫所指出的，"帝国主义作为一种必需并未被中断的原因，就在于其本身已成为一种政治不正确。国家有时会走向失败，而当它们失败时，只有外部力量——帝国权势能够帮助它们，让它们实现复苏"。[8]伊格纳季耶夫也曾在其他场合宣称"诸如像伊拉克这样的地方，帝国已成为其实现民主和稳定的最后希望"。[9]而这会牵出一个疑问，即为何西方的干预（在这点上无异于兼并）会成为伊拉克和阿富汗这类国家的最后希望？这难道不是对伊拉克和其他非西方民族自我治理资质与能力的怀疑？为什么帝国主义是唯一的选择？为什么通过内部煽动实现政权更迭——例如在前东欧国家爆发的剥夺政府权力的"天鹅绒革命"、"玫瑰革命"、"橙色革命"
和"郁金香革命"——不能作为失败国家的一种合理选项？
当人们想起全球最具权势的领导人乔治·W.布什总统最近发
表的声明时，上述问题就显得更加重要了。布什总统在帝国冒
192 险主义中扮演着新的"君主"角色。[10]在近期发布的美国《国
家安全战略报告》中，总统坚持认为"存在一种使国家获得
成功的单一、可持续模式，那就是自由、民主和自由企业"。[11]
此类表述不禁令人想起本书第四章中的一个观点，即国际公共
政策的一个重要目的就是构建一种以西方自由民主市场及其固
有的价值观和机制为模板的国家所组成的国际社会。

　　尽管试图将某种类型的秩序强加于由国家构成的国际体系
看似一件好事，但查尔斯·梅尔（Charles Maier）强调："并
非所有秩序都是一个模样，其中一些可以推动自由与发展，一
些反倒会起到压制的作用。"此外，在区分有序与失序这样一
个更为普遍的议题方面——关于什么是帝国的合理组成部分，
监督和管理边远地带——存在的问题是"对于任何一种更具
包容性的举措来说，总有一些强烈要求进入的群体被挡在不断
延伸的围墙之外。与此同时，总有部分群体不愿意加入富足和
一流的生活方式。事实上，该群体对世俗的消费主义价值观多
有抱怨（而当代的帝国通常依靠该价值观来赢得公众的忠
诚），并以更加狂热与暴力的眼光来看待其成就"。就像殖民
时代发生的事情一样，"包容与排外、依附与疏远、帝国的和
平及其所引发的暴力等议题，在21世纪政治的活动中日益增
加，尤其是在'9·11'事件发生后"。[12]

　　对于恐怖主义袭击，纳伊姆·伊纳亚图拉和大卫·布莱尼指

出，"2001 年的'9·11'事件"也许并非多数西方人所认为的
"一起突然袭击"，"其他群体，无论是本土的还是其他地方的，对
我们所谓的'现代化'与'文明'拥有一种替代性的叙述方式"。
更何况，"我们本应预料到那些殖民计划所引发的耻辱、愤怒与暴
力回应"。[13] 从更广泛的层面上看，这为"文明"及其相关术语
（如"进步"与"现代化"）的持续叙述以及可能引发的后果树立
了一种鲜明的导向。人们对"新帝国主义"的理解，不应仅限于
"9·11"事件后引发的对"无赖国家"的干预浪潮。与此相反，
一段时间以来，部分权威学者鼓吹对某些失败或濒临崩溃的国家
施加某种形式的帝国主义和殖民主义，这也被部分人称为"人道
帝国主义"（humanitarian imperialism）。

## 人道帝国主义

　　前文曾提到，国际社会并不一定会对那些处于崩溃边缘的
国家采取行动，尤其是在自身利益并未面临重大风险的情况
下。然而，理查德·施韦德尔曾开诚布公地指出："随着冷战
终结，面对'启蒙式'的干涉其他民族生活方式的诱惑，西
方再次变得蠢蠢欲动。"[14] 支撑这种具有人道主义风格的干涉行
动的逻辑依据，并不是冷战时期惯用的地缘战略，而是与旧有
的"文明开化使命"逻辑存在更多共同点，即按照进步和文
明所必备的道义逻辑来传播治理的恩惠。为此种干预行为辩护
的话语似乎同样表明了这一点。这里需要注意的是，尽管有时
看似无法拒绝这种干预的诱惑，但这并不意味着西方国家的触
角已伸向任何一个存在干预机会的地方。与此相反，出于种种

193

原因——国家利益仍为是否实施干预行动的首要因素——西方的干预偏好仍具有相当程度的选择性。例如，西方对卢旺达的干预行动不但规模小且动作迟缓；对南斯拉夫的干预行动尽管已竭尽全力，却为时过晚；对苏丹则压根没有采取干预行动。

保罗·约翰逊（Paul Johnson）是此类干预主义的早期倡导者。1993 年，他在《纽约时报》上撰写专题文章，直接将"殖民主义的回归——正恰逢其时"作为文章的标题。约翰逊在文章开篇表示，在第三世界大部分地区，尤其是非洲，"塑造文明生活的最基本条件已荡然无存"，主要原因是这些地区的国家不具备自我治理能力。他的论述与五百年前其他蒙昧民族遭受的境遇极其相似，后者同样无法实施有效的自我治理。约翰逊的解决途径同样反映了早期时代的一些情况。他认为，非洲和其他地区存在的问题与"恐慌"既不属于殖民主义遗留下来的积弊及残存物，也不是由"人口、自然灾害或缺乏信誉"造成的，而是因为"政府糟糕、无能和腐败，通常情况下，这三者是同时存在的，或者压根就不存在政府"。在约翰逊看来，自我治理能力的缺失为"殖民主义的复活铺平了道路，尽管是以一种新的形式出现"，并且"无论从实践层面还是道德层面上看，这种趋势都值得鼓励"。他认为，殖民主义拥有漫长且光荣的历史。希腊人"创立"了殖民主义，他们"通过建造殖民城邦向外传播文化"。罗马人紧随其后，并且这一做法一直延续到"欧洲有关国家以及俄罗斯和美国"。[15]殖民主义悠久的历史、殖民主义者对自己开拓事业的自豪感是对殖民主义抱有的一种相当乐观的看法。

约翰逊坚持认为，给予上述国家更多时间以改弦更张并不是一种审慎的做法。事实上，他反倒认为这会产生适得其反的效果。为了支持这一论断，他提出海地和利比亚——这两个国家已分别实施了 200 年和 150 年的自治——长期以来一直是"全球最不稳定和贫穷的黑人国家"。在"财产甚至是生命都无法得到安全保证的前提下"，约翰逊坚称上述两个国家的"普通民众"均"强烈呼吁西方的干预"。从该主张提出到现在已过去 10 多年，事实证明美国对海地局势的介入并不那么有效，没有给目前美国领导的在阿富汗和伊拉克进行的更加庞大且复杂的重建任务开一个好头。此外，美国已将大部分针对利比亚的干预行动移交给尼日利亚领导下的西非邻国（这其中既有独裁政府，也有民主政府），而尼日利亚也是约翰逊强调的因战争而变得支离破碎、需要西方进一步托管的主要候选国之一。暂且不论约翰逊对历史以及殖民主义产生的长期影响的误读，仅欧洲人近期在非洲采取的干预行动，比如法国和比利时在非洲中部地区开展的所谓"援救任务"，他也仅看到了事情的一部分而非全貌。在前比属刚果［刚果（金）——译者注］出现的绝大多数混乱应（直接或间接地）归咎于比利时在当地实施的殖民政策。在约翰逊发表文章一年之后，法国人发起"绿松石行动"（Operation Turquoise），正式介入卢旺达局势。在这场爆发于图西族与更加温和的胡图族之间的种族屠杀中，如果说法国发挥了某种作用的话，只是延长而非终止了一场杀戮。[16]但这并不是我想在这里说的。约翰逊指出，在过去 30 多年，"国际社会一直是治标不治本"。出于迎合"政治正确"的大趋势，再加上约翰·穆勒等人的附和，他坚持认为有人不愿意承认"一些国家并不适合实施自治"。他继续写道："这里还存在一个道德问题，即文明世界肩负向令人绝望的地区挺近并实施治理的使命。"[17]对于历史上西方在类似看法和干预行动中所表现出的延续性，可以在本书前面章节尤其是第六章找到充分证明。正因为如此，西方持续使用文明以及代表其对立面的话语来从事相关论述、辩护与评判工作。

在《国家的愤怒》（The Wrath of Nations）一书中，威廉·普法夫（William Pfaff）同样呼吁采用文明的话语和要求来做区分，类似于前面章节讨论的"现代的"西方世界和后殖民地时期"落后的"非洲的划分。普法夫认为："新兴非洲国家的新一代精英负责管理那些不懂世故且无知的民众以及从事农业和畜牧业的民族，而这些群体在社会和经济发展方面仅达到北欧数个世纪以前的标准。"如果用当下的文明标准来衡量，"这至多反映出社会、经济和政治发展的倒退"。[18]正是由于社会、经济和政治的落后以及上述领域文明的缺失，普法夫认为："在不久的将来，包括绝大部分处于法治状态下的南非在内的整个非洲大陆的前景会变得黯淡无光。如果国际社会将某种形式的以家长制统治为特征的新殖民主义强加给非洲大陆的大部分地区，结果也许会更好，即使这可能会令人感到不悦。"的确，这种"新殖民主义"会令人感到不快。但此后不久，被誉为非洲最具分量的知识分子之一的阿里·马兹鲁伊（Ali Mazrui）写道："非洲国家在 20 世纪 90 年代的相继崩溃让人想到一种一度令人难以接受的解决之道，即再度殖民。"鉴于"战争、饥荒和破败景象"蔓延，他认为"打着人道主义旗号的外部殖民是完全值得信赖的"。[19]尽管可以将"再度殖民"作为一个选项，人们还是会问为何它能成为解决非洲问题不可或缺的方式，除非你认为殖民主义能够成功在当地建立一种稳定且独立的政府。然而，相关证据表明，殖民主义并未留下什么具有建设性的遗产，弊远大于利。至少，虽然马兹鲁伊鼓吹重新殖民，但他承认："现在是时候让非洲人相互施加更大的压力，其中包括通过善意的干预来实现某种形式非洲治下的和平。""自我征服"（self-conquest）是对马兹鲁伊思想的最佳诠释，但他补充道："这意味着非洲需要具备一种自我控制与自我约束的能力，而这在前殖民主义时期的非洲极为罕见。"这一表述暗示了上述能力——正是由于缺少这些能力，西方国家才通过逐渐灌输的方式来为其殖民主义政策做辩护——早已在现实中被殖民主义的枷锁所压制或消灭。

早在 10 多年前，迈克尔·沃尔泽和伊格纳季耶夫就曾建议恢复过去旧有的托管制度或受保护国制度，如有必要可持续数年，以培育国家机构和民间社会机构，这对于失败国家来说是一个可行的选择。沃尔泽提出两种"长效干预"方式，即托管制度和受保护国制度。在他看来，这两种干预方式均与"帝国政治存在既有联系，值得现在考虑"。在托管制度框架下，"干预国代替当地居民，对'受援国'行使事实上的统治"。在受保护国框架下，干预力量会让"部分当地团体或组织的联合体掌管权力"，并以一种防御的姿态持续下去，避免出现"失败或目无法纪的政权"的回潮。尽管是出于良好的意图，但正如在殖民事务中所显示的，不难想象一支强大的干预力量是如何滥用上述建议的。无论如何，在那个时期，由于反对恢复殖民方式力量的存在，沃尔泽提出的方案根本无法实施，在那些可能的对象国和装备齐全的国家内部，大家都反对

196

采取此类占领行动。[20]同样，伊格纳季耶夫认为在后帝国时期，这样的选项是站不住脚的。[21]然而，在伊格纳季耶夫看来，时代演变是如此之快。除了上述对帝国主义的认可与赞同之外，他还表示 21 世纪帝国主义"是政治科学历史发展进程中的一项创新"。他将美国称为"帝国活化石，一种以自由市场、人权与民主为主要特征的全球型霸权，拥有有史以来最令人生畏的军事力量"。[22]与前文阐述的论点高度契合，这已成为 2001 年"9·11"事件发生前用来描绘后冷战时代发展的一种准则。而"9·11"事件则引发了伊格纳季耶夫对帝国更多的思索。

这并不是一个无足轻重的节点，尤其是"自冷战结束以来，国家建设已经成为一项耗资数十亿的重大工程"。伊格纳季耶夫及其他众多组织（包括形形色色的多边政府、非政府机构和国际金融机构）认为，"该行业内部奉行的新准则就是治理"。一种更为深入的观点认为，除非被干预的特定国家"具备高效的治理，包括法制、防治腐败、民主与媒体自由"，否则"就不可能实现经济的发展，所谓的人道主义援助也只是浪费时间罢了"。[23]这一总体观点的核心原则也不是新近才出现的，"治理"或"善治"已经成为时代的流行语。但正如贯穿本书大部分篇章的观点，是否具备竞争性的自我治理能力早已成为衡量文明社会或文明本身的标杆。如果一个社会被认为不具备自我治理能力，不论是在当下还是以前，那些准备得当且满怀意愿的"导师"和"治理专家"正蓄势待发，以便向那些治理能力低下的政府展示该如何去做。

尽管伊格纳季耶夫对诸如此类的干预计划表示支持，但他也意识到出现了一种下降趋势。据他观察，"国家建设不再被视为一种殖民主义的实践活动，但当地人士与国际人士之间存在一种固有的殖民关系"。举例来说，参与阿富汗国家建设的联合国员工"均一再重申这样一种标准，他们来阿富汗的目的是进行'能力塑造'并'赋予当地民众相关能力'"。伊格纳季耶夫认为，这应该就是"新帝国主义的真正用语"，但他公允地指出，这一用语同样不是"最近才出现的，英国将其称作'间接统治'"。目前在阿富汗发生的事情就是对这一现象的最佳诠释，"自我治理的错觉与帝国托管的现实联系在一起"。如果说联合国的入驻引起了阿富汗人一种混杂着尴尬、忧虑和无法回避的不满，那么美国在当地的军事存在会使这些情绪变得更加激烈和复杂。伊格纳季耶夫说道："美国特种部队不属于社会工作者，他们是帝国派出的独立小分队，用于推进美国在中亚地区的权力和利益，将其称作维和行动或国家建设，这完全取决于你的喜好——他们在阿富汗的行动就是出于帝国政策。"尽管这些现象并不完全是新的，特别是在阿富汗发生的事情，但时代已经改变了。旧有的殖民帝国之所以能够维持，部分是出于对那些没完没了的主题的承诺——同样重要的也许还有对国内躁动不安的选民的承诺——独立总有一天会到来，尽管在此之前还有一个漫长且深入的准备期。对于今天用"新帝国主义"重新包装的占领者来说，"实现自治的承诺并不遥远"。[24]占领者和国内的公民都想知道"退出战略"（exit strategy）是什么，何时才能实施。对伊拉克的入侵以及干预行动就是解答这一问题的经典案例。

　　左翼思想家并非都对此种干预主义表示支持。对于那些持反对意见的人来说，伊拉克的案例并不是实施帝国主义政策的借口，即便是在代表被压迫或处于危险境地的少数群体而发起人道主义干预的粉饰之下。例如，在北约干预科索沃局势之后（多数观察家认为北约是出于人道主义而为之），埃伦·梅克辛斯·伍德（Ellen Meiksins Wood）辩解道："那些过去在越南或中美洲国家出现的反对美帝国主义的数万甚至数十万名民众到哪里去了？尤其是那些左翼人士，他们在哪里？民众已经不再关注，或者说民众会对帝国主义采取视而不见的态度吗？"[25]也许其中的某种解释给我们提供了答案，然而，正如接下来所要深入探究的，也许多数美国民众已不再对本国在海外实施的干预行动表示强烈不满，特别是在"9·11"事件发生之后。或者至少可以说，在美国干预伊拉克事务之前，民众就已经对美国的干预行为感到习以为常，但美国在伊拉克的所作所为尤其让人心生厌恶。当时，伍德发表的相关言论与左翼团体对经济帝国主义的长期抵制有关。她的愤怒被美国总统比尔·克林顿关于科索沃局势的一份声明点燃了。该声明称，北约在当地的干预行动主要是为了推进美国的经济利益，就像挽救科索沃人的生命一样。据报道，总统表示："如果我们希望打造一种包括全球销售能力在内的强有力经济关系，欧洲是一个关键……这就是科索沃问题的全部。"[26]或许这就是"科索沃问题"的全部，但也可能不是，也许事情要更复杂。科索沃问题在很大程度上还应包括人道主义层面的事务，诸如此类议题并不是完全非黑即白的。这意味着美国在援助科索沃民众的同时还能获取经济收益，这样就会出现灰色区域。无论这一具体案例的实际情况如何——我们中间极少数人会知道确切的答案——都会把我们带入经济全球化这一总体议题上，以及与此相关的西方或北方或美国经济帝国主义，而这取决于提出争议的一方。然而，如果认为美国是从不断扩展的经济全球化进程中唯一受惠的发达国家，这会是一种误导。

## 经济帝国主义

关于经济帝国主义的著述已经有很多了，尤其是政治左翼的论著。政治左翼信奉新自由主义经济正统观念和经济全球化，包括全球化与经济帝国主义早期表现之间的连续性。[27]尽管一味重复这些观点已经意义不大，但还是有必要强调一些涉及经济文明标准的议题。首先是关于世界银行和国际货币基金组织"结构调整计划"（SAPs）的有趣观点，如本书第五章所述，尤其是认为它们属于殖民时代特惠条约体系的现代版。其次，有观点认为经济文明标准也在起作用，特别是在2001年"9·11"事件发生之后，自由市场的扩张是如何成为布什政府试图巩固国家安全的必要之举。但事先说明，关于"结构计划调整"成败的文献资料浩如烟海，[28]没有必要在这里对其进行加工整理。然而，戴维·菲德勒宣称"'结构调整计划'象征着全球化时代的特惠条约"，为了与第五章中关于特惠条约体系和治外法权的观点呼应，因此需要对其进行密切审视。[29]

在此之前，有必要简述什么是"结构调整计划"。它是执行第四章中描述的"华盛顿共识"一系列政策的前提与基础。简而言之，"结构调整计划"通常是贫穷和负债国家为了获取世界银行和国际货币基金组织的持续贷款而必须遵守的经济与货币政策，无论这笔贷款是服务于特定的发展项目，还是仅用于偿还债务。尽管"结构调整计划"通常根据单一国家需求量身制定，但总体上还是遵循一系列指导性政策原则或规定。包括对国有企业与公用事业公司实施私有化和自由化改造，促进出口导向型增长以及发展外国投资和"自由"市场企业可以不受限制进入的"开放型"经济。此外，"结构调整计划"通常还要求一国实行本币贬值（以扩大出口），取消关税和配额以及包括补贴和价格控制在内的其他限制进出口的举措，通过增加税收和减少社会服务开支的方式实现预算平衡。

菲德勒认为，事实上，"特惠条约和'结构调整计划'在基本信息方面存在相似的地方"，接受方均不符合经济文明的某些标准或更为广泛的文明标准。此外，"'结构调整计划'类似于目前正在全球范围内飞速发展的'法制'（法制文明）和'善治'（社会政治文明）"。他认为："一旦选择全方位融入国际关系，你的行为就必须符合主流大国设定的期许、政策和规则。""结构调整计划"的独特之处在于"旨在为发达世界与发展中世界之间的经济互动创造某种基础性条件"，与殖民时代的目标一样。"结构调整计划"的首要目标就是在"发达国家与发展中国家开展贸易与投资活动时，降低私有企业在政治、经济与法律领域面临的不确定性与风险"。菲德勒指出："鉴于'结构调整计划'框架下的大部分要求涉及法律改革，该计划可以被视为法律协调的一种高级形式，以便为全球贸易与投资提供便利。"与殖民时代的特惠条约体系相比，"当下的协调通过对发展中世界各国逐个施加影响的方式，渐渐在国际关系中形成一种系统性协调"，或第四章中描述的一种统一的帝国。问题的症结在于，"这种协调不是在相互磋商与妥协的基础上形成的，而是依据西方的经济政策与法律，并通过'结构调整计划'作用于发展中国家"。菲德勒曾中肯地指出，这意味着"要想成为一个全球化的国家，处于'结构调整计划'框架下的发展中国家必须承认自身在政府和社会层面存在的不足，并允许外部势力大举介入国内事务"。最终，与第四章的总体观点相呼应，"就像特惠条约为西方国家体系和国际法概念在全球的拓展铺路一样，'结构调整计划'将为全球化进程在世界范围内的延伸提供帮助"。[30]

经济帝国主义领域的第二项重大进展，即扩展自由贸易的决心，从某种程度上看则略显怪异。拓展自由贸易本身看起来并不奇怪，正如在第四章和其他地方所论述的，自由主义人士一直将贸易关系与贸易互惠作为安抚和教化那些难以驾驭国家及其领导人的工具。奇怪之处在于这种专一举措所面对的具体环境及其所采用的名义——国家安全。2001 年"9·11"恐怖袭击事件发生后不久，美国总统乔治·布什宣称："恐怖分子袭击了世界贸易中心，我们将借助扩大并鼓励世界贸易的方式击败他们。"[31]在这里需要说明，在自身尚处于具有悲剧性色彩的重大时刻，总统这番锲而不舍追求扩大与国家安全等量齐观的贸易的言论，看起来非同寻常。或许，在大多数对市场抱有根深蒂固信念的美国领导人看来，这并不奇怪。美国联邦储备银行主席艾伦·格林斯潘（Alan Greenspan）的一席话就有所体现："市场是对人性的最真实展现……其结果是，它们终将被证明是正确的。"[32]

在恐怖袭击发生整整一年之后的九月，美国政府出台的《国家安全战略报告》再次确认了布什政府做出的承诺，即将自由贸易作为打击残暴的恐怖分子及不文明的藏匿国和支持者的武器。这意味着美国政府中的关键成员拥有充足的时间对该战略进行思考。布什总统最初的讲话所传达的信息绝不仅仅是一时的兴起。这份文件虽然是安全战略，但更像一种贸易政策。在文件的序言部分，总统宣称："我们会积极致力于将我们对民主、发展、自由市场与自由贸易的期许传到世界的每一个角落。"[33]《国家安全战略报告》的第六章以"借助自由市场和自由贸易，开创全球经济增长的新时代"为标题，为打击恐怖主义和巩固国家安全制定了许多详细的方针，例如建议"降低边际税率，以促进就业"。[34]此外，该章还披露了布什政府总体规划中的很多细节，其中写道："在'自由贸易'概念被视为支撑经济发展的支柱以前，它就已经作为一种道德准则而存在了。如果你可以生产对他人来说有价值的东西，你就应该能够把它卖给对方。同理，如果对方能够生产对你来说有价值的东西，你也可以购买。这就是真正的自由，无论是对于一个人还是一个国家而言，这就是一种谋生的自由。"有趣的是，这一观点所借助和仰仗的理由，与500前维多利亚用来证明西班牙在美洲大陆存在的合法性的理由如出一辙。

当谈及"帝国间接控制的运用"问题，阿纳托尔·利芬（Anatol Lieven）认为："可以在'门罗主义'和'布什主义'之间画出一条明显的直线。"其他学者也对早期美国政府做出类似的帝国式论断。然而，如果认为美国展现出的霸权主义或帝国主义是反恐战争的产物，那就错了。在一条与此相关的评述中，利芬认为克林顿政府时期的帝国主义之所以与当下布什政府的帝国主义有所区别，主要在于"克林顿将美帝国主义

包装成全球主义的模样"。在利芬看来，克林顿本人"的确受
到一种全球秩序愿景的激励与鼓舞，而在该愿景中，美国理应
扮演领导的角色，而不仅仅是发号施令"。而在另一方面，布
什政府倡导的帝国主义是一种因"受伤及报复心驱使的国家
主义"而引发的"国内政治刺激"。与其他现存的国家主义观
点或运动类似，美国政府对"任何一种旨在抑制自身行为和
权力的全球秩序表现出极大的不屑"。[35]准确地说，我们很难断
定克林顿总统的愿景究竟是什么样子。但将新保守国家主义与
以倡导自由市场为特征的自由主义结合，可以使我们对布什政
府帝国主义的评估更加接近事情的真相。当被要求对两届政府
各自帝国追求的差别做出评价时，利芬指出："大体上看，与
其他项目类似，帝国主义既可以通过聪明的方式实施，也可以
通过愚蠢的方式实施。"上述对两届政府帝国追求的评估在很
大程度上取决于自身的意识形态倾向。然而，对于多数人来
说，无论从经济角度还是其他角度看，任何一项帝国事业都令
人反感。需要再次强调，如果认为只有美国致力于推动这种新
自由主义经济正统观念，这无疑是一种误导。与美国一样，欧
洲（尤其是欧盟成员国）和日本同样从不断扩张的全球贸易
以及不受阻碍地进入全球发展中市场中获利颇丰。如今，中国
和印度则成为最明显的例子。

## 美帝国主义

现在，我想从总体上对美帝国主义展开论述，也有部分人
将其称作"不敢明说的帝国"。[36]我曾在本书第六章中写道，关

于"美国例外"论的观点已流行数世纪之久，并以一种咄咄逼人的方式在广阔的世界中起起伏伏。安德斯·斯特凡森（Anders Stepanson）观察到，"文明通常是由一个占据主导地位的单一国家或民族引领"的观念早已存在。除此之外，美国的"西进运动"被视为对文明先驱的一种"历史传承"。因此，人们乐意将"美国例外"论视为"一种颇具吸引力的观点。在美国人看来，它是对美国成为下一个伟大文明在历史层面的一种认可"。[37]这样一来，文明标准传播者与锻造者的接力棒就从欧洲国家传递到美国。在 21 世纪初期，美国的权势与影响力被认为已超过此前任何时期。保罗·肯尼迪（Paul Kennedy）认为，与过往相比，"美国及其盟友与竞争对手之间的权势对比从没有像如今这般悬殊"。知名保守派专栏作家查尔斯·克劳萨默（Charles Krauthammer）极其坚定地指出："事实上，自罗马帝国开始，世界上还没有一个国家能在文化、经济、技术和军事领域占据统治性地位。"[38]因此，美国有可能占据领先地位并试图在政治、经济、法律、军事、技术、文化等多个领域定下基调。

尽管权力和影响力已从大西洋的一侧转移至另一侧，然而，在大约一个世纪前，西奥多·罗斯福并不认为美国近期的扩张主义与早期欧洲的殖民扩张之间存在可比性。罗斯福坚信："从美国诞生之日起就被视为国家历史一部分的扩张政策，其发展演变历程与所谓的'帝国主义'没有丝毫相近之处。"他还直白地表示："我从未在美国见过帝国主义分子。"[39]如今，美国领导人仍不愿承认美帝国主义的存在。例如，布什总统曾于 2002 年 6 月 1 日对西点军校毕业学员说道："美国不需要扩张帝国，也不需要构建理想中的美好社会。"上述总统的言论至少与《国家安全战略报告》中致力于推动构建理想国家的表述存在部分矛盾的地方。与该情况类似，美国国防部长唐纳德·拉姆斯菲尔德（Donald Rumsfeld）曾于 2003 年 4 月 28 日接受记者采访时被问到关于帝国建设的问题，他答道："我们并不寻求创建帝国，我们不是帝国主义者，从来都不是。你提出这个问题真是出乎我的意料。"

尽管美国国内存在反对帝国建设的声明与公告，但不难想象，假如西奥多·罗斯福依然健在，他不难找到美帝国主义的拥护者与热衷者。早在 1989 年，费城世界事务委员会前项目主任克雷格·斯奈德（Craig Snyder）表示，除了对外输出民主之外，"美国展望 21 世纪美好世界的相关举措必须涵盖我们（美国人）社会体系的三大组成部分……政治、经济与社会"。[40]诸如此类的政策观点使克劳萨默坚信，"'帝国'一词如今已成为公开的秘密"。保罗·肯尼迪对此也持有类似的论调——他曾在不久前预测美国会因权势的过度扩张而走向衰落——如今，他宣称美国"已构成了一个帝国"，并且未出现衰败的迹象。与拉姆斯菲尔德不同，他认为："从首批定居者从英格兰抵达弗吉尼亚并开启西进运动开始，美国就是一个帝国，一个耀武扬威的国家。"[41]在该问题上，肯尼迪很可能认为亨利·卡伯特·洛奇（Henry Cabot Lodge）的观点比西奥多·罗斯福更加接近事情的真相。洛奇曾在 1895 年表示："我们（美国人）在征服、殖民和扩张方面的经历是 19 世纪其他民族所无法比拟的。"[42]

在《外交政策》杂志一篇标题具有煽动性（标题为"要

为文化帝国主义高唱赞歌吗?")的文章中,戴维·罗特科普夫(David Rothkopf)认为:"文化特征的衰减可以成为衡量一国文明进步与否的标尺。"尽管该观点可能会造成一种文化多元主义正在衰落的"假象",但人们很难否认"美国已经成为全球事务管理方面一个不可或缺的国家"。[43]至少从目前看,这是无可争辩的。在维持或干扰世界秩序面貌的某些方面,美国扮演着至关重要的角色。尤其是在全球经济与金融秩序领域,处于核心位置的美国拥有一定的控制权限,这从2007～2008年爆发的次贷危机以及由此引发的信贷紧缩就可以看出。人们甚至会认同这样一种观点:"如果说整个世界朝着拥有一种通用语言的方向发展,那这种语言会是英语;如果说整个世界朝着拥有统一通信、安全和质量标准的方向发展,人们无疑会遵循美国的标准;如果说整个世界正在被电视机、收音机和音乐紧密联系在一起,那么播放的肯定是美国的节目;如果说一种共同的价值观正在世界范围内形成,那么这种价值观一定会让美国民众感到舒适安逸。因为只有如此才符合美国的经济与政治利益。"不可否认,上述这些发展符合美国的利益,而一旦俄罗斯、法国或马尔代夫拥有与美国等同的绝对优势,上述发展同样符合它们各自的利益。存在争议的地方在于那个曾被再三提及的假设,即符合美国利益的事务也同样符合世界其他国家的利益。然而,事实通常并不是这样的。罗特科普夫为上述假设提出证明,在他看来,"美国人不应因为羞怯,而不去做那些明显既符合自身经济、政治与安全利益,也符合世界大多数国家利益的事情"。甚至还有更加令人困惑不解的看法:"美国应毫不犹豫推动自身价值观的传播,即便出于礼貌或审慎的原因，美国人也不应否认这样一个事实，即在世界历史上的所有国家中，美国是最公正、最宽容，也是最乐于持续开展自我评估和提高的一个国家，它是象征未来美好世界的最佳典范。"这一直白的言论与第四章中关于理想国家的论述以及对于普遍性的错误认知相一致。除了对美国本土以外的世界缺乏理解与判断以外，这一言论仍存在重大问题与风险，无论这是由美国民众还是其他国家民众造成的。要知道，历史上爆发的众多冲突的根源就在于各国在文明层面拥有类似的道德优越感，以及与之相伴而生的扩张主义野心和传教士般的热情。

对于布什政府以及帝国就是构建或维持秩序的观点，塞巴斯蒂安·马拉比（Sebastian Mallaby）在《外交事务》杂志上撰文指出："新帝国主义逻辑对于布什政府来说具有难以抗拒的吸引力"，主要是因为"当今全球乱象丛生且造成难以忽略的威胁，现有应对方式已显得捉襟见肘"。在这里，马拉比可能是指联合国等多边组织。他估计："一个全新的帝国时刻已经到来，而凭借自身实力，美国必将在其中扮演领导的角色。"因此，"真正的问题不是美国要不要填补欧洲帝国衰落后留下的真空，而是能否意识到这就是它应该做的事情"。[44]哈佛大学约翰·奥林战略研究所负责人斯蒂芬·罗森（Stephen Rosen）认为："如果一个政治实体在军事力量方面占据压倒性的优势，并能够将其用于影响其他国家的内部行为，这就是所谓的帝国。"但是，他坚称美国与早期存在的帝国有所不同。因为"美国并不寻求控制他国领土，抑或试图统治帝国的海外公民。美国是一个间接的帝国，但不管怎么说，美国是一个帝国，这一点是确定无疑的"。此外，罗森补充道，如果这是对美国最为恰当的描述，那么"我们的目标就不应是击败竞争对手，而是维持美国的帝国地位以及一种帝国秩序"。[45]

205 尽管没有使用诸如"帝国"或"帝国主义"之类的词语，但这无疑是布什政府《国家安全战略报告》要实现的根本目标，即抵御"文明之敌"对美国发起的攻击，维护美国在文明进步进程中的领导地位。正如前面章节对反恐战争的讨论，罗森注意到，当以帝国的名义挑起战争时，"这种旨在恢复某种秩序的帝国战争所受到的约束与限制"远不及常规战争。帝国战争能够"在最短的时间内动用所能利用的全部武装力量对敌方施加心理影响，以显示向帝国发起挑战是要付出代价的"（这从美军近期提出的"震慑"概念就可以看出）。罗森进一步指出，在冷战时期，美国"在毫不费力的情况下击败了共产主义政府"。然而，他认为"美国目前需要在击败敌对政府的同时，塑造对自身有利的政府"。阿富汗和伊拉克应属于这一类型的案例，而对合法性不足以及在很大程度上不受欢迎的巴基斯坦政府表示支持应被视为此项政策的另一个方面。

然而，一些人士对罗森提出的美国是一个"间接帝国"的观点持有不同意见，在他们看来，美国的行为看起来更像一个老式的区域型帝国。比如，查默斯·约翰逊（Chalmers Johnson）认为，考虑到美国分布于全球各大洲的军事人员和基地数量，是时候承认美式民主催生了一种"全球帝国"。[46]从罗森的相关言论中也可以看到类似的主张，他认为，与常规战争结束时将部队撤回本土有所不同，"当帝国战争结束时，为了维护当地的秩序与稳定，帝国驻防部队需要在此驻守长达数十年的时间。这就是我们此前在巴尔干以及目前在中亚和中东地区看到的实际情况"。[47]然而，这并不是说要像大英帝国等殖民帝国那样侵占他国的全部主权，而是通过任命友好政府，并保持一种足以确保治外法权或特惠关系的长期军事存在。

确切地说，我们仍无法确定美国未来的霸权实践及其帝国事业会如何发展。[48]一部分人甚至在美国被视为一个准帝国之前就预见了其衰落，[49]另一部分人却认为美国已达到顶峰。还有一些人希望从历史中寻找线索，如阿诺德·汤因比的相关著作。在汤因比看来，帝国往往不是死于谋杀，而是死于自杀。尽管该观点并不适用于历史上存在的所有帝国，但仍值得我们铭记在心。此外，当布什政府以及其后历届政府率领成员数量稀少的"意愿联盟"（coalition of the willing）专注于实现相关外交政策目标时，需要牢记芬尼根（Finnegan）关于"即便帝国也需要盟友"的提醒。[50]在吸收借鉴上述观点的基础上，利芬做出了更加中肯地评价："鉴于自身拥有的巨额财富，美国具备维持一支在全球占据支配性地位的军队；美国也足以支撑一种能够惠及大多数人口的安全且稳定的社会医疗体系；美国也能够在大幅削减最富有群体赋税的同时，确保不加重其他群体的赋税。然而，美国还无法同时应付上述三类情况。"[51]至少从目前看，美国不大可能具备在任一重要时间段应对上述全部情况的能力。一旦美国决定出于维持军事支配性地位的考虑而放弃相关国内社会服务，就会像汤因比之前预料的那样，帝国将从内部崩溃。

# 帝国在"9·11"事件后面临的紧急情况

正如在前面章节中注意到的，宗教激进主义的威胁已经对全球政治大图景产生重大影响。国际恐怖主义威胁的加大对世界秩序和安全造成的持续影响主要表现在两个方面。首先，2001年"9·11"事件中恐怖分子对纽约和华盛顿发起的攻击、2004年3月11日在马德里发生的袭击列车事件、2005年7月7日伦敦运输系统遭受的袭击，削弱了安全的一般内涵以及人们关于世界已稳步迈入以理性和平为特征的后冷战"新世界秩序"的看法。作为现存的唯一超级大国，美国将凭借其全球影响力对该秩序进行监督和维护。其次，这些袭击行动以及恐怖主义威胁整体上的不可预见性对美国的国家身份与定位构成直接挑战。其造成的结果是，在塑造和维持世界秩序基本面貌这一传统职责方面，霸权国有了新的动力和紧迫感。如上所述，推行和维持世界（或区域）秩序也被视作世界强国或帝国的真正标志。

从已故的丹尼尔·帕特里克·莫伊尼汉（Daniel Patrick Moynihan）在2002年哈佛大学毕业典礼上的讲话中，就可以看出"9·11"恐怖袭击事件对美国及其他西方国家民众造成的巨大心理创伤。莫伊尼汉生前曾连续4届当选纽约州联邦参议员，曾任美国驻印度大使和美国常驻联合国代表，在哈佛大学担任教授期间，他还负责向4位总统提供咨询。莫伊尼汉的个人履历丰富，因出色的政治游说能力而备受尊重，尤其是他个人时常展现出的冷静头脑和严谨措辞。这意味着他不会被误认为是一个极端保守主义分子或激进的左翼人士。尽管如此，他在演讲即将结束时提醒大家注意，在 55 年前的相同场合，"乔治·马歇尔将军曾呼吁美国对那些因狂热派掌权而造成全球性恐慌的国家进行重建"。莫伊尼汉接着指出："历史再一次以不尽相同但更加迫切的方式向我们昭示，文明不会消亡。但此时此刻，只有美国能够力挽狂澜。"[52]这是一种颇具分量的表述，它完美地揭示了美国对自身占据的全球首要地位的理解，从本质上说是作为文明的关键成员和守护者。事实上，莫伊尼汉认为恐怖主义阴影对文明构成的潜在威胁甚至不亚于此前赫然出现并威胁要吞噬整个欧洲大陆的纳粹主义和法西斯主义。[53]鉴于莫伊尼汉清楚纳粹分子对那些不符合其全球总体规划的人群的看法，以及马歇尔将军理应觉察到纳粹所造成的恐慌的真实程度，这使得莫伊尼汉的表态看起来事关重大。但对他和其他美国民众来说，这一次受到威胁和打击的是美国整个国家，或者从更广泛的意义上说，备受珍视的美国和西方生活方式及其所代表的一切正面临最直接的挑战。

这一切让我们把目光再次投向全球反恐战争。我在前面章节讨论了"9·11"事件以及正在全力进行的反恐战争，是如何进一步将整个世界明显地划分为自我标榜的"文明"阵营和由"野蛮"恐怖分子及其"不文明"的支持者组成的反对阵营。相关评论人士对构成不文明世界的大多数国家和非国家行为体可谓一目了然，但仍有部分处在不文明边缘的社会群体需要尽快做出决定，确定自身属于上述哪个阵营。在该问题上，巴基斯坦就是一个极佳的案例。在莫伊尼汉发表的演讲中以及在布什政府和其他西方政府发布的一系列声明中，均明确阐述了这样一种观点，即将"9·11"恐怖袭击事件定义为"野蛮人"对"文明发起的攻击"。同理，随后开展的反恐战争被普遍描述为"文明"世界与"不文明"世界之间的战争，而后者主要由独裁者、"流氓国家"、恐怖网络以及形形色色的同情者构成。此外，反恐战争还被欣然视作为了"文明的帝国"利益而战，是对启蒙、进步、现代性和文明的敌人发起的战争。或者换一种角度看，这是一场现代版的文明之战，其怪异程度就如同称谓本身一样。正如罗森以及本书第七章所预料的，诸如此类的帝国战争通常表现出一种持续的侵略性和最低程度的约束力，以便向对手传递一种强力且明确的信息，即"向帝国发出挑战是要付出代价的"。[54]伊格纳季耶夫则更加直白地指出："美国的全面反恐战争实际上就是在践行帝国主义。"[55]

对于部分人来说，这并不像过去一样，是一种令人厌恶或带有诋毁性质的评估。而让人感到不知所措的是，基于美国作为唯一超级大国所拥有的不可挑战的地位，一些美国知名外交政策实体将反恐战争比作"新罗马帝国与新野蛮人的对抗"。[56]参照该类比，克劳萨默坚持认为美国不需要借助联合国维和行动的名义来掩盖自身再度苏醒的干预主义嗜好。在他看来，自由国际主义者所持有的世界观是极其"愚蠢"的，他们认为美国仅仅是全球诸国中的一个强国，这没错，但必须学会适应"国际社会"的相关意愿和诉求。"美国不仅仅是国际社会的一个成员，它还是自罗马帝国以来最具支配性优势的全球大国。"正是凭借这种优势，"美国得以重塑相关行为标准、调整期许并创造新的现实。而这一切又是如何做到的？那就是通

过不加辩解和毫不妥协的方式来彰显意志"。[57]然而，利芬预
测："即便是在最有利的情况下，帝国主义都不是一个好的选
择。在夹杂着些许正义与牺牲的同时，也充斥着十足的风
险。"[58]在这里，尤其让人感到意味深长的是，文明与野蛮主义
的观念再次被用于解释和证明将权力扩张到统治甚至是占领程
度的合理性。

在政治圈内，存在一系列呼吁美国以一种更加积极进取的
方式捍卫自身意志的声音。《华尔街日报》评论员马克斯·布
特（Max Boot）同样认为，美国无须借助外交来掩盖西方国家
在被认为是恐怖分子大本营的相关国家开展的干预行动。按照
布特的观点，"美帝国主义就是对付恐怖主义的一剂良药。
'9·11'恐怖袭击就是（美国）干预与志向缺失导致的后果。
要想战胜恐怖主义，美国需要拓展自己的目标，并在实施进程
中表现出更加坚定与自信的一面"。布特认为："美帝国主义——
无疑是以自由与人道主义为主要特征，但仍旧属于帝国主义的
范畴——似乎已在巴尔干国家收到成效。"因此，美帝国主义
也会在世界其他地方取得成功。他坚信："阿富汗和其他麻烦
缠身的国家如今迫切需要接受某种开明的外部管理，就像历史
上身着骑马裤、头戴太阳帽的意气风发的英国人所给予的一
样。"与克劳萨默不同，布特对联合国以及更广大范围内的国
际社会怀有起码的敬意，并在此基础上指出："美国可以在联
合国的协助与支持下，通过与部分伊斯兰国家合作——如科威
特甚至是印度尼西亚或马来西亚——来领导一支国际占领军，
而对于曾为恐怖分子提供支持与庇护的国家来说，这象征着一
种巨大的进步。"[59]布特似乎对"开明的外部管理"持有一种更

209

加乐观的看法，而历史上的大英帝国就曾以文明的名义，在世界的大部分角落扮演着管理者的角色。然而，就像英国曾在最终撤离阿富汗之前陷入困境以及随后同样陷入麻烦的苏联一样，美国领导的干预行动并不是轻而易举就能实现的，或者像口头上说得如此成功。

罗伯特·库珀（Robert Cooper）——英国高级外交官、前英国首相托尼·布莱尔（Tony Blair）国际干预主义学说的创造者——是有影响力的外交政策权威中公开鼓吹恢复某种形式帝国主义的人士之一。他始终认为，需要借助一种"新型帝国主义"来应对恐怖主义对世界秩序构成的威胁。这种"防御"和"睦邻"的帝国主义"能够被拥有人权和世界主义价值观的世界所认可与接纳"。西方国家在阿富汗和伊拉克实施的干预行动就符合这种界定标准。然而，从库珀的话语中可以看出，其所谓的"邻居"是没有实际边界的。"乌萨马·本·拉登的案例已向那些仍被蒙在鼓里的人们表明，当今世界上所有地方，起码从潜在意义上说都算是我们的邻居。"[60]从布莱尔在"9·11"恐怖袭击发生后三周对工党的讲话中，可以清楚看到库珀的思想对他产生的影响。身为首相，布莱尔向外界明确表示，他领导下的英国准备并愿意担负起"重塑世界秩序的重任"。伴随大英帝国过往光环的逐渐淡去，布莱尔试图通过将"反恐战争"塑造为"为正义而战"的方式，让"民主与自由的价值观惠及全球各地民众"。[61]

这里并不是要否认"9·11"事件和随后发生的一系列恐怖袭击令人发指的罪行及其本应承担的责任。但是，通过发动战争或威胁占领众多被西方国家视为可能存在或潜藏威胁的国家，并不是一种恰当的应对举措。因恐怖主义威胁而加剧的全球分裂局势以及随后发动的反恐战争，让人联想起前面章节中罗伯特·卡普兰所做的生动概述。然而，尽管卡普兰曾鼓吹设置相关障碍，将富足的西方世界与急剧陷入混乱的不文明的前现代世界隔离开来，但现实情况是，西方世界正在一个受伤的超级大国的引领下，意图通过发起"针对恐怖主义的新冷战"，以使其受到应有的惩罚。[62]这恰好就是布什总统在2001年9月20日国会参众两院联席会议上的讲话所要表达的意图。布什宣称："针对恐怖主义的战争始于'基地'组织……但这远不是终点。在找到、阻止并击败藏匿于全球任意角落的恐怖组织以前，我们绝不会停下战争的脚步。"[63]这样一来，美国及其亲密盟友看似要在合适的时间和地点介入不文明世界的事务，并在必要时动用军事手段来消除未来切实存在或想象中的威胁。正因为如此，对于处在西方所标榜的自由民主"文明世界"之外的全球大多数国家来说，库珀发出的警告再明显不过了。因此，这些国家至少可以算作西方"睦邻帝国主义"（neighborly imperialism）的潜在候选对象。然而，以国家安全的名义恢复某种形式的帝国准则的做法似乎只能起到疏远世界多数人口的作用。

1901年9月14日，也就是布什总统宣布发动全球反恐战争大约100年之前，一位名叫里昂·乔戈什（Leon Czolgosz）的无政府主义者刺杀了美国总统威廉·麦金莱。作为其继任者，西奥多·罗斯福总统同样呼吁发起一场旨在铲除世界各地恐怖主义的运动。然而，他和乔治·W.布什总统都无法实现这一目标。通常情况下，人们很难通过发动战争来击败恐怖主义。鉴于恐怖主义不仅仅是一个军事问题，需要采取集政治、外交、经济、法律、宗教等要素于一体的整体性应对举措。而因"9·11"事件开启的"反恐和帝国计划"至多向外界表明，世界仍处于分裂状态，反恐战争则是一场无休止的战争。

## 为什么是帝国主义？

在从理论和实践层面阐述我们的世界是如何被分裂为文明的国际社会和处于崩溃状态的准国家构成的混乱区域的基础上，本章旨在强调这种分裂所造成的某种影响。人们已经注意到，如同过去一样，用来形容文明与野蛮主义的描述与评估性话语如今正被用来描述这种分裂过程与结果，并为其存在的合理性进行辩护。正如历史上具备相关资质的鲜明且审慎的个体会发起文明征服，并在不文明社会开展殖民活动一样，目前的文明标准同样会引发类似具有针对性的干预行动。传统文明标211 准与当今文明标准之间的共同点在于它们均大大削弱了处于文明国际社会之外的社会的独立自主性。那些所谓的"流氓"、"掠夺"或"不文明"社会被认为对由相关国家组成的整个国际社会尤其是邻近地区的安全、稳定和总体安宁构成威胁。因此，正如历史上大部分时期出现的情况一样，特别是在全球化时代，整个世界被视为一个相互联系的邻近区域，文明世界习惯于插手欠文明区域的内部事务。从总体上看，前者的目的在于对后者进行开化并将其纳入文明的帝国。这不只是自称的"文明社会"所展现出的一种无私的姿态，而是被视作一种互利行为，并由此带来安全、礼仪以及通过征服所能产生的一切。无论个人对此持有何种看法，它终将成为一种旨在塑造帝国主义新现实的实践活动。而究竟是称作人道帝国主义、自由帝国主义还是国家安全名义下的帝国主义，都变得无关紧要了。

迈克尔·伊格纳季耶夫指出："帝国的一大好处在于使受压迫的人重获自由，因此，对帝国进行道德评判是一件复杂的事情。"[64]这种说法有一定道理，这的确是一件复杂的事情。然而，一般情况下，帝国往往宣称自身采取的行动符合其羽翼保护下的国家的最佳利益，将它们从暴君的统治下解救出来；帝国也会因在受保护国待得太久而不再受到欢迎，并转而扮演一种类似于暴君的专横角色。此外，还有一种观点认为，就像早期欧洲开展的文明开化行动会造成文明个体的野蛮化一样——或者更准确地说，将文明个体潜藏的难以抗拒的残忍与野蛮冲动合法化——当代的"文明开化使命"和帝国战争也会产生类似的后果。在对"流氓国家"采取的预防性战争中，往往会实施空袭或使用"智能"炸弹，这对于那些居于幕后或远在千里之外的指挥人员来说，上述行为即便不算是灭绝人性，也可称得上麻木不仁了。[65]这也催生了"附带损害"（collateral damage）等一批无害术语，企图错误地回避正在发生的事情的严重性。而诸如美军在伊拉克阿布格莱布监狱恣意妄为的行为，只能进一步证实人们对于更广泛领域抱有的深层次疑虑和恐惧。

卡尔·马克思曾经写道："黑格尔在某个地方说过，一切伟大的世界历史事变和人物，可以说都出现两次。他忘记补充一点：第一次是作为悲剧出现，第二次是作为笑剧出现。"[66]或

许帝国的"文明开化使命"属于第二次出现的笑剧，如果还
不算处于危机关头的话。新野蛮主义与旧文明话语、当代文明
标准的回归以及相伴而生的帝国主义的复兴，均不能作为拒绝
汲取历史教训的案例，因为其中的部分案例是近期才发生的事
情。自"发现"新大陆及随后数个世纪，在相关"文明开化
使命"的直接或间接作用下，不可胜数的种族惨遭灭绝，其
整体文化和生活方式被连根拔起，幸存的种族也在很大程度上
过着被压迫的生活。"文明开化使命"在拓展文明帝国的名义
下顺利实施，人们可以毫不夸张地认为，殖民"开化使命"
对许多非西方种族造成的伤害在很大程度上类似于被人们所遗
忘的大屠杀。然而，谢默斯·米尔恩（Seumas Milne）提出：
"因历史而战绝不仅限于过去，它更关乎未来。"正因为如此，
"许多把殖民暴行排除在 20 世纪历史之外的作家希望给予新自
由帝国主义合法的地位"。[67]

让人难以理解的是，在许多作家将帝国主义当作一种倒退
甚至一种具有很大种族歧视色彩的概念而被历史史册所抛弃后
不久，概念本身能被再次启用并披上一层崭新的崇高外衣。尽
管帝国主义不再被简单描述为"白人的负担"，但其本质仍大
同小异。约翰·劳埃德（John Lloyd）指出，当前的帝国主义
在很大程度上是在"重新编撰一本新的殖民国家名录，那些
乐于承担富人负担的国家将被纳入其中"。[68]同样令人难以理解
的是对经济帝国主义的推崇，在多数人看来，富裕国家从中得
到的好处要多过贫穷国家。

尽管当代西方左翼、右翼和中间政治派别提出过种种主
张，但对于世界上那些面临国家合法性难题，抑或在履行主权

国家正常职能方面缺乏能力的地方来说，帝国主义并非解决问题的唯一答案或最后的希望。我们没有理由怀疑在东欧和前苏联集团发生的为推翻贪污、腐朽政府的非暴力革命不会在世界其他地方重现。例如，在由本国民众推动政权更迭方面，津巴布韦将因为自身目前的政治生态而成为主要候选对象，其国内存在组织得当的反对势力。此外，由于政府管理不善，津巴布韦国家经济实际处于自由落体的状态。与此同时，在津巴布韦国内民众中间还存在一种广泛的看法，认为近期举行的选举脱离了自由或公正的本质。鉴于津巴布韦军方和警界宣誓效忠执政党"津巴布韦非洲民族联盟－爱国阵线"（Zimbabwe African National Union－Patriotic Front，ZANUPF），该国爆发的民众抗议不会像在东欧国家一样，成为完全不流血事件。然而，即便在这种情况下，此前宣誓效忠的津巴布韦军方能够适时判断国家的处境，意识到变革的时间已经到来，以一种警惕的目光置身事外、静观其变，而不是出于政府的利益选择介入其中。

　　莫桑比克为我们提供了另一个案例。莫桑比克在一位军阀死亡导致的持续数年的内战告一段落之后，正逐渐走出内战的泥潭，并尝试采取一些举措来实现国家的复苏。在尼日利亚，最遭人鄙视的独裁者之一因致命的心脏病发作而结束统治后不久，通过选举产生了首位年长的非军方领导人。不可否认，尼日利亚并不是一个十全十美的民主政体，与其他民主国家一样，也存在许多共同的问题（在这方面，尼日利亚并不是一个单独的案例），但它在竭力朝着更好的方向做出改变，也渴望其弱小的西非邻国实现类似的稳定。

　　这些仅是为数不多的成功案例，但并没有阐明哪些条件叠加在一起会给一度处于崩溃或被人遗弃边缘的准国家命运带来如此急剧的改变。以上这些案例均是为了实现更好的目标，在国内变革的推动下发生的政治变革，并非西方直接干预的结果，例如以国家建设的名义实施帝国式占领。大多数国家的民众普遍持有这样一种诉求与愿望，即希望通过一种有序且公正的方式实现高效的自我治理，尽管在具体实施途径上可能千差万别。此外，同样重要的是，我们没有理由怀疑它们是否具备采取上述举措的能力。帝国主义否定并压制这些优点。另外，我们必须承认在此类转型进行之前，许多国家内部仍存在难以克服的障碍，而严重的种族与社会分裂就是其中最大的障碍，它们都是帝国统治的遗产。对于部分西方人士，尤其是新型帝国主义的鼓吹者来说，他们担心由国内因素引发的政治变革不会产生被视为所有社会理想类型与模式的自由民主、资本市场和消费主义至上的国家与社会实体。

# 第九章
# 结语：文明间关系的未来

征服美洲的经典历史叙事告诉我们，西方文明之所以能够取得胜利，除了其他方面的原因，主要在于其在人类交流方面占据优势地位；然而，这种优势地位的获得是以与世界的交流为代价的。在经历殖民主义时期之后，我们隐约发现有必要对这种与世界的交流进行评估。这里需要再次指出，特定拙劣的模仿似乎优于严肃的叙述。

茨维坦·托多罗夫：《征服美洲》

Tzvetan Todorov，*The Conquest of America*

## 文明的回归

在苏联解体后，杰伊·托尔森（Jay Tolson）曾于 1994 年在一篇文章中写道："我们已经来到一个特殊的路口。"在这里，托尔森并未明确"我们"的具体指代，也许是全人类，但更可能是全体西方人。在西方人眼中，特殊的路口据信被用来指代一种"理想的文明"（the ideal of civilization），"当然，这就是所谓的西方文明。"西方文明或者更广泛意义上的理想文明的特征，可以描述为"带有邪恶色彩"的多样化遗产的混合体，例如，犹太教－基督教、"罗马与日耳曼法律、希腊人的理性主义、文艺复兴时期的个人主义、启蒙运动时期的进步主义、令人眼花缭乱的民主与议会传统，尤其是相关科学、技术与工业技能"。可以说，围绕此类观点和议题展开的探讨与辩论贯穿全书。特殊的路口也由此产生：

> 人们普遍认为，文明在最新一轮漫长且血腥的斗争中跌跌撞撞地挺了过来，并出乎预料地——说来也奇怪——击败了最大的挑战者。震惊之余，它一瘸一拐、跟跟跄跄地回到角落里，并以一种胜利者的姿态凝视着陷入狂欢的热衷追随者，但很快意识到……几乎没有一个人。在怀疑地摇了摇头后，它甚至不太确定自己究竟是谁，更不用说斗争所体现的利害关系或报偿是什么。那些狂热的追随者似乎并不在意这些，他们只是尽情地嬉戏，尽管看上去更像是一种充满暴力与野蛮色彩的娱乐。这就是我们所处的位置，就像是在体育场外面的停车场，文明赢得了最后一击，但对于接下来的事情不知所措。[1]

尽管上述这段文字看起来颇具诗意，但对于那些置身事外，为以资本市场为特征的自由民主战胜以中央计划为特征的共产主义专制而欢呼雀跃的人来说更是如此。然而，其中仍存在很多争议。首先，除了或许会让人心生厌恶的个人主义、民主传统以及对宗教信仰的自由表达之外，属于西方文明范畴的诸多特征同样存在于共产主义意识形态之中。与此同时，正如下文所要诠释的，非西方文明并非对西方文明的部分特征一无所知。如同我在本书开篇部分和第四章所论述的那样，东西方在冷战期间的意识形态斗争，并非西方启蒙思想与具有完全不同的智识遗产的思想传统之间的争斗。恰恰相反，更确切地说，资本主义自由民主和国家社会主义代表着两种相互竞争但具有相同启蒙传统和乌托邦色彩的愿景。它们是通往普遍文明这一乌托邦终极结局的两种截然不同或对立的道路。

其次，认为文明缺乏自身定位或代表性的看法显得不尽如人意。文明本身具有自我认同或自我实现属性，理应在明确自身定位的同时，知道哪些属于文明的范畴，而哪些处于该范畴之外。判断蒙昧和野蛮主义的标准是现实存在的，就像用于评判其是否处于上述条件的对立面一样。事实上，正如本书所论述的，自"理想的文明"作为一种概念出现以来，它需要具备一种社会合作能力、社会政治组织以及作为一个文明和独立自主的社会理应具备的自治能力。与此类似，认为文明不知为何而战以及作为获胜者能得到何种战利品的论断同样是站不住脚的。从本书所述内容可以看出，那些文明的狂热支持者中有一些是妄自尊大的西方自由主义人士，他们清楚地知道能获得怎样的报偿。这种报偿意味着自由民主的文明帝国的持续扩张，并形成以康德"永久和平"思想为基础的世界秩序。在该秩序框架下，国际社会成员均是清一色按照西方模式打造的世界性国家。

第三个存在争议的地方，在于托尔森认为西方文明在取得对新近挑战者的最新一轮决定性胜利之后变得无所适从。然而，即便没有之后出现的国际恐怖主义对西方利益和个人福祉构成的威胁，托尔森的上述论述也是不正确的。但恐怖主义威胁的确能够提醒人们注意此处出现的集体误判是何等严重。尤其需要指出的是，正如本书第三章所论述的，尽管仍存在一些令人生厌的束缚，但数个世纪以来文明与野蛮主义的话语正以相同的方式持续用于诠释世界政治领域的一系列行为并对其合法性做辩护。应当说，托尔森本人以及持有必胜信念的西方人普遍存在的误判是长期历史观缺失的结果——这段时间自 19 世纪末至冷战结束——这反过来会造成人们对未来缺乏远见。本书第七章和第八章强调，那些自我宣称的文明守护者清醒地意识到，斗争仍在继续；在普遍性文明的目标得以实现，以及由清一色自由的世界性政治国家构成的国际社会实现持久和平之前，我们仍有很多工作要做。

最后需要说明的是，那些被托尔森视为文明的狂热追求者——显得彬彬有礼或者本身就是文明的化身——所从事的具有暴力和野蛮色彩的"娱乐行为"并非新近产生的事物。在本书第六章中，文明世界试图向身处欧洲之外的不文明群体传播文明的做法就体现出相同的暴力与野蛮色彩。而暴力与野蛮同样成为全球反恐战争的一个组成部分。如同约瑟夫·康拉德在其小说《黑暗之心》中塑造的人物库尔兹一样，这种暴力或者说帝国的"文明开化使命"难免会对文明社会人们的心灵产生影响。或者更准确地说，本书进一步表明，暴力和野蛮与其他要素一样，均属于文明的一个组成部分。而它们的区别在于，当文明社会向不文明社会施加暴力时，这种行为往往被认为是合情合理甚至是十分必要的。[2]更为糟糕的是，这种颇具暴力色彩的强制性监管行为通常以推动普遍性文明的名义而被认为对不文明社会有利。

本书开篇部分曾提到，文明的概念已经作为一种社会与行为科学学科的术语而再度兴起，并被运用于世界政治实践。本书第一部分对此观点进行了充实与完善，并通过本书第三部分对当代世界事务的讨论再次确认。然而，伴随文明的概念作为一种社会科学分析与决策工具复苏，概念本身时常被误用、操控或误解，本章开篇部分援引的一段文字就很好地说明了这一点。为了试图纠正其中存在的部分误解，本书曾指出，从文明的概念出现直至 21 世纪，人们一直认为理想的文明指一个民族是否具备开展社会政治合作与自治的能力。当文明被当作一种衡量价值观的标尺，而非用于区分种族类别的描述性工具时，文明的概念才能发挥出最大功效（然而，正如我们始终注意到的，这两种用途很难区分）。而这种通常带有暴力与残酷色彩的功效主要通过文明标准的制定及执行过程中所产生的后果清晰地体现出来。在过去一千年的大部分时间里，对于大多数文明社会，普遍认为一个外来民族若无法推动社会组织发展且缺乏自治力，或许会构成一种威胁。在这种情况下，那些具备管理能力并能利用手中掌握的资源的国家或机构，能够对前者进行最佳的治理。换一种角度来看，如果一个社会尚未达到完全文明的程度，未能充分实现独立自主，文明社会介入其内部事务就变得合情合理了。英国人自 12 世纪以来对爱尔兰人实施压迫的背后就是这一特定逻辑的早期版本。此后，该逻辑延伸至 15 世纪晚期，西班牙人在发现新大陆之后不久便征服了当地的美洲印第安人。该逻辑还成为 21 世纪早期美国及其盟友在阿富汗和伊拉克采取行动的支配性因素。在本书可以看到，对于这一原则的实际应用给众多民族及其总体文化和生活方式造成了极大的伤害，而其中多数又是以文明、进步以及颇具讽刺与悲剧色彩的和平的名义进行的。

218

## 文明及其他

有一种观点认为，之所以有越来越多的人开始识别夹杂在我们中间的新的未开化群体，并毫不掩饰地推动文明标准的再度复兴，其中一个原因在于他们忽视了或未能意识到过往采取类似行动所产生的后果。我个人认为，这是对历史的漠视或者说不愿意充分汲取历史经验教训导致的。在这方面，茨维坦·托多罗夫曾一针见血地指出："倘若我们选择无视历史，用另一句谚语来说，我们就会有重蹈覆辙的危险。然而，并不是因为我们通晓历史，才知道该如何做。我们与历史上的西班牙征服者存在相似之处，但也有所区别。他们的案例对我们来说具有教育意义，但在适应新环境的过程中，我们无法确保即便不按他们的方式行事，我们就不会在实际中效仿他们的行为。然而，西班牙人的征服历史对我们来说还是具有警示作用的，能使我们对自身产生怀疑，发现其中的相似与不同之处。而我们再次通过了解他人的方式来认清我们自己。"[3]

然而，那些颇具影响力且才思敏捷的文明拥护者以及大权在握的政策制定者完全能够意识到这种文明等级和标准所具有的暴力与压迫色彩。通常在相关评论人士或决策者试图汲取部分历史教训来应对当代出现的类似议题时，他们中的多数人似

乎汲取了错误的教训。例如，在一篇名为《民主帝国主义》
（Democratic Imperialism）的文章中，斯坦利·库尔茨（Stanley
Kurtz）指出："与美国以往熟知的经历有所不同，战后对伊拉
克实施占领中遇到的问题，更类似于约翰·穆勒曾经面临的挑
战。"因此，库尔茨建议美国应当参考"穆勒曾在印度实施的
审慎、经过深思熟虑且在很多方面看来颇为成功的民主计
划"。库尔茨认为："穆勒对渐进式民主的笃信证明他不仅是
一个现实主义者，还是一个自由主义者。"[4]如果事实如此，鉴
于英国在印度的所作所为以及约翰·穆勒本人和他的父亲詹姆
斯在制定和执行英国帝国政策过程中所扮演的角色，那真是兼
具现实与自由色彩的渐进式民主观念的一种不幸。至少可以
说，它并不是一个能够在阿富汗、伊拉克或更广大的中东地区
推行的理想模式。此外，它忽视了英国在占领印度之前，印度
本身拥有的大量民主历史。[5]更为重要的是，尽管寻求一个适当
模式的观点存在问题，但总体上看，干预与压迫本身才是问题
的根本。

219

　　对于我们所处的世界按照不同文明程度划分的另一个潜在
原因，抑或本书第七章描述的"新野蛮主义"这一命题，让·斯塔罗宾斯基有着颇为精辟的理解。他写道："现如今，
面对未开化的次文化的兴起、迷信活动的死灰复燃以及因智识
和道德滑坡而导致文明工具（及武器）落入无法掌控其命运
的个体手中，西方世界感到忧心忡忡。"[6]罗伯特·尼斯比特在
其关于进步思想的著作中表达了类似的担忧。他坚持认为，西
方目前面临的问题在于"那些对西方文化及其历史、道德、
宗教价值观构成最严重威胁的国家，敢于凭借其官方哲学或宗

教向现代化发起挑战，并以一种极具效率的方式借鉴西方世界的观念和技术"。在尼斯比特和其他西方人士看来，这代表了"另一个案例，以表明西方的技术和价值观是如何输出并走向堕落，并随之将矛头对准其生产源头的西方"。[7]关于这方面的经典案例，当属西方世界如今对大规模杀伤性武器落入恐怖分子之手并随之被用来对付其制造者的过度反应。对于大规模杀伤性武器的生产方和存储方来说，这是一个值得深思的残酷讥讽。与尼斯比特持有相同抱怨的人不在少数，尤其是当人们想起欧洲人是如何接受和改良火药、指南针等来自中国的发明，并以一种极具破坏力和暴利的方式将其运用于在全球范围内展开的横征暴敛活动。[8]事实上，这种想法旨在向非西方世界传递这样一种总体信息，即它们可以实现某种程度的发展与现代化，但不要过于超前——应永远铭记自身在文明等级中所处的位置。

更加概括地看，这种思维逻辑充分表明西方具有一种"大陆沙文主义"（continental chauvinism）倾向，马丁·贝尔纳（Martin Bernal）在《黑色雅典娜》（*Black Athena*）一书中对此做过论述。[9]关于"大陆沙文主义"，埃里克·沃尔夫指出：

> 无论是在课堂上还是课外教育中，我们均认为存在一种被称作"西方"的独立实体。在这里，"西方"被视为一个与其他社会和文明形成鲜明对比的独立个体。我们中间许多人甚至开始认为西方世界拥有一个系谱，就像古希腊孕育了古罗马；古罗马孕育了基督教欧洲；基督教欧洲孕育了文艺复兴、启蒙运动以及随之出现的政治民主和工

业革命。而工业夹杂着民主，反过来催生了象征生命、自　220
由与追逐幸福权利的美国。[10]

　　沃尔夫适时注意到，诸如此类对西方传统系谱的狭隘理
解——漠视其他历史和思想传统——是带有误导性的甚至可能
是危险的。对进化中的图谱的普遍认可和热情接纳，使历史成
为某种用来划分道德等级的"成功范例"、文明与进步的谎言
以及奔跑者接续传递代表进步与自由火炬的竞赛。"历史因此
成为一种用来促进美德的谎言，记录那些品德高尚的人是如何
战胜恶徒的。"事实上，故事通篇就是为了让人认识到西方世
界在这场特殊竞赛的开端就处于领先位置，而其他民族、种
族、文化和文明在世界文明等级中从未接近过西方。[11]

　　思想及创新领域的东方文明传入西方世界并产生一定影响
力的事实，凸显了文明沙文主义的无足轻重。我们仅列举几个
案例，阿拉伯世界在数学领域，尤其是在代数和三角学方面取
得的突破性进展，不仅是数学领域早期发展的重大成就，对整
个阿拉伯世界的发展来说也至关重要。"代数"这一术语实际
源自阿尔·花拉子密（Al-Khwārizmi，780－850）写于830年
的一部名为《积分和方程计算法》（Hisab al － jabr w'al －
muqabala）的重要著作的标题，书名中的"al-jabr"一词大约
在3个世纪后被译为"代数"。9世纪，大批穆斯林数学家和
天文学家认为地球是圆球形，而非扁平状的，他们对地球周长
的估算偏差不超过200千米。此外，阿拉伯世界在健康学、卫
生学和医学领域也取得了重大进步。例如，拉齐（Al-Razi）
（865～925年）的医学著作被相继翻译、再版，并在欧洲大陆

广为流传，成为数个世纪以来整个伊斯兰世界和欧洲地区医生的必读书。与此类似，伊本·西那（也被称作阿维森纳，980~1037 年），一位来自波斯的哲学家和医生，也是伊斯兰世界中亚里士多德著作的重要译者，编写了一百万字的《医典》（*Canon of Medicine*），并在 12 世纪翻译成拉丁文，成为中东和欧洲地区一部重要的医学和生理学读物。另外，10 世纪穆斯林外科医生扎哈拉维（Al-Zahrawi，930 – 1013）向世界推出了许多现在已很常见的外科手术工具，其中包括外科手术刀和手术钳。1206 年，一位叫作贾扎里的（Al-Jazari）的穆斯林工程师撰写了《精巧机械装置知识之书》（*Book of Knowledge of Ingenious Mechanical Devices*），介绍了号码锁、滴漏等一系列发明创造，包括最重要的曲轴。我们使用的现代支票同样来自东方。据称，9 世纪，来自中东地区的商人就可以在位于巴格达的银行提取支票，并在中国将其兑换成现金。以上这些仅是源自东方的部分思想和发明，还有被褥和地毯、火药和指南针，以及国际象棋、三餐制。[12]

当谈到备受珍视的西方价值观遭到滥用并转而用于对付西方世界时，事情未必会像我们认为的那样落入俗套。例如，就拿"民主"这一被认为处于西方传统政治思想和社会政治进程核心位置的概念来说。目前，随着阿富汗和伊拉克国内冲突愈演愈烈，全球其他地区的紧张局势也有一触即发之势，民主与民主化已经成为最具话题性且备受争议的概念，尤其是向与民主传统原则格格不入的地区和文化圈强行输出及植入民主。或许，与其他观念或概念有所不同，民主被许多人视为一种独一无二、西方特有的理念。但事实果真如此吗？

西方的民主概念着重强调相关民主制度与民主进程，这与位于欧洲、北美、大洋洲和澳大拉西亚的西方自由民主实体紧密相关。然而，我们同样能在许多非西方民族和地域的历史中找到与西方相似的民主进程和实践。让我们以一小段背景知识为开端，阐明民主及其涵盖的相关原则并不完全是西方独有的发明。人们普遍将民主的理念和实践追溯至大约 2500 年前的古希腊（公元前 6 世纪）。据悉，历史最久远且最著名的希腊民主政体要属古代雅典，这是一个与当代新加坡类似但规模远不及新加坡的城邦国家。然而，近期的相关发现表明，某些早期形式的民主或前民主政体最初发端于青铜时代晚期（公元前 1600 年至公元前 1100 年），地点位于伯罗奔尼撒半岛东北部的迈锡尼。此外，不久前的考古发掘显示，古希腊可能不是首先实行自治议会的地方。事实上，这份荣誉或许属于曾居住在如今伊朗和伊拉克所在区域的东方民族。从那里出发，这些协商决策的早期或准民主理念开始向东部和印度次大陆传播，并向西传播至位于腓尼基的港口城市，诸如比布鲁斯和西顿，最终传到古代雅典。[13] 这里要强调，民主背后的相关理念和空想并非西方世界所独有。与此相反，它们在东方、西方和世界其他地方有着漫长且辉煌的历史。毫无疑问，这绝不仅仅是发生在单一个体与整体之间的一次不起眼的借用。对民主历史及其起源的重新理解，进一步化解了西方思想史学界长期存在的争论，即认为非西方民族的社会政治进步迟滞，并且不具备实现自治或文明的能力。

　　尤其是黑格尔及其他人（也包括部分当代学者）费尽心思阐明的，非西方前民主传统获得应有关注的一大制约性因

222

素，在于学术界倾向于将国家视为不断发展变化的最重要的政治制度。然而，有这样一句话，即所有的政见都是片面狭隘的，在人类历史的大部分时间里，事实也的确如此。史蒂文·米尔贝尔格（Steven Muhlberger）和菲尔·潘恩（Phil Paine）指出："绝大多数政府的活动均与地方议会和立法机构有关"，通常还包括适当比例的公众，而其民主程序的程度也"令人吃惊"。换言之，"人类拥有漫长的协商政府的历史，具有共同利益的人群聚集在一起，通过辩论、磋商和投票的方式，就影响自身生活的事情做出决定"。对于曾经在地球上生活的全体人类来说，他们中的大多数人居住在小村庄，以农业为生。无论是过去还是现在，这些达数百万之众的农业群体在进行决策和遴选领导人时大多"利用了某些政府的民主技能"。在历史上的任何时期或地点，贯穿整个时间和空间维度的所有村庄均采用过某种形式的乡村议会体制。[14]

实际上，西方所独有的民主观念仅仅是其中的一个重要案例，用来证明那些被认为源于或"隶属于"某一特定文化或族群的理念和价值观在现实中是由多种文明共享的。道德准则的互惠性是另外一个案例，世界上主要宗教、文化和文明群体普遍接受并认可所谓的"金科玉律"涵盖的基础性道德原则。尽管用来阐述道德准则互惠性的方式多种多样，但一言以蔽之，即"待人如待己"。[15]与此类似，我们同样可以看到人类尊严的重要性及其在多元文明群体中占据的显著地位。此外，还包括被认为是西方或基督教所独有的宽容原则。[16]事实上，约翰·邓恩所说的"没有人是一座孤岛而得以自全"[17]（No man is an island, entire of itself，意为人是社会的产物，没有人能够脱离社会群体而单独存在——译者注）同样适用于任何一种文明，包括西方文明和东方文明。从某种程度上看，在东方与西方各民族间数千年来的往复迁徙过程中，相关理念、发明和创新实现了相互交流。究竟是谁发明了什么不再是也不应是彼此辩论的核心议题；凭借任一理念或发明，人们开始借鉴、重新设计和思考，并在原先的基础上完善提高。这就是一种进步，并借助广泛传播使其惠及全体大众，通过交流与共享相关理念和发明，而非实施针对其他人群的知识与技能封锁。然而，这并不意味着所有社会群体最终需要效仿彼此的行为或采取特定的发展道路，而是说，人们能够跨越不同的分界线，并借助多元的方式和手段拥有某种核心价值观。增进相互理解与认知是我们理应汲取的最重要的经验。

## 对基佐之问的再思考

现在，我想回到本书开篇部分关于基佐提出的问题，即人类能否逐渐形成一部关乎自身文明及命运的具有普遍意义的历史？[18]基佐以及一些在他之前或与他同时期的重要思想家和编年史家认为存在这种可能。此外，其他一些知名人士在经过思考后也抱有同样的主张。在我看来，通过阅读历史可以发现，类似于普遍性的文明绝非历史发展的必然结果或必经之路，反倒更像一种经过精心筹划的历史路径。在该路径的指引下，基于共同文化和利益的世界性自由民主国家开始在文明的国际社会中寻求一种康德式和平。我本人曾将其界定为"文明的帝国"（empire of civilization）的扩张，此类扩张与其说是基于普遍性的价值观和生活方式，倒不如说是受到一系列西方价值观、空想和制度的驱使。后者目前正以一种缓慢但确切的方式在全球范围内拓展，进而在政治、社会、立法、经济和文化领域实现某种程度的同质性，即一个更加整齐划一但不具有普遍性特征的文明帝国。我将其描述为一种煞费苦心或预先塑造历史的过程。另外，我还描述了上述行为对无力抵挡文明、进步或历史潮流的民族造成的破坏性影响。在西方社会多数人眼中，该行动进程被视为自然和理性之举，认为西方文明及其价值观是最先进的。正因为如此，世界其他地方渴望拥有西方具有的东西也被视作合情合理。为什么不这样呢？为什么还要另辟蹊径呢？尤其是在本书第四章中提到的，在人类历史的大部分时间里，占据支配性地位的文化或文明在重视自身社会和政治体制的同时，还十分珍视自身的价值观及生活方式；它们并非特定文化的产物，而是在一种众望所归的普遍性环境中成长起来的。

本质上，上述普遍的思维方式为丹尼尔·勒纳（Daniel Lerner）的主张奠定了基础，勒纳认为："西方现代化模式的组成部分及相关后果之间存在某种程度的全球关联性。"作为诸多人士中的代表，勒纳认为："全球各大洲尽管在种族、肤色和宗教方面存在差异，但几乎所有的现代社会均采用相同的基本模式。"[19]美国总统乔治·W.布什持有相同的主张，坚称："存在一种使国家获得成功的单一、可持续模式，那就是自由、民主和自由企业。"[20]可以换一种角度对上述观点进行诠释，当具有上述倾向的人目睹西方化在某地发生时，他们便将其视为现代化；而对于西方化缺失的地方，他们便将其视为一种"传统"或"倒退"，或至少说缺乏西方文明所取得的成就。用于支撑该看法的观点认为，西方社会是更加传统、缺乏理性的非西方社会所梦寐以求的一种西式理性的体现。在乔治·W. 布什总统悼念"9·11"事件发生一周年的评论中，也包含此种思维方式。毫无疑问，布什总统在评论中指代的中东地区也是勒纳所从事的研究的基础。布什宣称：

> 对于美国来说，最大的机遇在于塑造一种有利于人类自由的全球权力均势。我们将利用自身无与伦比的力量和影响力，营造一种国际秩序和开放型环境。在该环境中，许多国家展现出进步与自由的蓬勃生机。一个越发自由的和平世界符合美国的长期利益，体现出美国的持久理想，并促使美国的盟友团结一致。我们通过反对并阻止恐怖分子和非法政府采取暴力行为来捍卫和平，通过构建全球大国间的友好关系来巩固和平，并通过鼓励各大洲的自由与开放社会来拓展和平……在我们守护和平的同时，美国仍应不失时机地将自由与进步的红利延伸至那些有所欠缺的国家。我们寻求一种公正的和平，在该环境下，一切压迫、仇恨、贫穷将被民主、发展、自由市场与自由贸易的希望所取代。[21]

这样一种对缺乏理智和事实依据的外交政策目标的追求，与戴维·菲德勒提出的主张直接相关。在他看来，西方的文明和全球化标准之所以能在所谓的"文明的冲突"中占据上风，主要是因为作为国际社会的构建者，西方的全球化国家正在动用自身的优势力量来确保一切均处于其设想的范围之内。[22] 此种思维、决策与实践模式与本书绪论部分的观点密切相关，后者认为弗朗西斯·福山提出的"历史终结论"与塞缪尔·亨廷顿提出的"文明冲突论"颇受欢迎，或者说上述两种观点可能均涉及终极目标的追求——可以说这就是一枚硬币的两面。我在这里重申观点，数个世纪至今——从发现新大陆到发动全球反恐战争——西方一直在用文明、蒙昧、野蛮等强制性话语来为自身帝国式的"文明开化"行动辩护，其制定的绝大多数国际公共政策旨在寻求建立一种一律由依据西方制度、价值观和生活方式建立的世界性自由民主国家构成的和平、文明的国际社会。

本书的目的之一就是要凸显这种普遍性文明愿景以及虚构的历史叙事所涵盖的阶段。读者在通篇阅读后会发现，本书第三章中关于进步的观点与第八章中关于"新帝国主义"的观点之间，并不存在许多直接或明显的联系。各章节中探讨的相关观点、概念和政策很可能被用于实现某些特定或更加直接的目标，也会被视为服务于更宏大目标的一系列相互联系的理念和政策说辞，即为了一个扩张的文明帝国。这样一来，当把所有章节汇集在一起就会产生一种连贯性，并以一种"大图景"（big picture）向人们展示那些许许多多的小故事（包括相关理念和行动）是如何紧密联系在一起的。本书开篇论述到，这些相关理念、事件、趋势和论点之间的联系，并不能用来解释过去一千年存在于各个民族、国家、政府或文明间的所有政见。尽管持怀疑和批评意见的人士将其视为针对欧洲及其继任者西方世界的过度炒作而不屑一顾，但还是应依据事实本身的是非曲直对其中的关联性和连续性做出评估。故事的核心是理想的文明及其在漫长的时间和广大的空间的存在方式，以便用来描述、解释，并为所有入侵方式和社会政治管理的合理性进行辩护。

　　最终，文明帝国借助某种形式（在很大程度上基于西方的价值观和制度）的帝国式"文明开化使命"向全球落后地区拓展的尝试注定归于失败，而这一结果主要归咎于"文明中心"以所谓"文明"的名义实施的暴力行为，尤其是在殖民时代末期不时发生的暴力和血腥事件。而一些观点认为某种形式的新型和开明帝国主义能够解决国际秩序面临的挑战以及全球动乱地区和新兴威胁引发的混乱，这可以说是缺乏远见的。更何况，外部强加的方式很少能够实现社会组织与治理水平的稳定和持久。尽管时常伴随血腥与持续的争夺，但通常情况下，由内部因素引发的动荡与变革被认为更加具有合法性，从长远来看也更容易取得成功。从一般意义上说，任何一个案例都伴有偶发因素，任何一项规则也会有例外情况出现。但问题的关键在于，对于那些（重申本书第八章中的观点）在国家合法性或能力方面存在问题的社会来说，西方帝国主义绝非最后且唯一的希望。例如，没有理由证明发生在东欧集团内部的绝大多数迫使腐败、无能甚至独裁政府下台的非暴力革命不会在世界其他地方发生。正如发生在全球许多地方并贯穿多个历史节点的案例一样，人们无法证明究竟在哪些条件的综合作用下能够催生意想不到或期待已久的变革，以挽救那些在管理层面处于崩溃边缘的国家和社会。如同上文所述，至少在微观层面，世界大部分地区在历史上出现过某种组织良好且表现稳定的政府形式，这并不完全局限于后殖民时代的国家。同样重要的是，尽管多数国家面临多样性和物质资源匮乏等因素构成的挑战，但它们普遍具有以一种有序且公正的方式实现自治的意愿与渴望，此外，没有证据表明上述国家不具备这样的能力。约翰·戈特弗里德·赫尔德在很久以前曾提出："很显然，整个世界难以被单一一种人类面孔所涵盖，也难以被单一一种地域界限所囊括，这难道不好吗？"[23]然而，帝国主义却矢口否认这样的事实，并压制这种能力和意愿。

227 　　过往五百多年的历史显示，将我们的世界划分为不同的文明等级或程度，并同步借助帝国"文明开化使命"强制实施文明标准的做法，会给那些被打上不文明烙印的群体带来潜在的可怕后果。尽管需要依据合法性区分不同国家和社会，但一场突如其来的按照道德价值差异区分不同民族的暴力且拙劣的道德声讨运动会使文明的价值标杆不堪重负。纳伊姆·伊纳亚图拉和大卫·布莱尼指出："一个和平共处的世界——一种消极宽容的理想世界——要比一个充斥流血与杀戮的世界更为可取，后者通常伴随跨越政治与文化界限的道德讨伐。"[24]准确地说，对于什么才是做出合理区分的理想方式仍待观察。考虑到这是一个宏大且复杂的议题，本书涉及的内容无法做出合理的解释。然而，对于任何一位对未来前景抱有兴趣、力图避免重复过往错误的人来说，这是需要进一步缜密思考的问题。这里需要着重强调一点，也表达一种总体上的关切，即按照未开化、前现代、落后或处于文明范畴之外的标准划分某些国家和社会并非解决问题的理想答案。也就是说，对理想的文明进行细化和神化的做法充满风险。数个世纪以来，区分文明等级的做法已经给那些仍未达到文明要求的社会带来灾难性的后果。而当代基于接近理想文明的程度而划分社会的评论人士或那些强制推行文明标准的人士，他们不是"适时"忽略了上述重要事实，就是故意视而不见。帝国式的干预与介入，即便被视为人道主义行为或以挽救未开化民众的名义实施，也往往会造成严重且令人失望的后果，需要引起人们的重视并仔细权衡利弊得失。总之，武断地将社会划分为"文明"与"不文明"的做法可谓得不偿失，在一种错误的优越感以及与之密切相关的传教士般热情的支配下，前者通常会对后者嗤之以鼻。

对于此处列举的全部案例，几乎可以肯定会有人说："那又如何呢？"此外，他们极有可能未意识到欧洲连同西方社会在过往五百多年粗暴干涉其他民族事务时所犯下的错误。持上述观点的人也许并不认为"西方与世界其他地方"之间的关系性质需要做出改变。与此同时，他们将摈弃上述观点，并将其视为针对当地或"传统"社会所表现出的天真的"浪漫主义"。然而，还是有很多人意识到过往历史中存在的错误与不公，并且不希望看到历史重演，即便他们在维持类似不公时曾无意识地成为同谋或牵扯其中，就像茨维坦·托多罗夫注意到的一样。而人们之所以不能草率处理此处提及的议题，原因在于议题本身的重要性及其对西方世界与非西方世界在当下和未来互动造成的严重影响。在欧洲（西方）干涉非西方社会的历史中，人们可以从相关国际行为体那里——从国家到国际金融机构、从联合国及其所属实体机构到非政府援助组织——汲取大量的经验教训。问题在于：它们会不会成为延续过往不公正范式的案例，部分原因在于它们未曾认清事实，或还会引发

228

一场认真的反思吗？

　　推广普遍性文明的计划非但难以达到预期的目标，一旦选择不惜一切代价追求目标，反而容易引发严重的后果，我们今天目睹的宗教极端主义的兴起就是一个例证。我们不能低估或忽视其中存在的风险；这无异于对被视为属于另一个时代的生活方式的一种压迫，并最终导致社会、政治、法律、经济以及最重要的文化多元主义的进一步衰弱。事实本不该如此，也并不存在唯一的生存方式；那些未照搬西方模式构建的社会同样享有基本人权、拥有体面的生活标准和公正的政府体系。

　　根据保罗·利科在《历史与真理》（*History and Truth*）一书中的说法，"在不同文明间变得愈加剑拔弩张的过程中，有关人类的真相就藏匿在其中最为生动且最具创造性的部分"。利科接着写道："历史经验将逐渐证明，单一文明将在与其他所有文明的对峙过程中形成属于自己的世界观。"但是他认为："开启这一进程将会十分艰难，这是一项需要花费'数代人的时间'来厘清的工作。"追溯西方与非西方民族和文化间关系的历史，利科无法确定"当西方通过征服与占领之外的方式与不同文明相遇时"，西方文明会以何种面目出现。在这方面，他不得不承认"不同文明间还未真正实现坦诚对话"。在当时的情景下，利科认为："我们正身处隧道之中，教条主义正在离我们远去，坦诚的对话就在眼前。"然而，自他写下这些文字后，全球发生了"9·11"事件以及反恐战争等一系列重大事件，利科过世后，他的祖国法国也发生了暴乱，上述事实均给他的乐观预判投下了一层阴影。此外，现如今，令我感到担心的是，在外交和国际关系层面，我们正在步入不同文明间坦诚对话的午夜而非黎明。也就是说，不同文明间的对话不是以真实存在的双向（或多向）对话方式进行，而是"优等"文明对"劣等"文明实施的单向命令与支配。人们迫切寻求不同文明间实现坦诚对话与相互理解。利科接着指出："文明的每一轮循环中都蕴藏着不同的历史哲学，这也是我们仍无法想象多种风格能够共存的原因；我们并不具备一种能够解决共存问题的历史哲学。"[25]

利科指出的最后一点可谓恰到好处。他抓住了问题的本质，并希望西方和世界其他地方之间（包括全球其他地方内部）能够以谈判协商的方式实现宽容、谅解与缓和。欧洲与其殖民地、殖民地移民与世居民族之间在历史上形成的血腥与竞争关系，正持续给具有多元文化传统的民族投下浓重的阴影。除非西方致力于寻求一种更加包容非西方民族与文化的历史哲学，并用一种不同但对等的道德价值给予后者更大的尊重，否则，我们注定将继续沿着同样错误的道路前行。

尽管如此，如同历史上发生的许多至关重要的转折点一样，重大挑战往往与重大机遇相伴而生，各层级的管理人员必须学会抓住机遇。对此，我们还是有希望的。尽管一些世界领导人曾经与机遇擦肩而过，转而选择了一条更加充满风险的道路，但从另外一个层面看，世界社会论坛（World Social Forum）等平台以及其他类似的组织或机构正在为推进文明间的对话与交流提供便利。而带来希望的另一个原因在于不同国家和团体携手寻找解决环境恶化、气候变化等全球棘手问题的共同应对之道。与此类似，无论是在个人信仰层面，还是在更大范围的集体和团体信仰层面，多样化的对话与观点的交流可谓无时不在，其中一些以面对面的形式开展，许多则是通过互联网进行，这些活动均有助于促进共识的形成。当我们置身于这些对话与辩论中时，理应铭记爱德华·赛义德在纪念《东方学》一书出版 25 周年之际在该书序言部分反复提及的一点："与人为制造文明的冲突相比，我们需要以一种更加有意义的方式逐渐聚焦不同文化间的对接、相互借鉴与共存，这不是任何有意限制或虚假的谅解模式能做到的。"[26]

出于种种原因，相较于合作和我们之间存在的共性，冲突和不同民族之间的隔阂似乎更容易引起人们的关注，本书中列举的大部分事实也说明了这一点。在许多观察人士眼中，从 11 世纪十字军东征（1095 ~ 1291 年）开始，直到亨廷顿对发生在中东、阿富汗和世界其他地区的现代"文明的冲突"的演绎，一系列反复、持续爆发的对抗与冲突，精确诠释了"西方与世界其他地方"之间各种复杂纷繁要素的集合。然而，对冲突和对抗的过度关注掩盖了诸多文明或社会文化团体之间存在的共性，忽视了数个世纪以来文明间的迁徙与融合、和平合作、文化互鉴和理念交流。把更多注意力转向"西方与世界其他地方"之间存在的共通之处及共同点将使我们获益良多。正如我在之前简要论述的，西方文明与其他众多非西方文明或文化团体之间存在的重叠、自由互鉴和共通之处超出了我们的普遍认知。

在我们探求跨文明真诚对话的良机并以此获得更大程度的相互理解的过程中，出于强调关注合作而非冲突的考量，我将引用威尔·杜兰特（Will Durant）的观点来为全书定调。杜兰特将文明比作一条蜿蜒流淌的溪流，它不时因杀戮、盗窃、喧嚣及其他夺人眼球的行为而变得血红；而在岸边，人们正在悄无声息地搭建房舍、繁衍后代、抚养孩童、颂歌赋诗，甚至从事雕刻艺术。[27]正如杜兰特对文明叙事的诠释，在人类历史的长河中，那些发生在河畔上的事情更加符合文明间关系的走向，持续的压迫与杀戮只会使溪流变得更加污浊。人类究竟该何去何从，这本不该成为一个艰难的选择。

231

# 注 释

第一章 引言：基佐难题——世界文明？

1. François Guizot, *The History of Civilization in Europe*, trans. William Hazlitt (*1828*; Harmondsworth: Penguin, 1997), 12.

2. Robert Wright, *Nonzero: The Logic of Human Destiny* (New York: Vintage, 2001), 3, 7.

3. Some relevant notable exceptions include David Armitage, *The Ideological Origins of the British Empire* (Cambridge: Cambridge University Press, 2000); William Bain, *Between Anarchy and Society* (Oxford: Oxford University Press, 2003); Duncan Bell, *The Idea of Greater Britain: Empire and the Future of World Order, 1860–1900* (Princeton, NJ: Princeton University Press, 2007); Edward Keene, *Beyond the Anarchical Society: Grotius, Colonialism and Order in World Politics* (Cambridge: Cambridge University Press, 2002); Bruce Mazlish, *Civilization and Its Contents* (Stanford, CA: Stanford University Press, 2004); Nicholas Greenwood Onuf, *The Republican Legacy in International Thought* (Cambridge: Cambridge University Press, 1998); Jennifer Pitts, *A Turn to Empire: The Rise of Imperial Liberalism in Britain and France* (Princeton, NJ: Princeton University Press, 2006); Mark B. Salter, *Barbarians and Civilization in International Relations* (London: Pluto, 2002); Brian Schmidt, *The Political Discourse of Anarchy* (Albany: State University of New York Press, 1998); Richard Tuck, *The Rights of War and Peace: Political Thought and the International Order from Grotius to Kant* (Oxford: Oxford University Press, 2001); and R. B. J. Walker, *Inside/Outside: International Relations as Political Theory* (Cambridge: Cambridge University Press, 1993).

4. Samuel P. Huntington, *The Soldier and the State: The Theory and Politics of Civil-Military Relations* (Cambridge, MA: Harvard University Press, Belknap Press, 1957), vii.

5. Francis Fukuyama, *The End of History and the Last Man* (London: Penguin, 1992); and Samuel P. Huntington, *The Clash of Civilizations and the Remaking of World Order* (London: Simon & Schuster, 1997).

6. See for instance, Roger Scruton, *The West and the Rest: Globalization and the Terrorist Threat* (London: Continuum, 2002). 人类学家马歇尔·萨林斯（Marshall Sahlins）和历史学家阿诺德·汤因比在更早些的时候就已用过类似术语，参见 especially Toynbee's 1952 BBC Reith Lectures, *The World and the West* (London: Oxford University Press, 1953)。

7. Samuel P. Huntington, "The West Unique, Not Universal," *Foreign Affairs* 75, no. 6 (1996): 28–46; and *Clash of Civilizations*.

8. Richard A. Shweder, "On the Return of the 'Civilizing Project,'" *Dædalus* 131, no. 3 (2002): 118.

9. 关于"统一帝国"的观点，参见 James Tully, *Strange Multiplicity: Constitutionalism in an Age of Diversity* (Cambridge: Cambridge University Press, 1995), esp. chap. 5。

10. See, for instance, Robert Wright et al., "The World's Most Dangerous Ideas," *Foreign Policy* 144 (2004): 32–49.

11. John Maynard Keynes, *The General Theory of Employment, Interest and Money* (London: MacMillan, 1936), 383–84.

12. Naeem Inayatullah and David L. Blaney, *International Relations and the Problem of Difference* (New York: Routledge, 2004), 7.

13. 重要的早期作品包括: J. G. A. Pocock, "The History of Political Thought: A Methodological Enquiry," in *Philosophy, Politics, and Society*, 2nd ser., ed. Peter Laslett and W. C. Runicman (Oxford: Blackwell, 1962), 183–202; John Dunn, "The Identity of the History of Ideas," *Philosophy* 43 (1968): 85–104; and Quentin Skinner, "Meaning and Understanding in the History of Ideas," *History and Theory* 8, no. 1 (1969): 3–53。

14. Duncan S. A. Bell, "Language, Legitimacy, and the Project of Critique," *Alternatives: Global, Local, Political* 27, no. 3 (2002): 332.

15. Ken Booth, "Discussion: A Reply to Wallace," *Review of International Studies* 23, no. 3 (1997): 374.

16. Quentin Skinner, "Rhetoric and Conceptual Change," *Finnish Yearbook of Political Thought* 3 (1999): 61; and Skinner, "Language and Social Change," in *Meaning and Context: Quentin Skinner and His Critics*, ed. James Tully (Cambridge: Polity, 1988), 122.

17. Skinner, "Rhetoric and Conceptual Change," 61.

18. Skinner, "Meaning and Understanding," 42n176; emphasis in original.

19. Pocock, "History of Political Thought," 183, 195.

20. Dunn, "Identity of the History of Ideas," 86.

21. Bell, "Language, Legitimacy, and the Project of Critique," 336.

22. Keith Tribe, translator's introduction to *Futures Past: On the Semantics of Historical Time*, by Reinhart Koselleck, trans. Keith Tribe (Cambridge, MA: MIT Press, 1985), xiii.

23. Terence Ball, James Farr, and Russell L. Hanson, introduction to *Political Innovation and Conceptual Change*, ed. Terence Ball, James Farr, and Russell L. Hanson (Cambridge: Cambridge University Press, 1989), 4.

24. Melvin Richter, *The History of Political and Social Concepts: A Critical Introduction* (Cambridge: Cambridge University Press, 1995), 124; and chap. 6, "Pocock, Skinner, and *Begriffsgeschichte*," more generally. See also Kari Palonen, "Rhetorical and Temporal Perspectives on Conceptual Change," *Finnish Yearbook of Political Thought* 3 (1999): 41–59.

25. See, for instance, Reinhart Koselleck, *Futures Past: On the Semantics of Historical Time*, trans. Keith Tribe (Cambridge, MA: MIT Press, 1985).

26. Skinner, "Rhetoric and Conceptual Change," 62–63.

27. Ball, Farr, and Hanson, introduction, 4.

28. Martin Wight, "Why Is There No International Theory?" in *Diplomatic Investigations: Essays in the Theory of International Politics*, ed. Herbert Butterfield and Martin Wight (London: Allen & Unwin, 1966), 26.

29. Skinner, "Meaning and Understanding," 53.

30. Ball, Farr, and Hanson, introduction, 4–5.

31. Wolf Schäfer, "Global Civilization and Local Cultures: A Crude Look at the Whole," *International Sociology* 16, no. 3 (2001): 302.

32. Raymond Williams, *Keywords: A Vocabulary of Culture and Society*, rev. ed. (New York: Oxford University Press, 1985), 57.

33. Jean Starobinski, "The Word Civilization," in *Blessings in Disguise; or, The Morality of Evil*, trans. Arthur Goldhammer (Cambridge, MA: Harvard University Press, 1993), 20.

34. Friedrich von Schiller, "The Nature and Value of Universal History: An Inaugural Lecture [1789]," *History and Theory* 11, no. 3 (1972): 325–27.

35. James Lorimer, *The Institutes of the Law of Nations* (Edinburgh: William Blackwood & Sons, 1883), 1:12.

36. "Statute of the International Court of Justice," in *Basic Documents in International Law*, ed. Ian Brownlie, 3rd ed. (Oxford: Clarendon, 1994), 397; emphasis added.

37. Norbert Elias, *The Civilizing Process*, trans. Edmund Jephcott, rev. ed. (1939; Oxford: Blackwell, 2000), 431.

38. Samuel P. Huntington, *Political Order in Changing Societies* (New Haven, CT: Yale University Press, 1968), 1.

39. John Gray, *Enlightenment's Wake: Politics and Culture at the Close of the Modern Age* (London: Routledge, 1995), 123.

第二章  文明的概念：起源、内涵和意义

1. For related exercises, see Patrick Thaddeus Jackson, *Civilizing the Enemy: German Reconstruction and the Invention of the West* (Ann Arbor: University of Michigan Press, 2006); Martin Hall and Patrick Thaddeus Jackson, eds., *The Production and Reproduction of "Civilizations" in International Relations* (New York: Palgrave, 2007); Mazlish, *Civilization and Its Contents*; Iver B. Neumann, *Uses of the Other: "The East" in European Identity Formation*

(Minneapolis: University of Minnesota Press, 1998); Jacinta O'Hagan, *Conceptualizing the West in International Relations: From Spengler to Said* (Basingstoke: Palgrave, 2002). See also the special issue on civilization(s), *International Sociology* 16, no. 3 (2001).

2. Anthony Pagden, *Lords of All the World: Ideologies of Empire in Spain, Britain and France c.1500–c.1800* (New Haven, CT: Yale University Press, 1995), 1–2.

3. Fernand Braudel, *A History of Civilizations*, trans. Richard Mayne (New York: Allen Lane / Penguin, 1987), 4.

4. Émile Benveniste, "Civilization: A Contribution to the History of the Word," in *Problems in General Linguistics*, trans. Mary Elizabeth Meek (Coral Gables, FL: University of Miami Press, 1971), 289.

5. Gerrit W. Gong, *The Standard of "Civilization" in International Society* (Oxford: Clarendon, 1984). 第五章将深入探讨这项研究和经典的"文明标准"。

6. Samuel P. Huntington, *Clash of Civilizations*; and Huntington, "The Clash of Civilizations?" *Foreign Affairs* 72, no. 3 (1993): 22–49.

7. Huntington, *Clash of Civilizations*, 40–41.

8. Skinner, "Rhetoric and Conceptual Change," 61; and Skinner, "Language and Social Change," 122.

9. Fernand Braudel, *On History*, trans. Sarah Matthews (London: Weidenfeld & Nicolson, 1980), 213.

10. Guizot, *History of Civilization in Europe*, 11–12.

11. Benveniste, "Civilization," 292.

12. Quoted in Starobinski, "The Word Civilization,", 1; emphasis in original.

13. Lucien Febvre, "*Civilization*: Evolution of a Word and a Group of Ideas," in *A New Kind of History: From the Writings of Febvre*, ed. P. Burke, trans. K. Folca (London: Routledge & Kegan Paul, 1973), 220–21.

14. M. Boulanger, *Antiquité dévoilée par ses usages* (Amsterdam, 1766), vol. 3, book 6, chap. 2, 404–5; quoted in Febvre, "*Civilization*," 222; emphasis in original.

15. Benveniste, "Civilization," 290; and Starobinski, "The Word Civilization," 3.

16. Braudel, *History of Civilizations*, 4.

17. Quoted in Starobinski, "The Word Civilization," 2; emphasis in original.

18. Starobinski, "The Word Civilization," 3.

19. Benveniste, "Civilization," 289, 292.

20. Starobinski, "The Word Civilization," 3.

21. Quoted in Starobinski, "The Word Civilization," 2.

22. Starobinski, "The Word Civilization," 2–5, quote at 5.

23. Starobinski, "The Word Civilization," 7–8. 然而，斯金纳则认为，在使用这些概念或"言语行为"时，不可能存在中立的解读，描述和评价兼而有之，既赞扬又谴责。"Rhetoric and Conceptual Change," 61。

24. Febvre, "*Civilization*," 220.

25. Volney, *Éclaircissements sur les États-Unis*, in *Oeuvres complètes* (Paris: F. Didot, 1868), 718; quoted in Febvre, "*Civilization*," 252n51.

26. James Boswell, *Boswell's Life of Johnson* (1791; Oxford: Clarendon, 1934), 2:155; emphasis in original.

27. Adam Ferguson, *An Essay on the History of Civil Society 1767*, ed. Duncan Forbes (Edinburgh: Edinburgh University Press, 1966).

28. The letter is quoted in Benveniste, "Civilization," 295.

29. 休谟的信函表明，弗格森有段时间一直在修改手稿，而休谟已读过更早之前的初稿。

30. Duncan Forbes, introduction to *An Essay on the History of Civil Society 1767*, by Adam Ferguson (Edinburgh: Edinburgh University Press, 1966), xix.

31. A. Ferguson, *Essay*, 1.

32. Forbes, introduction, xx.

33. Adam Ferguson, *Principles of Moral and Political Science* (1792; Hildesheim, Germany: Georg Olms Verlag, 1975), 1:252.

34. John Stuart Mill, "Civilization" [1836], in *Essays on Politics and Culture*, ed. Gertrude Himmelfarb (Garden City, NY: Doubleday, 1962), 51; emphasis in original.

35. See, for instance, Edmund Burke, "India," in *Selections: With Essays by Hazlitt, Arnold and Others*, ed. A. M. D. Hughes (Oxford: Clarendon, 1921), 111–27. See also Jennifer M. Welsh, *Edmund Burke and International Relations: The Commonwealth of Europe and the Crusade against the French Revolution* (New York: St. Martin's, 1995), 韦尔什（Welsh）在书中指出，伯克关于"同质推定"的思想存在的类似问题。

36. Mill, "Civilization," 53, 57.

37. Adam Smith, *An Inquiry into the Nature and Causes of the Wealth of Nations* (1776; London: T. Nelson & Sons, 1869), 295–96.

38. Herbert Spencer, *Social Statistics*, rev. ed. (London: Williams & Norgate, 1892), 249.

39. Elias, *Civilizing Process*, rev. ed., 5–6; and Schäfer, "Global Civilization and Local Cultures," 304–10.

40. Elias, *Civilizing Process*, rev. ed., 10; emphasis in original.

41. 在德国早期浪漫主义思想家约翰·戈特弗里德·赫尔德的作品中，一直用"Bildung"替代"Zivilisation"一词。然而，该词在英语中并无真正意义上的对等语，通常译为"civilization"。See Herder, *Philosophical Writings*, ed. Michel N. Forster (Cambridge: Cambridge University Press, 2002)。

42. Elias, *Civilizing Process*, rev. ed., 24.

43. 这在法国1789年颁布的《人权和公民权宣言》以及拿破仑·波拿巴直言不讳的话语（"对法国人有利之事对众人皆有益。"）当中表现得淋漓尽致。See Anthony Pagden, *Peoples and Empires* (London: Weidenfeld & Nicholson, 2001), 138。

44. See also Darrin M. McMahon, *Enemies of the Enlightenment: The French Counter-Enlightenment and the Making of Modernity* (New York: Oxford University Press, 2001).

45. Oswald Spengler, *The Decline of the West*, ed. Helmut Werner, trans. Charles Francis Atkinson (New York: Knopf, 1962), 23–24.

46. Jeffrey Herf, *Reactionary Modernism: Technology, Culture, and Politics in Weimar and the Third Reich* (Cambridge: Cambridge University Press, 1984), 49.

47. Adam Kuper, *Culture: The Anthropologists' Account* (Cambridge, MA: Harvard University Press, 1999), 6–7.

48. See Alexander von Humboldt, *Cosmos: A Sketch of a Physical Description of the Universe*, trans. E. C. Otté (London: Henry G. Bohn, 1864–65).

49. See Braudel, *History of Civilizations*, 5. 这些讲座内容后来成为黑格尔《历史哲学》一书的基础。*The Philosophy of History*, trans. J. Sibree (New York: Dover, 1956)。

50. Sigmund Freud, *The Future of an Illusion*, trans. W. D. Robson-Scott (1928; London: Hogarth Press and the Institute of Psycho-analysis, 1949), 8–9.

51. Karl Marx and Frederick Engels, "Manifesto of the Communist Party," in *Selected Works* (Moscow: Foreign Languages, 1958), 1:39.

52. Thomas Mann; quoted in Braudel, *On History*, 182.

53. Braudel, *History of Civilizations*, 5; and Robert K. Merton, "Civilization and Culture," *Sociology and Social Research* 21, no. 2 (1936): 110.

54. Wilhelm Mommsen; quoted in Braudel, *On History*, 182.

55. Elias, *Civilizing Process*, rev. ed., 7.

56. Starobinski, "The Word Civilization," 28.

57. Friedrich Nietzsche, "Aus dem Nachlass der Achtzigerjahre," in *Werke* (Munich: Carl Hanser Verlag, 1966), 3:837.

58. Kuper, *Culture*, 8.

59. G. Kuhn (1958); quoted in Braudel, *On History*, 182.

60. Address by Victor Hugo to the French National Assembly meeting in Bordeaux on March 1, 1871; quoted in Starobinski, "The Word Civilization," 20–21.

61. Braudel, *On History*, 183.

62. Huntington, *Clash of Civilizations*, 41.

63. E. Durkheim and M. Mauss, "Note on the Notion of Civilization," *Social Research* 38, no. 4 (1971): 811. Originally published in *L'année sociologique* 12 (1913): 46–50.

64. Arnold J. Toynbee, *Civilization on Trial* (New York: Oxford University Press, 1948), 24.

65. Arnold Toynbee, *A Study of History*, rev. and abr. ed. (London: Thames & Hudson and Oxford University Press, 1972), 44–45.

66. Robert P. Kraynak, "Hobbes on Barbarism and Civilization," *Journal of Politics* 45, no. 1 (1983), 90; emphasis in original.

67. Thomas Hobbes, *Leviathan*, ed. C. B. MacPherson (1651; Harmondsworth: Penguin, 1985), chap. 46, p. 683.

68. Kraynak, "Hobbes," 90–91.

69. Aristotle, *The Politics* (London: Dent & Sons, 1912), 3, para. 1252b.

70. Kraynak, "Hobbes," 93.

71. Aristotle, *Politics*, 4–5, para. 1253a.

72. Anthony Pagden, "The 'Defence of Civilization' in Eighteenth-Century Social Theory," *History of the Human Sciences* 1, no. 1 (1988): 39.

73. R. G. Collingwood, "What 'Civilization' Means," appendix 2 in *The New Leviathan*, ed. David Boucher (Oxford: Clarendon, 1992), 502–8.

74. Zygmunt Bauman, *Legislators and Interpreters: On Modernity, Post-Modernity and Intellectuals* (Ithaca, NY: Cornell University Press, 1987), 93; emphasis in original. See also, John Keane, *Reflections on Violence* (London: Verso, 1996), 19.

75. Starobinski, "The Word Civilization," 31.

76. Pagden, "Defence of Civilization," 33.

77. Starobinski, "The Word Civilization," 32; emphasis in original.

78. Elias, *Civilizing Process*, rev. ed., 5; emphasis in original.

79. 将对这些作品的评论视为对殖民主义的批判，参见 Sven Lindqvist, *"Exterminate All the Brutes,"* trans. Joan Tate (London: Granta, 1998), 77–79。

80. On this see Brett Bowden, "The River of Inter-civilisational Relations: The Ebb and Flow of Peoples, Ideas and Innovations," *Third World Quarterly* 28, no. 7 (2007): 1359–74.

81. F. C. S. Schiller, introduction to *Civilisation or Civilisations: An Essay in the Spenglerian Philosophy of History*, by E. H. Goddard and P. A. Gibbons (London: Constable, 1926), vii.

82. Guizot, *History of Civilization in Europe*, 16; emphasis in original.

83. Febvre, "*Civilization*," 229–30; emphasis in original.

84. Quoted in Febvre, "*Civilization*," 230.

85. Starobinski, "The Word Civilization," 17; emphasis in original.

## 第三章　文明和进步的概念

1. Joel Colton, foreword to *Progress and Its Discontents*, ed. Gabriel A. Almond, Marvin Chodorow, and Roy Harvey Pearce (Berkeley: University of California Press, 1982), ix. See also Ludwig Edelstein, *The Idea of Progress in Classical Antiquity* (Baltimore: Johns Hopkins University Press, 1967).

2. See Robert Nisbet, *History of the Idea of Progress* (London: Heinemann, 1980), 9; and J. B. Bury, *The Idea of Progress: An Inquiry into Its Origin and Growth* (New York: Dover, 1960), 19.

3. Ronald L. Meek, *Social Science and the Ignoble Savage* (Cambridge: Cambridge University Press, 1976), 1; compare J. H. Elliot, *The Old World and the New, 1492–1650* (Cambridge: Cambridge University Press, 1970).

4. Beate Jahn, *The Cultural Construction of International Relations: The Invention of the State of Nature* (Basingstoke: Palgrave, 2000), 95.

5. Tzvetan Todorov, *The Conquest of America: The Question of the Other*, trans. Richard Howard (New York: HarperPerennial, 1984), 4.

6. John Locke, *Two Treatises of Government* (1690; New York: New American Library, 1965), book 2, p. 343, para. 49; emphasis in original.

7. A. Ferguson, *Essay*, 80.

8. Jahn, *Cultural Construction of International Relations*, 95.

9. See William Brandon, *New Worlds for Old: Reports from the New World and Their Effect on the Development of Social Thought in Europe, 1500–1800* (Athens: Ohio University Press, 1986); and Wolfgang Haase and Meyer Reinhold, eds., *The Classical Tradition and the Americas* (Berlin: W. de Gruyter, 1994).

10. Michael T. Ryan, "Assimilating New Worlds in the Sixteenth and Seventeenth Centuries," *Comparative Studies in Society and History* 23, no. 4 (1981): 529–31.

11. Frederick Engels, *The Origin of Family, Private Property and the State* (Moscow: Progress, 1948), 6.

12. Nisbet, *History of the Idea of Progress*, 9.

13. Starobinski, "The Word Civilization," 33–34; emphasis in original.

14. Bury, *Idea of Progress*, 2, 5.

15. Nisbet, *History of the Idea of Progress*, 4–5; emphasis in original.

16. Nannerl O. Keohane, "The Enlightenment Idea of Progress Revisited," in *Progress and Its Discontents*, ed. Gabriel A. Almond, Marvin Chodorow, and Roy Harvey Pearce (Berkeley: University of California Press, 1982), 21.

17. Ruth Macklin, "Moral Progress," *Ethics* 87, no. 4 (1977): 370; emphasis in original.

18. E. H. Goddard and P. A. Gibbons, *Civilisation or Civilisations: An Essay in the Spenglerian Philosophy of History* (London: Constable, 1926), 1–2.

19. Hobbes, *Leviathan*, chap. 13, p. 186.

20. Charles Van Doren, *The Idea of Progress* (New York: Praeger, 1967), 376.

21. Friedrich von Schiller, "Nature and Value of Universal History," 329.

22. Richard B. Norgaard, *Development Betrayed: The End of Progress and a Coevolutionary Revisioning of the Future* (London: Routledge, 1994), 51.

23. Van Doren, *Idea of Progress*, 26–30.

24. 这些研究领域中与种族相关的某些方面（比如颅相学），已被称为准科学或彻头彻尾的伪科学，或者根本就不是科学。

25. David Harvey, "Cosmopolitanism and the Banality of Geographic Evils," *Public Culture* 12, no. 2 (2000): 534.

26. Anthony Pagden, *The Fall of Natural Man: The American Indian and the Origins of Comparative Ethnology* (Cambridge: Cambridge University Press, 1982), 122, 146, 198; and Walter D. Mignolo, introduction to *Natural and Moral History of the Indies*, by José de Acosta, ed. Jane E. Mangan, trans. Frances M. López-Morillas (1590; Durham, NC: Duke University Press, 2002), xviii.

27. José de Acosta, *Natural and Moral History of the Indies*, ed. Jane E. Mangan, trans. Frances M. López-Morillas (1590; Durham, NC: Duke University Press, 2002), 8.

28. Acosta, *Natural and Moral History of the Indies* (2002), 329, 345–46, 359.

29. Pagden, *Fall of Natural Man*, 198.

30. Acosta, *Natural and Moral History of the Indies* (2002), 346.

31. William N. Fenton and Elizabeth L. Moore, introduction to *Customs of the American Indians Compared with the Customs of Primitive Times*, by

Joseph François Lafitau, ed. and trans. William N. Fenton and Elizabeth L. Moore (1724; Toronto: Chaplain Society, 1974), xxix.

32. Lewis H. Morgan, *Ancient Society; or, Researches in the Lines of Human Progress from Savagery through Barbarism to Civilization* (Chicago: Kerr, 1907), v–vi, 3, vi.

33. Sir John Lubbock, preface to the American edition of *The Origin of Civilisation and the Primitive Condition of Man: Mental and Social Condition of Savages* (New York: Appleton, 1870), iii–iv.

34. Count Joseph Arthur de Gobineau, *Essai sur l'inégalitié des races humaines*, 4 vols. (1853–55); quoted in Frank H. Hankins, *The Racial Basis of Civilization* (New York: Knopf, 1926), 34.

35. Robert Knox, preface to *The Races of Men: A Philosophical Inquiry into the Influence of Race over the Destinies of Nations*, 2nd ed. (London: Henry Renshaw, 1862). 除了他有关种族问题的作品之外，诺克斯之所以声名狼藉，还因为他与威廉·伯克（William Burke）和威廉·黑尔（William Hare）在"商业"上的交往。这两个在爱丁堡臭名昭著的盗墓贼兼连环杀手在"不问任何问题的条件下"把受害者的尸体卖给爱丁堡的医学院。这也是后来罗伯特·路易斯·史蒂文森（Robert Louis Stevenson）的小说《化身博士》（*Dr Jekylll and Mr Hyde*)和《盗墓贼》（*Body Snatchers*)的灵感来源。

36. Hankins, *Racial Basis of Civilization*, 34.

37. Spencer, *Social Statistics*, 234–36. See also, Frederick Farrar, "Aptitude of the Races," *Transactions of the Ethnographical Society of London* (1867); and J. C. Prichard, "On the Extinction of Human Races," *Edinburgh New Philosophical Journal* 28 (1839): 166–70.

38. William Robertson, *The History of America*, 12th ed. (London: Cadell & Davies, 1812), 2:59–60.将其与亚当·弗格森（Adam Ferguson）的观点进行对比。

39. Keohane, "Enlightenment Idea of Progress Revisited," 40.

40. Robertson, *History of America*, 2:60.

41. Montesquieu, *The Spirit of the Laws*, trans. Thomas Nugent (1748; New York: Hafner, 1949), book 18, chap. 11, p. 276. 当代重大的分析研究仍将环境和地理视为重要的发展因素，例如，可参见 Jared Diamond, *Guns, Germs, and Steel: The Fates of Human Societies* (New York: Norton, 1997)。

42. Engels, *Origin of Family, Private Property and the State*, 5–6.

43. Keohane, "Enlightenment Idea of Progress Revisited," 34.

44. Anne Robert Jacques Turgot, "A Philosophical Review of the Successive Advances of the Human Mind," in *Turgot on Progress, Sociology and Economics*, ed. and trans. Ronald L. Meek (Cambridge: Cambridge University Press, 1973), 41.

45. J. Salwyn Schapiro, *Condorcet and the Rise of Liberalism* (New York: Octagon, 1963), 240.

46. Stuart Hampshire, introduction to *Sketch for a Historical Picture of the Progress of the Human Mind*, by Antoine-Nicolas de Condorcet, trans. June Barraclough (London: Weidenfeld & Nicolson, 1955), x.

47. See Lewis White Beck, editor's introduction to *Kant: On History* (Indianapolis: Bobbs-Merrill, 1963), xii; and Hans Adler and Ernest A. Menze, "Introduction: On the Way to World History: Johann Gottfried Herder," in *On*

*World History: An Anthology*, by Johann Gottfried Herder, ed. Hans Adler and Ernest A. Menze, trans. Ernest A. Menze and Michael Palma (Armonk, NY: Sharpe, 1997), 9. See also Voltaire, *The Philosophy of History* (Reprint of the original 1766 ed.; London: Vision, 1965).

48. Schapiro, *Condorcet and the Rise of Liberalism*, 240.

49. Hampshire, introduction, x.

50. Hampshire, introduction, xi; partially quoting Condorcet.

51. Schapiro, *Condorcet and the Rise of Liberalism*, 241.

52. Antoine-Nicolas de Condorcet, *Sketch for a Historical Picture of the Progress of the Human Mind*, trans. June Barraclough (1795; London: Weidenfeld & Nicolson, 1955), 173.

53. 十个阶段包括：（1）人类结合成部落；（2）由游牧民族过渡到农业民族；（3）农业民族的进步至拼音书写的发明；（4）自人类精神在希腊的进步至亚历山大时期各种科学的分类；（5）科学的进步，从它们的分类到它们的衰落；（6）知识的衰落，至十字军时期知识的复兴；（7）科学在西方的复兴，从科学最初的进步至印刷术的发明；（8）自印刷术的发明至科学与哲挣脱了权威的束缚的时期；（9）自笛卡儿至法兰西共和国的形成；（10）人类精神未来的进步。

54. Pagden, "Defence of Civilization," 34.

55. A. Smith, *Wealth of Nations*, 289–96, and book 5 in general.

56. Edward J. Lapham, "Liberalism, Civic Humanism, and the Case of Adam Smith," *American Political Science Review* 78, no. 3 (1984): 769.

57. Walter Bagehot, *Physics and Politics* (London: Kegan Paul, Trench, Trubner, [1875]), 16, 19, 212–13; emphasis in original.

58. Adler and Menze, introduction, 3–4, 8.

59. Johann Gottfried Herder, *On World History: An Anthology*, ed. Hans Adler and Ernest A. Menze, trans. Ernest A. Menze and Michael Palma (Armonk, NY: Sharpe, 1997), 45; emphasis in original.

60. Adler and Menze, introduction, 13.

61. Herder, *On World History*, 41, 47; emphasis in original.

62. Immanuel Kant, "Reviews of Herder's *Ideas for a Philosophy of the History of Mankind*" [1785], in *Kant: On History*, ed. Lewis White Beck (Indianapolis: Bobbs-Merrill, 1963), 27–39. 参阅贝克的编者导语（第8~9页），以探讨他们在认知上的差异。

63. Beck, editor's introduction, xi. 康德在《永久和平论》中写道，他"极度蔑视""野蛮人对他们无法无天的自由的依恋"，认为这是"野蛮、粗鲁和人性的堕落"，in *Kant: On History*, 98。

64. Immanuel Kant, "Idea for a Universal History from a Cosmopolitan Point of View" [1784], in *Kant: On History*, 11, 15–16.

65. Immanuel Kant, "An Old Question Raised Again: Is the Human Race Constantly Progressing?" [1798], in *Kant: On History*, 137.

66. Kant, "Idea for a Universal History," 22.

67. Kant, "Old Question," 137–38.

68. Karl Marx, "The Eighteenth Brumaire of Louis Bonaparte" [3rd ed., 1885], in *Selected Works*, by Karl Marx and Frederick Engels (Moscow: Foreign Languages, 1958), 1:247.

69. Hegel, *Philosophy of History*, 16–17, 54, 19, 59; emphasis in original.

70. G. W. F. Hegel, *Philosophy of Right*, trans. T. M. Knox (Oxford: Clarendon, 1958), 105, para. 142.

71. Georg G. Iggers, "The Idea of Progress in Historiography and Social Thought since the Enlightenment," in *Progress and Its Discontents*, ed. Gabriel A. Almond, Marvin Chodorow, and Roy Harvey Pearce (Berkeley: University of California Press, 1982), 65.

72. Nisbet, *History of the Idea of Progress*, 308.

73. W. W. Rostow, *The Stages of Economic Growth: A Non-Communist Manifesto* (New York: Cambridge University Press, 1961), 4–11.

74. Inayatullah and Blaney, *International Relations and the Problem of Difference*, 93–95.

75. Gerrit W. Gong, "Asian Financial Crisis: Culture and Strategy," paper presented at the ICAS Fall Symposium, University of Pennsylvania, September 29, 1998; and Gong, "Standards of Civilization Today," in *Globalization and Civilizations*, ed. Mehdi Mozaffari (London: Routledge, 2002), 80.

76. For more of such claims, see Charles Murray, *Human Accomplishment: The Pursuit of Excellence in the Arts and Sciences, 800 B.C. to 1950* (New York: Harper Collins, 2003).

77. Joseph E. Stiglitz, "Towards a New Paradigm for Development: Strategies, Policies, and Processes," given as the 1998 Prebisch Lecture at UNCTAD, Geneva, October 19, 1998; emphasis in original.

78. Norgaard, *Development Betrayed*, 1.

79. E. Shils, "Political Development in the New States—The Will to Be Modern," in *Readings in Social Evolution and Development*, ed. S. N. Eisenstadt (Oxford: Pergamon, 1970), 379–82.

80. Francis Fukuyama, "The End of History?" *National Interest* 16 (1989): 4.

81. Fukuyama, *End of History and the Last Man*, xii.

82. R. Wright, *Nonzero*, 3, 6.

83. For more of Clinton's comments, see www.nonzero.org.

84. Nisbet, *History of the Idea of Progress*, 317; emphasis in original.

85. Charles Murray, "The Idea of Progress: Once Again, with Feeling," *Hoover Digest*, 2001, no. 3. See also Murray, *Human Accomplishment*. Murray is the coauthor of the controversial book *The Bell Curve: Intelligence and Class Structure in American Life* (New York: Free Press, 1994).

86. Nisbet, *History of the Idea of Progress*, 7.

87. Iggers, "Idea of Progress in Historiography," 43–44, 59, 53.

88. Gray, *Enlightenment's Wake*, 123, 125; emphasis in original.

第四章 普遍文明观: 一劳永逸?

4. THE NOTION OF UNIVERSAL CIVILIZATION

1. H. J. Blackburn, *The Future of Our Past: From Ancient Greece to Global Village*, ed. Barbara Smoker (Amherst, NY: Prometheus, 1996), 9.

2. Paul Ricoeur, *History and Truth*, trans. Charles A. Kelbley (Evanston, IL: Northwestern University Press, 1965), 271.

3. Couze Venn, "Altered States: Post-Enlightenment Cosmopolitanism and Transmodern Socialities," *Theory, Culture and Society* 19, nos. 1-2 (2002): 65-68.

4. Ranajit Guha, *History at the Limit of World-History* (New York: Columbia University Press, 2002), 9.

5. Hegel, *Philosophy of History*, 87, 162, 142, 163.

6. Hegel, *Philosophy of Right*, 213, para. 331.

7. Guha, *History*, 10, 44-45.

8. Venn, "Altered States," 68.

9. Ricoeur, *History and Truth*, 273.

10. John Gray, "Global Utopias and Clashing Civilizations: Misunderstanding the Present," *International Affairs* 74, no. 1 (1998): 153, 158. See also J. K. Gibson-Graham, *The End of Capitalism (As We Knew It): A Feminist Critique of Political Economy* (Minneapolis: University of Minnesota Press, 2006).

11. Marx and Engels, "Manifesto of the Communist Party," 1:38.

12. David P. Fidler, "A Kinder, Gentler System of Capitulation? International Law, Structural Adjustment Policies, and the Standard of Liberal, Globalized Civilization," *Texas International Law Journal* 35, no. 3 (2000): 412.

13. Michael Howard, *The Invention of Peace: Reflections on War and International Order* (London: Profile, 2000), 2-6.

14. Norbert Elias, "Violence and Civilization: The State Monopoly of Physical Violence and Its Infringement," in *Civil Society and the State: New European Perspectives*, ed. John Keane (London: Verso, 1988), 180-81.

15. Quoted in Febvre, "*Civilization*," 257n118.

16. For example, US Secretary of State Condoleezza Rice, "The Promise of Democratic Peace: Why Promoting Freedom Is the Only Realistic Path to Security," *Washington Post*, December 11, 2005, B07.

17. Hedley Bull, *The Anarchical Society: A Study of Order in World Politics*, 2nd ed. (London: Macmillan, 1995), 13; emphasis in original.

18. Hedley Bull and Adam Watson, introduction to *The Expansion of International Society*, ed. Hedley Bull and Adam Watson (Oxford: Clarendon, 1984), 1.

19. See Hedley Bull, "The Grotian Conception of International Society," in *Diplomatic Investigations*, ed. Herbert Butterfield and Martin Wight (London: Allen & Unwin, 1966), 51-73; and Martin Wight, "Western Values in International Relations," in *Diplomatic Investigations*, ed. Herbert Butterfield and Martin Wight (London: Allen & Unwin, 1966), 89-131.关于国际社会的多元主义和社会连带主义概念的区别, 参见John M. Hobson and Leonard Seabrooke, "Reimagining Weber: Constructing International Society and the Social Balance of Power," *European Journal of International Relations* 7, no. 2(2001): 239-74。

20. Compare Shogo Suzuki, "Japan's Socialization into Janus-Faced European International Society," *European Journal of International Relations* 11, no. 1 (2005): 137-64; and Suzuki, *Civilisation and Empire: East Asia's Encounter with the European International Society* (London: Routledge, forth-

coming). For a different approach again, see Paul Keal, *European Conquest and the Rights of Indigenous Peoples: The Moral Backwardness of International Society* (Cambridge: Cambridge University Press, 2003).

21. Friedrich von Schiller, "Nature and Value of Universal History," 327.

22. Michael W. Doyle, "Liberalism and World Politics," *American Political Science Review* 80, no. 4 (1986): 1151.

23. Schapiro, *Condorcet and the Rise of Liberalism*, 260.

24. Condorcet, *Sketch*, 194.

25. Martha C. Nussbaum, "Kant and Stoic Cosmopolitanism," *Journal of Political Philosophy* 5, no. 1 (1997): 3. For a different perspective see Isaiah Berlin, "Kant as an Unfamiliar Source of Nationalism," in *The Sense of Reality: Studies in Ideas and Their History*, by Isaiah Berlin, ed. Henry Hardy (London: Chatto & Windus, 1996), 232–48.

26. See Howard, *Invention of Peace*, 31. 这并非说康德是首位探究 "永久和平" 概念之人。正如他所承认, 圣-皮埃尔神甫和让-雅克·卢梭业已思索过这个概念并摈弃了它。See Rousseau, "Abstract and Judgement of Saint-Pierre's Project for Perpetual Peace" [1756], in *Rousseau on International Relations*, ed. Stanley Hoffman and David P. Fidler (Oxford: Clare - ndon, 1991), 53–100。杰里米·边沁 (Jeremy Bentham) 在早些时候也表达了自己对这个问题的看法, in *Plan foran Universal and Perpetual Peace* (1786–89; Lo ndon: Peace Book, 1939)

27. Kant, "Idea for a Universal History," 16.

28. Kant, "Perpetual Peace," 93–94. 在第95~96页, 康德写道: "不要像常常所发生的那样混淆共和体制和民主体制……因为民主制度, 恰当地说, 必然是专制主义。"

29. 一些人将这三个命题称为 "康德三脚架"。See Bruce Russett, John R. Oneal, and David R. Davis, "The Third Leg of the Kantian Tripod for Peace: International Organizations and Militarized Disputes, 1950–85," *International Organization* 52, no. 3 (1998): 441–67。

30. Kant, "Idea for a Universal History," 23.

31. Lars-Erik Cederman, "Back to Kant: Reinterpreting the Democratic Peace as a Macrohistorical Learning Process," *American Political Science Review* 95, no. 1 (2001): 16–17.

32. See Andrew Moravcsik, "Taking Preferences Seriously: A Liberal Theory of International Politics," *International Organization* 51, no. 4 (1997): 518. Similarly, Boutros Boutros-Ghali, *An Agenda for Peace* (New York: United Nations, 1992); Commission on Global Governance, *Our Global Neighborhood* (New York: Oxford University Press, 1995); and Gareth Evans, *Cooperating for Peace* (St. Leonards: Unwin & Hyman, 1993).所有人都认为国内和国际秩序之间存在某种联系, 以证明加大对国内事务的干预是合情合理的。See Michael N. Barnett, "Bringing in the New World Order: Liberalism, Legitimacy, and the United Nations," *World Politics* 49, no. 4 (1997): 536。

33. Kant, "Old Question," 151.

34. Bruce Buchan, "Explaining War and Peace: Kant and Liberal IR Theory," *Alternatives: Global, Local, Political* 27, no. 4 (2002): 414.

35. Kant, "Idea for a Universal History," 15.

36. Both quoted in Anthony Pagden, "Stoicism, Cosmopolitanism, and the Legacy of European Imperialism," *Constellations* 7, no. 1 (2000): 8.

37. Montesquieu, *Spirit of the Laws*, book 20, chap. 1, p. 316.

38. David Ricardo, *Principles of Political Economy and Taxation*, ed. E. C. K. Gonner (London: George Bell & Sons, 1891), 114.

39. Kant, "Perpetual Peace," 114.

40. Michael Mosseau, "Market Prosperity, Democratic Consolidation, and Democratic Peace," *Journal of Conflict Resolution* 44, no. 4 (2000): 472–507. See also Robert O. Keohane, *Power and Governance in a Partially Globalized World* (London: Routledge, 2002).

41. Steve Smith, "Is the Truth out There? Eight Questions about International Order," in *International Order and the Future of World Politics*, ed. T. V. Paul and John A. Hall (Cambridge: Cambridge University Press, 1999), 110.

42. John Rawls, *The Law of Peoples* (Cambridge, MA: Harvard University Press, 1999), 21; emphasis in original; and Kant, "Perpetual Peace," 100.

43. Rawls, *Law of Peoples*, 3.

44. Francis Fukuyama, "Second Thoughts: The Last Man in a Bottle," *National Interest* 56 (1999): 17.

45. See Arie M. Kacowicz, "Explaining Zones of Peace: Democracies as Satisfied Powers?" *Journal of Peace Research* 32, no. 5 (1995): 265–76.

46. Jack S. Levy, "Domestic Politics and War," *Journal of Interdisciplinary History* 18, no. 4 (1988): 662.鉴于利维所接受的民主政体或自由政体的决定因素尤为宽泛，并且他并未区分两者，这项法律的严肃性值得怀疑。即民主包括"（1）定期选举和反对党的自由参与；（2）至少有10%的成年人能够投票；（3）成立控制行政部门或与行政部门平权的议会"。

47. Bruce Russett, *Controlling the Sword: The Democratic Governance of National Security* (Cambridge, MA: Harvard University Press, 1990), 123.

48. Michael W. Doyle, "Kant, Liberal Legacies, and Foreign Affairs, Part 2," *Philosophy and Public Affairs* 12, no. 4 (1983): 352.

49. Rawls, *Law of Peoples*, 54.

50. Boutros-Ghali, *Agenda for Peace*, 47.

51. Doyle, "Liberalism and World Politics," 1151.

52. Levy, "Domestic Politics and War," 659.

53. Ido Oren, "The Subjectivity of the 'Democratic' Peace: Changing U.S. Perceptions of Imperial Germany," in *Debating the Democratic Peace: An International Security Reader*, ed. Michael E. Brown, Sean M. Lynn-Jones, and Steven E. Miller (Cambridge, MA: MIT Press, 1996), 263. For a further critique, see also David E. Spiro, "The Insignificance of the Liberal Peace," in the same volume, 202–38.

54. Fukuyama, "Second Thoughts," 17–19.

55. Norbert Elias, *The Civilizing Process*, trans. Edmund Jephcott (Oxford: Basil Blackwell, 1994), 288, 445–48.

56. Mark W. Zacher and Richard A. Matthew, "Liberal International Theory: Common Threads, Divergent Strands," in *Controversies in International*

*Relations Theory*, ed. Charles W. Kegley (New York: St. Martin's, 1995), 118; emphasis in original.

57. Fukuyama, *End of History and the Last Man*, 201-2; emphasis in original.

58. Zacher and Matthew, "Liberal International Theory," 109-10.

59. Kant, "Idea for a Universal History," 23.

60. Nussbaum, "Kant and Stoic Cosmopolitanism," 4.

61. Kant, "Perpetual Peace," 105.

62. Thomas W. Pogge, "Cosmopolitanism and Sovereignty," *Ethics* 103, no. 1 (1992): 48-49.

63. Ulrich Beck, "The Cosmopolitan Manifesto," *New Statesman*, March 20, 1998, 29. See also Ulrich Beck, "The Cosmopolitan Perspective: Sociology of the Second Age of Modernity," *British Journal of Sociology* 51, no. 1 (2000): 79-106; and Beck, "The Cosmopolitan Society and Its Enemies," *Theory, Culture and Society* 19, nos. 1-2 (2002): 17-44.

64. Pagden, "Stoicism, Cosmopolitanism," 3.

65. Harvey, "Cosmopolitanism," 546. 哈维也认为，马丁·海德格尔 "坚称康德的世界主义不可避免地滑向植根于民族主义的国际主义"，这也许有道理。正如海德格尔所言，"民族主义不能仅仅通过国际主义来克服；它在某种程度上被扩展和提升为一个系统"。See Martin Heidegger, "Let ter on Humanism," in *Martin Heidegger: Basic Writings*, ed. David Farrell Kre ll, 2nd ed. (London: Routledge, 1993), 244。

66. Stephen Toulmin, *Cosmopolis: The Hidden Agenda of Modernity* (New York: Free Press, 1990), 67.

67. See Arnold J. Toynbee, prefaces in *Greek Historical Thought from Homer to the Age of Heraclius*, ed. and trans. Arnold J. Toynbee (New York: Mentor, 1952), 29-31. 关于希腊思想的起源以及对希腊思想所产生之影响进行的更广泛讨论，参见 Martin Bernal, *Black Athena: The Afroasiatic Roots of Classical Civilization* (London: Free Association, 1987); Mary R. Lefkowitz and Guy MacLean Rogers, eds. *Black Athena Revisited* (Chapel Hill: University of North Carolina Press, 1996); and Martin Bernal, *Black Athena Writes Back: Martin Bernal Responds to His Critics*, ed. David Chioni Moore (Durham, NC: Duke University Press, 2001)。

68. Toulmin, *Cosmopolis*, 68.

69. Mike Featherstone, "Cosmopolis: An Introduction," *Theory, Culture and Society* 19, nos. 1-2 (2002): 2.

70. See J. R. Levenson, *Revolution and Cosmopolitanism: The Western Stages and the Chinese Stages* (Berkeley: University of California Press, 1971); P. Werbner, "Global Pathways: Working-Class Cosmopolitans and the Creation of Transnational Ethnic Worlds," *Social Anthropology* 7, no. 1 (1999): 17-35; and S. Pollock, H. K. Bhaba, C. A. Breckenridge, and D. Chakrabarty, "Cosmopolitanisms," *Public Culture* 12, no. 3 (2000): 577-89.

71. Lisa Hill, "The Two *Republicae* of the Roman Stoics: Can a Cosmopolite Be a Patriot?" *Citizenship Studies* 4, no. 1 (2000): 66.

72. Plutarch; quoted in H. C. Baldry, *The Unity of Mankind in Greek Thought* (Cambridge: Cambridge University Press, 1965), 159.

73. Featherstone, "Cosmopolis," 3.

74. See Kant, "Perpetual Peace," 98–100.

75. Charles Beitz, *Political Theory and International Relations* (Princeton, NJ: Princeton University Press, 1979), 183.

76. Hill, "Two *Republicae*," 67–69.

77. Pogge, "Cosmopolitanism and Sovereignty," 58.

78. See Brett Bowden, "The Perils of Global Citizenship," *Citizenship Studies* 7, no. 3 (2003): 349–62. 不愿跨越地域组织的界限，则可能源自这些集体——从反全球化的抗议者到"基地"组织等恐怖主义网络——给现代民族国家政府带来诸多关切和难题的范围。

79. Martha C. Nussbaum, "Patriotism and Cosmopolitanism," in *For Love of Country: Debating the Limits of Patriotism*, ed. Joshua Cohen (Boston: Beacon, 1996), 9.

80. Pagden, "Stoicism, Cosmopolitanism," 5–6; emphasis in original.

81. Hill, "Two *Republicae*," 72; emphasis in original.

82. Timothy Brennan, *At Home in the World: Cosmopolitanism Now* (Cambridge, MA: Harvard University Press, 1997), 147.

83. Pagden, "Stoicism, Cosmopolitanism," 3–4.

84. Venn, "Altered States," 68.

85. Giuseppe Mazzini, *Life and Writings of Joseph Mazzini*, 2nd ed. (London: Smith, Elder, 1891), 3:10.

86. Pagden, "Stoicism, Cosmopolitanism," 19–20.

87. Featherstone, "Cosmopolis," 3.

88. Inayatullah and Blaney, *International Relations and the Problem of Difference*, 6–7.

89. Mazzini, *Life and Writings*, 3:8.

90. Michael Walzer, "Spheres of Affection," in *For Love of Country: Debating the Limits of Patriotism*, ed. Joshua Cohen (Boston: Beacon, 1996), 126–27.

91. Pogge, "Cosmopolitanism and Sovereignty," 49.

92. Anthony Pagden, "The Genesis of 'Governance' and Enlightenment Conceptions of the Cosmopolitan World Order," *International Social Science Journal* 50, no. 155 (1998): 14.

93. Pagden, "Stoicism, Cosmopolitanism," 19.

94. Gray, *Enlightenment's Wake*, 120–23.

95. John Gray, *False Dawn: The Delusions of Global Capitalism* (London: Granta, 1998), 2.

96. Ricoeur, *History and Truth*, 277. On this, see also John M. Hobson, *The Eastern Origins of Western Civilisation* (Cambridge: Cambridge University Press, 2004).

97. Ricoeur, *History and Truth*, 277.

98. Fidler, "A Kinder, Gentler System of Capitulation?" 406.

99. Huntington, "Clash of Civilizations?" 41; and "The West Unique, Not Universal," 39.

100. Gertrude Himmelfarb, "In Defense of Progress," *Commentary* 69, no. 6 (1980): 57.

第五章 欧洲扩张与文明的传统范式

1. Gong, *Standard of "Civilization,"* 3.

2. Robert A. Williams Jr., *The American Indian in Western Legal Thought: The Discourses of Conquest* (New York: Oxford University Press, 1990), 6.

3. James Muldoon, introduction to *The Expansion of Europe: The First Phase*, ed. James Muldoon (Philadelphia: University of Pennsylvania Press, 1977), 4–5.

4. Frederic William Maitland, "Moral Personality and Legal Personality," in *The Collected Papers of Frederic William Maitland*, ed. H. A. L. Fisher (Cambridge: Cambridge University Press, 1911), 3:310.

5. Pope Innocent IV, "Document 40: *Commentaria Doctissima in Quinque Libros Decretalium*," in *The Expansion of Europe: The First Phase*, ed. Muldoon, 191–92.

6. James Muldoon, *Popes, Lawyers, and Infidels* (Philadelphia: University of Pennsylvania Press, 1979), 6.

7. On the Mongol Empire more generally, see Thomas T. Allsen, *Mongol Imperialism: The Policies of the Grand Qan Möngke in China, Russia, and the Islamic Lands, 1251–1259* (Berkeley: University of California Press, 1987).

8. Muldoon, *Popes, Lawyers, and Infidels*, 24–45.

9. Christopher Dawson, introduction to *The Mongol Mission: Narratives and Letters of the Franciscan Missionaries in Mongolia and China in the Thirteenth and Fourteenth Centuries*, ed. Christopher Dawson (London: Sheed & Ward, 1955), xiv–xviii; and Robert Williams, *American Indian in Western Legal Thought*, 3–4.

10. Brother Benedict, "The Narrative of Brother Benedict the Pole," in *Mongol Mission*, ed. Dawson, 79.

11. The two letters are reproduced in "Two Bulls of Pope Innocent IV to the Emperor of the Tartars," in *Mongol Mission*, ed. Dawson, 73–76. All quotes are taken from here.

12. Benedict, "Narrative," 82.

13. "Guyuk Khan's Letter to Pope Innocent IV (1246)," in *Mongol Mission*, ed. Dawson, 85–86.

14. Muldoon, *Popes, Lawyers, and Infidels*, 45.

15. See Igor de Rachewiltz, *Papal Envoys to the Great Khans* (London: Faber & Faber, 1971), 144–59.

16. Martin Wight, *Systems of States*, ed. Hedley Bull (Leicester: Leicester University Press, 1977), 119.

17. Muldoon, commentary on "Document 40: *Commentaria Doctissima in Quinque Libros Decretalium*," by Innocent IV, in *Expansion of Europe*, 191.

18. Franciscus de Vitoria, *De Indis et de Iure Belli Relectiones*, ed. Ernest Nys (1539; reprint of 1696 ed.; New York: Oceana, 1964).

19. James Brown Scott, *The Spanish Origin of International Law: Francisco de Vitoria and His Law of Nations* (Oxford: Clarendon, 1932), ix.

20. Pagden, "Stoicism, Cosmopolitanism," 7.

21. Antony Anghie, "Francisco de Vitoria and the Colonial Origins of International Law," *Social and Legal Studies* 5, no. 3 (1996): 322; emphasis in original.

22. Gong, *Standard of "Civilization,"* 3.

23. Vitoria, *De Indis*, 116.

24. Acosta, *Natural and Moral History of the Indies*, 359.

25. Vitoria, *De Indis*, 120.

26. Ibid., 120-21.关于亚里士多德的自然奴隶制，参见 *Politics*, book 1, esp. chaps. 2-9。

27. Vitoria, *De Indis*, 127, 125, 127-28. 在最后的评述中，维多利亚很可能也受到了《圣经》第11章第29节中表达的类似情绪的影响，其中说道："愚者将成为智者的仆人。"

28. Vitoria, *De Indis*, 160-61.

29. 路易斯·亨利·摩尔根后来评论道，"Hodenosaunee"（意为"居住在长屋的人们"，广义上包括塞尼卡人、莫霍克人、伊利人、切罗基人等部落集团——译者注）或易洛魁联邦的政府体系，"在站在民主边缘之前属于一种自由化的贵族统治"。更早些时候，詹姆斯·阿代尔（James Adair）指出，"印第安人的治理方式"通常由"全社会为维护共同安全而组成的联盟构成"。他强调，"他们首领的权力宛如一种空洞的声音"。首领"只能"通过"善意的力量和清晰的推理来说服或劝阻人们"。"他继续说道：

> 当某一国家事务处于辩论期，你可能会听到千家万户的父亲在家中以犀利明快的言辞以及一个民族所能享有的最大限度的自由就此问题侃侃而谈。对个人而言，他们的意见在所有公共事务中都有应有的分量，因为这同样关乎他们的福利……他们在各种会议上深思熟虑……以一种非常有序的方式进行辩论，尽管意见可能有很大分歧，但非常冷静且言辞友善……以此方式进行，直至每个首领在辩论中发表完意见。然后，他们端坐在一起，最终就某事做出决定。

阿代尔得出结论，美洲印第安人"在公共场合的整体行为非常值得我们某些英国参议员和律师效仿"。参见 James Adair, *Adair's History of the American Indians*, ed. Samuel Cole Williams (1775; New York: Promontory, 1930), 459-60。

30. Anghie, "Francisco de Vitoria," 326-27.

31. Ibid., 332. See also Antony Anghie, *Imperialism, Sovereignty and the Making of International Law* (Cambridge: Cambridge University Press, 2005), esp. chap. 1.

32. Anghie, "Francisco de Vitoria," 333.

33.18世纪和19世纪用来描述国际律师的"publicist"一词与如今用来描述现代公共关系专业人士有很大不同。我继续使用"publicist"一词来描述该时代的国际律师，因为他们在制定国际法上的积极作用在诸多方面比当代法学家的作用重要得多。

34. John Westlake, *The Collected Papers of John Westlake on Public International Law*, ed. L. Oppenheim (Cambridge: Cambridge University Press, 1914), 139–40.

35. Henry Wheaton, *Elements of International Law*, 3rd ed. (London: Sampson Low, Son and Co., 1863), xii–xiii, 引用了一部分在弗吉尼亚出生的美国政治家帕特里克•亨利（Patrick Henry）的名言"不自由，毋宁死"。

36. William A. Robson, *Civilisation and the Growth of Law* (London: Macmillan, 1935), 11.

37. E. Sidney Hartland, "Law (Primitive)," *Encyclopedia of Religion and Ethics*, 7:812–13; quoted in Robson, *Civilisation and the Growth of Law*, 11.

38. Carleton Kemp Allen, *Law in the Making*, 2nd ed. (Oxford: Clarendon, 1930), 26.

39. Christian Wolff, *Jus Gentium Method Scientifica Pertactatum* (1749; New York: Oceana, 1964), 33–36.

40. Gong, *Standard of "Civilization,"* 3.

41. Robert Ward, *An Enquiry into the Foundation and History of the Law of Nations in Europe from the Time of the Greeks and Romans to the Age of Grotius* (reprint of 1795 ed.; New York: Garland, 1973), 1:136–39.

42. Wolff, *Jus Gentium*, 15–17; emphasis added.

43. William Edward Hall, *A Treatise on International Law*, 3rd ed. (Oxford: Clarendon, 1890), 55.

44. Wheaton, *Elements of International Law* (1863), 21, 16–17.

45. Westlake, *Collected Papers*, 78–82; emphasis in original.

46. Ward, *Enquiry*, 2:2–4; emphasis in original.

47. Henry Wheaton, *Wheaton's Elements of International Law*, ed. Coleman Phillipson, 5th ed. (London: Stevens & Sons, 1916), 65–66.

48. Montesquieu, *Spirit of the Laws*, book 18, chap. 11, 276.

49. Wheaton, *Wheaton's Elements of International Law* (1916), 107.

50. 关于非欧洲人对思想和创新更为普遍的贡献，参见 J. J. Clarke, *Oriental Enlightenment: The Encounter between Asian and Western Thought*(London: Routledge, 1997); Cyriac K. Pullapilly and Edwin J. Van Kley, eds., *Asia and the West: Encounters and Exchanges from the Age of Explorations* (Notre Dame, IN: Cross Cultural, 1986); Lewis A. Maverick, *China: A Model for Europe* (San Antonio, TX: Paul Anderson, 1946); Stanwood Cobb, *Islamic Contributions to Civilisation* (Washington, DC: Avalon, 1963); and Adolf Reichwein, *China and Europe: Intellectual and Artistic Contacts in the Eighteenth Century* (London: Kegan Paul, Trench, Trubner, 1925)。

51. Lorimer, *Institutes of the Law of Nations*, 1:93, 1:101.

52. Westlake, *Collected Papers*, 143; emphasis in original.

53. W. Hall, *Treatise on International Law*, 87.

54. Wheaton, *Elements of International Law* (1863), xiv.

55. Georg Schwarzenberger, "The Standard of Civilisation in International Law," in *Current Legal Problems*, ed. George W. Keeton and Georg Schwarzenberger (London: Stevens & Sons, 1955), 220; emphasis added.

56. Pasquale Fiore, *International Law Codified and Its Legal Sanction* (New York: Baker, Voorhis, 1918), 117, 119; emphasis in original.

57. Wheaton, *Elements of International Law* (1863), 33.

58. W. Hall, *Treatise on International Law*, 87–88.

59. Fiore, *International Law Codified*, 362.

60. Wheaton, *Elements of International Law* (1863), 27.

61. Alpheus Henry Snow, *The Question of Aborigines in the Law and Practice of Nations* (New York: Putnam's Sons; Knickerbocker, 1921), 315–16.

62. Schwarzenberger, "Standard of Civilisation in International Law," 218.

63. Gong, *Standard of "Civilization,"* 84.

64. H. Lauterpacht, *Recognition in International Law* (Cambridge: Cambridge University Press, 1947), 31 and note 1.

65. Collingwood, "What 'Civilization' Means," in *New Leviathan*, 486.

66. Schwarzenberger, "Standard of Civilisation in International Law," 227.

67. Anghie, "Francisco de Vitoria," 332–33; see also, Antony Anghie, "Finding the Peripheries: Sovereignty and Colonialism in Nineteenth-Century International Law," *Harvard International Law* 40, no. 1 (1999): 1–80.

68. Anghie, "Francisco de Vitoria," 333.

第六章  文明的重担与"殖民的艺术和科学"

6. THE BURDEN OF CIVILIZATION AND THE "ART AND SCIENCE OF COLONIZATION"

1. Christopher Columbus, "Letter of 15th February 1493 on the islands newly found by the King of Spain," reproduced in *The Journal of Christopher Columbus*, trans. Cecil Jane (London: Anthony Blond and Orion Press, 1960), 191–202.

2. Bartolomé de la Vega, "Introductory Letter," in *In Defense of the Indians*, by Bartolomé de Las Casas, ed. and trans. Stafford Poole (DeKalb: Northern Illinois University Press, 1974), 5.

3. Barry Hindess, "The Liberal Government of Unfreedom," *Alternatives: Global, Local, Political* 26, no. 2 (2001): 101.

4. Todorov, *Conquest of America*, 5.

5. John Darwin, "Civility and Empire," in *Civil Histories: Essays Presented to Sir Keith Thomas*, ed. Peter Burke, Brian Harrison, and Paul Slack (Oxford: Oxford University Press, 2000), 322.

6. The Statute of Kilkenny of 1366, renewed in 1498 and supplemented in 1536; quoted in Darwin, "Civility and Empire," 322.

7. Darwin, "Civility and Empire," 322.

8. Sir John Davies, *Historical Relations: or, a discovery of the true causes why Ireland was never entirely subdued nor brought under obedience of the Crown of England until the beginning of the Reign of King James of happy memory* (Dublin: Samuel Dancer, 1664), 4–5.

9. See James Muldoon, "The Indian as Irishman," *Essex Institute Historical Collections* 111 (1975): 267–89.

10. Anghie, "Finding the Peripheries," 4–5.

11. Spencer, *Social Statistics*, 248–49.

12. Eduard von Hartmann, *Philosophy of Unconscious*, trans. William Chatterton Coupland (London: Kegan Paul, Trench, Trübner, 1893), 2:11–12.

13. Snow, *Question of Aborigines*, 176.

14. See John R. Stevenson, "South West Africa Cases (Ethiopia v. South Africa; Liberia v. South Africa), Second Phase," *American Journal of International Law* 61, no. 1 (1967): 116–210.

15. Quoted in Charles H. Alexandrowicz, "The Juridical Expression of the Sacred Trust of Civilization," *American Journal of International Law* 65, no. 1 (1971): 65.

16. Las Casas, "Summary of the Defense of the Most Reverend Lord, Fray Bartolomé de Las Casas, Late Bishop of Chiapa, against Ginés Sepúlveda, Theologian of Córdoba," in Las Casas, *In Defense of the Indians*, 7–9.

17. Ginés Sepúlveda, "Summary of Sepúlveda's Position," in Las Casas, *In Defense of the Indians*, 11–13.

18. Las Casas, preface to *In Defense of the Indians*, 18. For a celebration of Las Casas, see Hayward R. Alker Jr., "The Humanistic Moment in International Studies: Reflections on Machiavelli and Las Casas: 1992 Presidential Address," *International Studies Quarterly* 36, no. 4 (1992): 347–71.

19. Las Casas, "Summary of the Defense," 8.

20. Las Casas, *In Defense of the Indians*, 28.

21. Boswell, *Boswell's Life of Johnson*, 1:455.

22. J. L. Brierly, *The Law of Nations*, 4th ed. (Oxford: Clarendon, 1949), 6.

23. Robert Williams, *American Indian in Western Legal Thought*, 96–97.

24. Innocent IV, "Two Bulls of Pope Innocent IV," 73–76.

25. Vitoria, *De Indis*, 150–51.

26. Ernest Nys, introduction to Vitoria, *De Indis*, 100.

27. J. Scott, *Spanish Origin of International Law*, 277.

28. Vitoria, *De Indis*, 158.

29. Pope Alexander VI; quoted in James Muldoon, *The Americas in the Spanish World Order: The Justification for Conquest in the Seventeenth Century* (Philadelphia: University of Pennsylvania Press, 1994), 40.

30. Patent for the Council of New England of 1620; quoted in Muldoon, *The Americas in the Spanish World Order*, 38.

31. Locke, *Two Treatises of Government*, book 2, pp. 438–39, para. 184; emphasis in original; and Barbara Arneil, "Trade, Plantations, and Property: John Locke and the Economic Defense of Colonialism," *Journal of the History of Ideas* 55, no. 4 (1994): 591–609.

32. Locke, *Two Treatises of Government*, book 2, p. 336, para. 37. On the influence of Locke more generally, see James Tully, *An Approach to Political Philosophy: Locke in Contexts* (Cambridge: Cambridge University Press, 1993).

33. Emerich de Vattel, *The Law of Nations; or, The Principles of Natural Law*, trans. Charles G. Fenwick (1758; New York: Oceana, 1964), 85, 37–38, 85.

34. Fiore, *International Law Codified*, 46.

35. See V. I. Lenin, *Imperialism, the Highest Stage of Capitalism: A Popular Outline* (Peking: Foreign Languages, 1965).

36. Fiore, *International Law Codified*, 120.

37. Lorimer, *Institutes of the Law of Nations*, 2:28.

38. Antoine Rougier, "La Théorie de l'Intervention d'Humanité," *Revue Générale de Droit International Public* 17 (1910): 495–96; quoted in Snow, *Question of Aborigines*, 316–17.

39. Westlake, *Collected Paper*, 145.

40. G. W. F. Hegel, *Aesthetics: Lectures on Fine Art*, trans. T. M. Knox (1835–1838; Oxford: Clarendon, 1975), 2:1061–62.

41. Hegel, *Philosophy of Right*, 151, para. 246–48.

42. A. Smith, *Wealth of Nations*, 296–97. 史密斯于美国殖民地可能存在诸多经济优势的想法，参见book 4, chap. 7, "Of Colonies," 227–66。

43. See Sankar Muthu, "Enlightenment Anti-Imperialism," *Social Research* 66, no. 4 (1999): 959–1007; and Muthu, *Enlightenment against Empire* (Princeton, NJ: Princeton University Press, 2003).

44. Nussbaum, "Kant and Stoic Cosmopolitanism," 14. 迈克尔·多伊尔认为"康德不愿接受征服或帝国干预"。Doyle, "Kant, Liberal Legacies," 325。

45. Kant, "Perpetual Peace," 86–87.

46. Nussbaum, "Kant and Stoic Cosmopolitanism," 3.

47. Harvey, "Cosmopolitanism," 534. 康德寻求大学规定的豁免来讲授地理学，他至少教了49次这门课。相比之下，他讲授逻辑学和形而上学54次，讲授伦理学46次，讲授人类学28次。

48. Immanuel Kant, *Geographie (Physiche Geographie)*, trans. M. Cohen-Halimi, M. Marcuzzi, and V. Seroussi (Paris: Bibliotheque Philosophique, 1999); quoted in Harvey, "Cosmopolitanism," 533.

49. George Tatham, "Environmentalism and Possibilism," in *Geography in the Twentieth Century: A Study of Growth, Fields, Techniques, Aims and Trends*, ed. Griffith Taylor, 3rd ed. (New York: Philosophical Library; London: Methuen, 1957), 130–31; and J. A. May, *Kant's Concept of Geography and Its Relation to Recent Geographical Thought* (Toronto: University of Toronto Press, 1970), 66.

50. Kant, "Perpetual Peace," 92n1.

51. Harvey, "Cosmopolitanism," 535.

52. Robert van Krieken, "The Barbarism of Civilization: Cultural Genocide and the 'Stolen Generations,'" *British Journal of Sociology* 50, no. 2 (1999): 309; emphasis in original.

53. John Stuart Mill, "A Few Words on Non-Intervention," in *Essays on Politics and Culture*, ed. Gertrude Himmelfarb (1859; Garden City, NY: Doubleday, 1962), 407.

54. Ibid., 406–7; emphasis in original. 有关穆勒和他父亲詹姆斯对帝国主义问题的进一步批判性分析，参见Uday Singh Mehta, *Liberalism and Empire: A Study in Nineteenth-Century British Thought* (Chi- cago: University of Chicago

Press, 1999), esp. chap. 3, "Progress, Civilization, and Consent," 77-114。

55. Arthur James Balfour; quoted in Edward W. Said, *Orientalism* (London: Routledge & Kegan Paul, 1978), 31-33. 事实证明，世界上许多民族不仅有悠久的自治历史，而且存在某种形式的民主或准民主政府。see Steven Muhlberger and Phil Paine, "Democracy's Place in World History," *Journal of World His tory* 4, no. 1 (1993): 23-45。

56. Snow, *Question of Aborigines*, 191.

57. Cecil Rhodes, "Rhodes' 'Confession of Faith' of 1877," appendix to *Cecil Rhodes*, by John Flint (London: Hutchinson, 1976), 249-50.

58. Michael W. Doyle, *Empires* (Ithaca, NY: Cornell University Press, 1986), 143.

59. 更全面的一般性分析是 Thomas Pakenham, *The Scramble for Africa (1876-1912)* (London: Abacus, 1992). 对"争夺非洲"背后的动机及其评论的具体分析，参见 Doyle, *Empires*, part 2。

60. General Act of the Berlin Conference of 1884-1885, February 26, 1885, chap. 1, article 6.

61. See, for instance, Lindqvist, *"Exterminate All the Brutes."* 对19世纪后期的生动描述，参见 E. J. Glave, "Cruelty in the Congo Free State: Concluding Extracts from the Journals of the late E. J. Glave," *The Century Illustrated Monthly Magazine* 54, n.s., 32 (New York: Century; London: Macmillan, May-October 1897): 699-715。

62. Hartmann, *Philosophy of Unconscious*, 2:12.

63. Charles Henry Alexandrowicz, *The European-African Confrontation: A Study in Treaty Making* (Leiden: Sijthoff, 1973), 6.

64. 早在美国正式成为殖民大国之前，在"门罗主义"（发表于1823年）的授权下（被滥用），美国就一直对拉丁美洲"势力范围"进行军事干预。最引人注目的干预莫过于19世纪40年代中期对墨西哥的战争，美国占领了该国的一部分。然而，美国也对波多黎各（1824年）、尼加拉瓜（1850年、1854年、1857年和1860年）和巴拿马（1856年、1860年）进行了干预。从19世纪后期起，美国联合果品公司在拉丁美洲的突出作用也值得注意。See Charles D. Kepner Jr. and Jay H. Soothill, *The Banana Empire: A Case Study of Economic mperialism* (New York: Russell & Russell, 1967).

65. See Robert L. Beisner, *Twelve against Empire: The Anti-Imperialists, 1898-1900* (New York: McGraw-Hill, 1968).

66. Snow, *Question of Aborigines*, 175-76.

67. Anders Stephanson, *Manifest Destiny: American Expansion and the Empire of Right* (New York: Hill & Wang, 1995), 19.

68. Snow, *Question of Aborigines*, 190.

69. See, for instance, Veltisezar B. Bautista, *The Filipino Americans (from 1763 to the Present): Their History, Culture, and Traditions*, 2nd ed. (Farmington Hills, MI: Bookhaus, 2002); Daniel B. Schirmer and Stephen Rosskamm

Shalom, eds., *The Philippines Reader: A History of Colonialism, Neocolonialism, Dictatorship, and Resistance* (Cambridge, MA: South End, 1987).

70. John A. Hobson, *Imperialism: A Study*, 3rd ed. (London: Allen & Unwin, 1948), 73-74.

71. Paul Hasluck, "The Native Welfare Conference, 1951," in *Native Welfare in Australia: Speeches and Addresses* (Perth: Paterson Brakensha, 1953), 17.

72. Stiglitz, "Towards a New Paradigm for Development."

73. Dean C. Tipps, "Modernization Theory and the Comparative Study of Societies: A Critical Perspective," *Comparative Studies in Society and History* 15, no. 2 (1973): 210.

74. Jules Harmand; quoted in Edward W. Said, *Culture and Imperialism* (New York: Vintage, 1994), 17.

75. John Stuart Mill, *Utilitarianism, Liberty, and Representative Government* (London: Dent & Sons, 1962), 73-74. See also David Scott, *Refashioning Futures* (Princeton, NJ: Princeton University Press, 1999), 86.

## 第七章 新野蛮主义与现代性面临的考验

1. 安德斯·斯蒂芬森 (*Manifest Destiny*, 19) 将汉弗莱斯（Humphreys）描述为革命军的军官、外交官和乔治·华盛顿的门生。

2. Collingwood, "What 'Civilization' Means," in *New Leviathan*, 486.

3. Schwarzenberger, "Standard of Civilisation in International Law," 227.

4. Wight, *Systems of States*, 125.

5. See James M. Goldgeier and Michael McFaul, "A Tale of Two Worlds: Core and Periphery in the Post-Cold War Era," *International Organization* 46, no. 2 (1992): 467-91.

6. Ian Clark, *The Hierarchy of States: Reform and Resistance in International Order* (Cambridge: Cambridge University Press, 1989), 2.

7. 例如，在南斯拉夫、苏联部分地区、西非、非洲之角和中非的大湖地区。但并非所有这些都必然与冷战的终结有直接的因果关系。

8. Eric Hobsbawm, "Barbarism: A User's Guide," *New Left Review* 206 (1994): 45; emphasis in original.

9. Clifford S. Poirot Jr., "The Return to Barbarism," *Journal of Economic Issues* 31, no. 1 (1997): 233. See also Clause Offe, "Modern 'Barbarity': A Micro State of Nature," *Constellations* 2, no. 3 (1996): 354-77.

10. Nathan Gardels, "Comment: The New Babel and the Noblest of Pains," *New Perspectives Quarterly* 8, no. 4 (1991): 2-3.

11. Robert D. Kaplan, "The Coming Anarchy," *Atlantic Monthly*, February 1994, 48. See also Robert D. Kaplan, *Balkan Ghosts: A Journey through History* (London: Macmillan, 1993).

12. Kaplan, "Coming Anarchy," 60. See Thomas F. Homer-Dixon, "On the Threshold: Environmental Changes as Causes of Acute Conflict," *International Security* 16, no. 2 (1991): 76-116; Homer-Dixon, "Environmental Scar-

cities and Violent Conflict: Evidence from Cases," *International Security* 19, no. 1 (1994): 5–40; and Homer-Dixon, *Environment, Scarcity, and Violence* (Princeton, NJ: Princeton University Press, 2001).

13. Kaplan, "Coming Anarchy," 62; emphasis in original.

14. Ibid., 71–73. See Francis Fukuyama, "Natural Rights and Human History," *National Interest* 64 (2001): 27.

15. Kaplan, "Coming Anarchy," 60.

16. Paul Richards, *Fighting for the Rainforest: War, Youth and Resources in Sierra Leone* (Oxford: International Africa Institute in association with James Currey; and Portsmouth, NH: Heinemann, 1996). For more on such distinctions in respect to warfare, see Brett Bowden, "Civilization and Savagery in the Crucible of War," *Global Change, Peace and Security* 19, no. 1 (2007): 3–16.

17. Steve Bradshaw, "The Coming Chaos?" *Moving Pictures Bulletin* 25 (1996): 18–19.

18. Gong, *Standard of "Civilization,"* 90–92.

19. Ian Brownlie, *Principles of Public International Law*, 5th ed. (Oxford: Clarendon, 1998), 602. Brownlie's claim is based on the *South West Africa* cases (Second Phase), ICJ Reports, 1966. See chapter 6 above.

20. Compare Bahar Rumelili, *Constructing Regional Community and Order in Europe and Southeast Asia* (Basingstoke: Palgrave, 2007).

21. Gong, *Standard of "Civilization,"* 91–92.

22. Ibid., 92–93; and Gerrit W. Gong, "The Beginning of History: Remembering and Forgetting as Strategic Issues," *Washington Quarterly* 24, no. 2 (2001): 47.

23. See Hedley Bull and Adam Watson, ed. *The Expansion of International Society* (Oxford: Clarendon, 1984), particularly the chapter by Bull, "The Emergence of a Universal International Society," 117–26. 举例说明：在社会主义国家和不结盟国家的支持下，联合国1962年成立了一个特别委员会，提出一套比本章所述范围更广的普遍价值观。这一进程产生了1970年《关于各国依联合国宪章建立友好关系及合作之国际法原则之宣言》（第2625-XXV号决议）。See Antonio Cassese, *Interna-tional Law in a Divided World* (Oxford: Clarendon,1986), 127–28.

24. U. Beck, "Cosmopolitan Manifesto," 29.

25. Mehdi Mozaffari, "The Transformationalist Perspective and the Rise of a Global Standard of Civilization," *International Relations of the Asia-Pacific* 1, no. 2 (2001): 253–54.

26. John Rawls, "The Law of Peoples," in *On Human Rights: The Oxford Amnesty Lectures*, ed. Stephen Shute and Susan Hurley (New York: Basic, 1993), 70–71.

27. Jack Donnelly, "Human Rights: A New Standard of Civilization," *International Affairs* 74, no. 1 (1998): 1, 15–16, 21, 15–16.

28. On this point, see Muhlberger and Paine, "Democracy's Place in World History," 23–45; Amy Chua, *World on Fire: How Exporting Market Democracy Breeds Ethnic Hatred and Global Instability* (New York: Doubleday, 2002); Fareed Zakaria, "Culture Is Destiny: A Conversation with Lee Kuan Yew," *Foreign Affairs* 73, no. 2 (1994): 109–25; Anwar Ibrahim, "Universal Values and Muslim Democracy," *Journal of Democracy* 17, no. 3 (2006): 5–12; Kim Dae Jung, "Is Culture Destiny?" *Foreign Affairs* 73, no. 6 (1994):

189–94; Chenyang Li, "Confucian Value and Democratic Value," *Journal of Value Inquiry* 31, no. 2 (1997): 183–93; and Lee Teng-hui, "Chinese Culture and Political Renewal," *Journal of Democracy* 6, no. 4 (1995): 3–8.

29. J. Donnelly, "Human Rights," 16–19.

30. Thomas M. Franck, *Fairness in International Law and Institutions* (Oxford: Clarendon, 1995), 136–38. See also Thomas M Franck, "The Emerging Right to Democratic Governance," *American Journal of International Law* 86 (1992): 46–91.

31. Franck, *Fairness in International Law and Institutions*, 139n253.

32. Amartya Sen, "Democracy as Universal Value," *Journal of Democracy* 10, no. 3 (1999): 4.

33. For the details of Ronald Reagan's speech, see *New York Times*, June 9, 1982; for George Bush Sr.'s statements, see Bruce Russett, *Grasping the Democratic Peace* (Princeton, NJ: Princeton University Press, 1993), 127–29; and for Bill Clinton's comments see *New York Times*, August 14, 1992, and his State of the Union address of January 1994.

34. Gong, *Standard of "Civilization,"* 91–92.

35. Firoze Manji and Carl O'Coill, "The Missionary Position: NGOs and Development in Africa," *International Affairs* 78, no. 3 (2002): 574.

36. David S. Landes, "The Role of Culture in Sustainable Development," in *Culture Counts: Financing, Resources, and the Economics of Culture in Sustainable Development—Proceedings of the Conference, Florence, Italy* (Washington, DC: World Bank, 1999), 30. See also David S. Landes, *The Wealth and Poverty of Nations* (London: Little, Brown, 1998).

37. Franck, *Fairness in International Law and Institutions*, 138. See also Dani Rodrik's discussion of the "political trilemma" in "How Far Will International Economic Integration Go?" *Journal of Economic Perspectives* 14, no. 1 (2000): 177–86.

38. Fukuyama, "Natural Rights and Human History," 29–30. See also Chua, *World on Fire*.

39. Fidler, "Kinder, Gentler System of Capitulations?" 389–401.

40. Ronnie D. Lipschutz, "Reconstructing World Politics: The Emergence of Global Civil Society," *Millennium: Journal of International Studies* 21, no. 3 (1992): 407.

41. See Brett Bowden and Leonard Seabrooke, eds., *Global Standards of Market Civilization* (London: Routledge, 2006).

42. Gong, "Asian Financial Crisis."

43. See www.wto.org; and Deepak Bhattasali, Shantong Li, and William J. Martin, eds., *China and the WTO: Accession, Policy Reform, and Poverty Reduction Strategies* (Washington, DC: World Bank, 2004).

44. See Timothy J. Sinclair, "Passing Judgement: Credit Rating Processes as Regulatory Mechanisms of Governance in the Emerging World Order, *Review of International Political Economy* 1, no. 1 (1994): 133–59; and Gong, "Standards of Civilization Today," 75–96.

45. Pagden, "Genesis of 'Governance,'" 14.

46. Mozaffari, "Transformationalist Perspective," 247, 250–51. 在第259页，莫扎法里以"资本主义和自由主义=全球文明"公式展现了"全球化两大支柱之结合"。

47. See also Martti Koskenniemi's *The Gentle Civilizer of Nations: The Rise and Fall of International Law 1870–1960* (Cambridge: Cambridge University Press, 2001).

48. US President George W. Bush, "Address to a Joint Session of Congress and the American People," September 20, 2001, www.whitehouse.gov/news/releases/2001/09/20010920-8.html; emphasis added.

49. "NATO Lines Up Russian Support," *New York Times (on the Web)*, September 13, 2001, www.nytimes.com/; and *The Independent*, September 12, 2001.

50. US President George W. Bush, State of the Union address, January 29, 2002; and John R. Bolton, US Under Secretary of State for Arms Control and International Security, "Beyond the Axis of Evil: Additional Threats from Weapons of Mass Destruction," speech delivered at the Heritage Foundation, Washington, DC, May 6, 2002.

51. Quintan Wiktorowicz, "A Genealogy of Radical Islam," *Studies in Conflict and Terrorism* 28, no. 2 (2005): 81. Wiktorowicz includes extracts from al-Zawhiri's pamphlet, *Knight's under the Prophet's Banner*.

52. Mill, "Civilization," 52, 55.

53. Harry Holbert Turney-High, *Primitive War: Its Practice and Concepts*, 2nd ed. (Columbia: University of South Carolina Press, 1971), 23.

54. On this topic generally, see Michael Walzer, *Just and Unjust Wars*, 3rd ed. (New York: Basic, 2000). See also John Kelsay and James Turner Johnson, eds. *Just War and Jihad: Historical and Theoretical Perspectives on War and Peace in Western and Islamic Traditions* (New York: Greenwood, 1991); and James Turner Johnson, *The Holy War Idea in Western and Islamic Traditions* (University Park: Pennsylvania State University Press, 1997).

55. Turney-High, *Primitive War*, 23.

56. Robertson, *History of America*, 2:149–54.

57. Ward, *Enquiry*, 2:3–4; emphasis in original.

58. Quincy Wright, "The Bombardment of Damascus," *American Journal of International Law* 20, no. 2 (1926): 266. The English writer cited by Wright is F. W. Hirst (*The Arbiter in Council*, 230).

59. Eldridge Colby, "How to Fight Savage Tribes," *American Journal of International Law* 21, no. 2 (1927): 279.

60. Ibid., 280; and J. F. C. Fuller, *The Reformation of War* (London: Hutchinson, 1923), 191.

61. Colby, "Savage Tribes," 280; and Great Britain War Office, *Manual of Military Law* (London: HMSO, 1914), 235.

62. Colby, "Savage Tribes," 284.

63. Everett L. Wheeler, "Terrorism and Military Theory: An Historical Perspective," *Terrorism and Political Violence* 3, no. 1 (1991): 15.

64. John Keegan, "Why the West Will Win," *The Age* (Melbourne), October 9, 2001, 19.

65. Sir John Keegan, interviewed on *Foreign Correspondent*, Australian Broadcasting Corporation, October 10, 2001, www.abc.net.au/foreign/stories/s387060.htm.

66. 贝卢斯科尼2001年9月26日在柏林表示："我们应该意识到我们文明的优越性，它由一个价值体系组成，给那些接受它的国家的人民带来普遍的繁荣，并保证对人权和宗教的尊重。这种尊重在伊斯兰国家当然不存在。"在他的言论引发众怒后，贝卢斯科尼收回了这些言论，并声称自己的言论被错误引用、断章取义，但已造成损害。

67. Keegan, "Why the West Will Win." For a more favorable and balanced comparative study, see Roxanne L. Euben, *Enemy in the Mirror: Islamic Fundamentalism and the Limits of Modern Rationalism: A Work of Comparative Political Theory* (Princeton, NJ: Princeton University Press, 1999).

68. George W. Bush, "President Addresses Nation, Discusses Iraq, War on Terror," June 28, 2005, www.whitehouse.gov/news/releases/2005/06/20050628-7.html.

69. 精彩描述美国政治中的"自命不凡、污名化以及对政敌的非人化"（（从"印第安人食人族……到国际恐怖主义的代理人"）的一贯特点，参见 Michael Paul Rogin, *Ronald Reagan, the Movie: And Other Episodes in Political Demonology* (Berkeley: University of California Press, 1987)。

70. See Quintan Wiktorowicz and John Kaltner, "Killing in the Name of Islam: Al-Qaeda's Justification for September 11," *Middle East Policy* 10, no. 2 (2003): 76–92.

71. Walter Benjamin, *Illuminations*, ed. Hannah Arendt (New York: Schocken, 1969), 256.

72. Schwarzenberger, "Standard of Civilisation in International Law," 218–19.

73. Maria Misra, "The Empire Strikes Back," *New Statesman*, November 12, 2001, 25. 米斯拉实际上并非就此进行争论，而是与尼尔·弗格森（Niall Ferguson）、马丁·沃尔夫和菲利普·亨塞进行互动，他们都对帝国主义的回归提出了类似的观点，该话题在第8章中有详细探讨。

74. Benedict Kingsbury, "Sovereignty and Inequality," in *Inequality, Globalization, and World Politics*, ed. Andrew Hurrell and Ngaire Woods (Oxford: Oxford University Press, 1999), 90.

第八章　帝国主义的"新现实"

1. Ron Suskind, "Without a Doubt," *New York Times Magazine*, October 17, 2004, 51.

2. Doyle, *Empires*, 11.

3. A few examples include the essays of Gore Vidal in *Perpetual War for Perpetual Peace* (New York: Nation, 2002); Gore Vidal, *Imperial America: Reflections on the United States of Amnesia* (New York: Nation, 2004); Owen Harries, *Benign or Imperial? Reflections on American Hegemony* (Sydney: ABC Books, 2004); David Harvey, *The New Imperialism* (Oxford: Oxford

University Press, 2003); Niall Ferguson, *Empire: The Rise and Demise of the British World Order and the Lessons for Global Power* (New York: Basic, 2003); Niall Ferguson, *Colossus: The Price of America's Empire* (New York: Penguin, 2004). There are also advocates of the United States's imperial-like status, such as William E. Odom and Robert Dujarric's *America's Inadvertent Empire* (New Haven: Yale University Press, 2004); and Robert Kagan, "The Benevolent Empire," *Foreign Policy* 111 (1998): 24–34. And there are countless polemics, such as Julian Ninio's *The Empire of Ignorance, Hypocrisy and Obedience* (Melbourne: Scribe, 2004).

4. Doyle, *Empires*, 13.

5. Ibid., 13, 20, 45.

6. Herfried Münkler, *Empires: The Logic of World Domination from Ancient Rome to the United States*, trans. Patrick Camiller (Cambridge: Polity Press, 2007), 85.

7. Charles S. Maier, "An American Empire? The Problems of Frontiers and Peace in Twenty-First-Century World Politics," *Harvard Magazine* 105, no. 2 (2002): 31.

8. Michael Ignatieff, "Nation-Building Lite," *New York Times Magazine*, July 28, 2002, 54.

9. Michael Ignatieff, "The Burden," *New York Times Magazine*, January 5, 2003, 54.

10. See Donald R. Wolfsenberger, "The Return of the Imperial Presidency?" *Wilson Quarterly*, Spring 2002, 36–41.

11. George W. Bush, preface to *The National Security Strategy of the United States of America* (Washington, DC: White House, September 2002).

12. Maier, "American Empire?" 31.

13. Inayatullah and Blaney, *International Relations and the Problem of Difference*, 17.

14. Shweder, "Return of the 'Civilizing Project,'" 121.

15. Paul Johnson, "Colonialism's Back—and Not a Moment Too Soon," *New York Times Magazine*, April 18, 1993, 22, 44.

16. 关于法国介入卢旺达局势，see African Rights, *Rwanda:Death, Despair and Defiance*, 2nd ed. (London: African Rights, 1995), chap 18, "The International Role: Hear No Evil, See No Evil, Do No Good," 1101–60. On "Operation Turquoise" in particular, see, 1104–9 and 1138–54。

17. P. Johnson, "Colonialism's Back," 44.

18. William Pfaff, *The Wrath of Nations: Civilization and the Furies of Nationalism* (New York: Simon & Schuster, 1993), 155.

19. Ali Mazrui, "The Message of Rwanda: Recolonize Africa?" *New Perspectives Quarterly* 11, no. 4 (1994): 18.

20. Michael Walzer, "The Politics of Rescue," *Social Research* 62, no. 1 (1995): 61.

21. Michael Ignatieff, "The Seductiveness of Moral Disgust," *Social Research* 62, no. 1 (1995): 95; and Ignatieff, *The Warrior's Honor: Ethnic War and the Modern Conscience* (London: Vintage, 1999), 106.

22. Ignatieff, "Burden," 24; and Michael Ignatieff, *Empire Lite* (London: Vintage, 2003).

23. Ignatieff, "Nation-Building Lite," 30.

24. Ignatieff, "Burden," 53.

25. Ellen Meiksins Wood, "Kosovo and the New Imperialism," *Monthly Review* 51, no. 2 (1999), www.monthlyreview.org/699wood.htm.

26. Bill Clinton; quoted in Wood, "Kosovo and the New Imperialism."

27. See, for instance, Michael Hardt and Antonio Negri, *Empire* (Cambridge, MA: Harvard University Press, 2000); Samir Amin, "Imperialism and Globalization," *Monthly Review* 53, no. 2 (2001): 6–24; Robert Hunter Wade, "The Invisible Hand of the American Empire," openDemocracy, March 13, 2003, www.opendemocracy.net; William Finnegan, "The Economics of Empire: Notes on the Washington Consensus," *Harper's Magazine* (May 2003): 41–54; and Leo Panitch and Sam Gindin, "Global Capitalism and American Empire," in *The New Imperial Challenge: Socialist Register 2004*, ed. Leo Panitch and Colin Leys (New York: Monthly Review, 2003).

28. See, for an example, Michel Chossudovsky, *The Globalisation of Poverty* (London: Zed, 1997).

29. Fidler, "Kinder, Gentler System of Capitulations?" 407.

30. Ibid., 403, 405. See also Bowden and Seabrooke, *Global Standards of Market Civilization*.

31. Quoted in Finnegan, "Economics of Empire," 41.

32. United States Federal Reserve Bank Chairman Alan Greenspan; quoted in Wade, "Invisible Hand of the American Empire."

33. Bush, preface to *National Security Strategy*.

34. White House, *The National Security Strategy of the United States of America* (Washington, DC: White House, September 2002), 17.

35. Anatol Lieven, "The Empire Strikes Back," *Nation*, July 7, 2003, 25–30.

36. Maier, "American Empire?" 28.

37. Stephanson, *Manifest Destiny*, 18.

38. Paul Kennedy and Charles Krauthammer; quoted in Emily Eakin, " 'It Takes an Empire,' Say Several U.S. Thinkers," *New York Times*, April 2, 2002.

39. Theodore Roosevelt; quoted in Howard K. Beale, *Theodore Roosevelt and the Rise of America to World Power* (Baltimore: Johns Hopkins Press, 1956), 68.

40. Craig Snyder, "Democracy and the Vitality of Evil," *National Interest* 17 (1989): 84.

41. Krauthammer and Kennedy; quoted in Eakin, "It Takes an Empire." See also Paul Kennedy, *The Rise and Fall of the Great Powers: Economic Change and Military Conflict from 1500 to 2000* (New York: Random House, 1987).

42. Henry Cabot Lodge; quoted in William Appleman Williams, *The Tragedy of American Diplomacy*, 2nd ed. (New York: Delta, 1972), 34.

43. David Rothkopf, "In Praise of Cultural Imperialism?" *Foreign Policy* 107 (1997): 41–42.

44. Sebastian Mallaby, "The Reluctant Imperialist," *Foreign Affairs* 81, no. 2 (2002): 2–7.

45. Stephen Peter Rosen, "The Future of War and the American Military," *Harvard Magazine* 104, no. 5 (2002): 30–31.

46. See Chalmers Johnson, *Nemesis: The Last Days of the American Republic* (New York: Metropolitan, 2006); see also Chalmers Johnson, *The Sorrows of Empire: Militarism, Secrecy, and the End of the Republic* (New York: Metropolitan, 2004).

47. Rosen, "Future of War," 31.

48. See Niall Ferguson, "Hegemony or Empire?" *Foreign Affairs* 82, no. 5 (2003): 160.

49. 关于美国正在衰落的论点，参见 Immanuel Wallerstein, "The Eagle Has Crash Landed," *Foreign Policy* 131 (2002): 60–68; and Wallerstein, *The Decline of American Power: The US in a Chaotic World* (New York: New Press, 2003)。

50. Finnegan, "Economics of Empire," 53.

51. Lieven, "Empire Strikes Back," 29. For further analysis of this issue, see Leonard Seabrooke, "The Economic Taproot of U.S. Imperialism: The Bush Rentier Shift," *International Politics* 41, no. 3 (2004): 293–318.

52. Daniel Patrick Moynihan, "Civilization Need Not Die," *Harvard Magazine*, July–August 2002, 67–69.

53. 对欧洲四百年来的恐怖活动所进行的比较研究，参见Brett Bowden and Michael T. Davis, eds., *Terror: From Tyrannicide to Terrorism* (St. Lucia: University of Queensland Press; London: Routledge, 2008)。

54. Rosen, "Future of War," 31.

55. Ignatieff, "Nation-Building Lite," 28.

56. Joseph Nye, "The New Rome Meets the New Barbarians," *Economist*, March 23, 2002, 23–25.

57. Charles Krauthammer, "The Bush Doctrine: In American Foreign Policy, a New Motto: Don't Ask. Tell," *Time*, March 5, 2001, 42.

58. Lieven, "Empire Strikes Back," 25.

59. Max Boot, "Colonise Wayward Nations," *Australian*, October 15, 2001, 13. See also Max Boot, *The Savage Wars of Peace: Small Wars and the Rise of American Power* (New York: Basic, 2002).

60. Robert Cooper, "The New Liberal Imperialism," *Observer*, April 7, 2002, www.observer.co.uk/worldview/story/0,11581,680095,00.html.

61. Tony Blair, "The Power of Community Can Change the World," speech by the prime minister to the Labour Party conference, Brighton, October 3, 2001.

62. The term is used in Larry Diamond, "Winning the New Cold War on Terrorism: The Democratic-Governance Imperative," Institute for Global Democracy, policy paper no. 1, March 2002, 10–11.

63. Bush, "Address to a Joint Session of Congress and the American People."

64. Ignatieff, "Burden," 25.

65. Compare Sally B. Donnelly, "Long-Distance Warrior," *Time*, December 12, 2005.

66. Marx, "Eighteenth Brumaire," 1:247. 这段话一部分源自黑格尔的《历史哲学》，另一部分则源自恩格斯写给马克思的一封信，参见 Bruce Mazlish, "The Tragic Farce of Marx, Hegel, and Engels: A Note," *History and Theory* 11, no. 3 (1972): 335–37。

67. Seumas Milne, "The Battle for History," *Guardian Weekly*, September 19–25, 2002, 11. 仅在20世纪初，据估计有1000万刚果人死于比利时的强迫劳动和大规模屠杀，因此 "大屠杀"（holocaust）一词也并非完全不恰当。

68. John Lloyd, "The Return of Imperialism," *New Statesman*, April 15, 2002, 22.

## 第九章 结语: 文明间关系的未来

1. Jay Tolson, "A Civilizing Mission?" *Wilson Quarterly* 18, no. 1 (1994): 6–9.

2. See also Bowden, "Civilization and Savagery in the Crucible of War."

3. Todorov, *Conquest of America*, 254; emphasis in original.

4. Stanley Kurtz, "Democratic Imperialism: A Blueprint," *Policy Review* 118 (2003), www.policyreview.org/apro3/kurtz.html.

5. See Jagdish P. Sharma, *Republics in Ancient India, c. 1500 BC–500 BC* (Leiden: Brill, 1968); Anant Sadashiv Altekar, *State and Government in Ancient India*, 2nd ed. (Banaras: Motilal Banarsidass, 1955).

6. Starobinski, "The Word Civilization," 30–31.

7. Nisbet, *History of the Idea of Progress*, 9.

8. On this general issue, see J. M. Hobson, *Eastern Origins of Western Civilisation*.

9. Bernal, *Black Athena*, 1:2. 请参阅第三章对查尔斯·默里的讨论。

10. Eric R. Wolf, *Europe and the People without History* (Berkeley: University of California Press, 1982), 4–5.

11. See, for instance, J. M. Roberts, *Triumph of the West* (London: British Broadcasting Corporation, 1985).

12. See Clarke, *Oriental Enlightenment*; Pullapilly and Van Kley, *Asia and the West*; Maverick, *China*; Cobb, *Islamic Contributions to Civilisation*; and Reichwein, *China and Europe*.

13. John Keane, *The Life and Death of Democracy* (London: Free Press; New York: Norton, forthcoming).

14. Muhlberger and Paine, "Democracy's Place in World History," 27, 32.

15. See Jeffrey Wattles, *The Golden Rule* (New York: Oxford University Press, 1996).

16. Perez Zagorin, *How the Idea of Religious Toleration Came to the West* (Princeton, NJ: Princeton University Press, 2003); Compare John Christian Laursen, ed., *Religious Toleration: The "Variety of Rites" from Cyrus to Defoe* (New York: St. Martin's, 1999); Mehdi Amin Razavi and David Ambuel, eds., *Philosophy, Religion, and the Question of Intolerance* (Albany: SUNY Press, 1997).

17. John Donne, "Meditation 17," from *Devotions upon Emergent Occasions*, 1624.

18. Guizot, *History of Civilization in Europe*, 12.

19. Daniel Lerner, *The Passing of Traditional Society: Modernizing the Middle East* (New York: Free Press, 1964), 46–47.

20. Bush, preface to *National Security Strategy*.

21. George W. Bush, "Securing Freedom's Triumph," *New York Times*, September 11, 2002, A33.

22. Fidler, "Kinder, Gentler System of Capitulations?" 406–7.

23. Herder, *On World History*, 41; emphasis in original.

24. Inayatullah and Blaney, *International Relations and the Problem of Difference*, 6.

25. Ricoeur, *History and Truth*, 283–84.

26. Edward Said, preface to *Orientalism*, 25th anniversary ed. (London: Penguin, 2003), xxii.

27. Will Durant in *Life* magazine, October 18, 1963.

# 参考文献

Acosta, José de. *Natural and Moral History of the Indies.* 1590. Edited by Jane E. Mangan. Translated by Frances M. López-Morillas. Durham, NC: Duke University Press, 2002.

Adair, James. *Adair's History of the American Indians.* 1775. Edited by Samuel Cole Williams. New York: Promontory, 1930.

Adler, Hans, and Ernest A. Menze. "Introduction: On the Way to World History: Johann Gottfried Herder." In *On World History: An Anthology*, by Johann Gottfried Herder, edited by Hans Adler and Ernest A. Menze, translated by Ernest A. Menze and Michael Palma, 3–19. Armonk, NY: Sharpe, 1997.

African Rights. *Rwanda: Death, Despair and Defiance.* 2nd ed. London: African Rights, 1995.

Alexandrowicz, Charles H. *The European-African Confrontation: A Study in Treaty Making.* Leiden: Sijthoff, 1973.

———. "The Juridical Expression of the Sacred Trust of Civilization." *American Journal of International Law* 65, no. 1 (1971): 149–59.

Alker, Hayward R., Jr. "The Humanistic Moment in International Studies: Reflections on Machiavelli and Las Casas: 1992 Presidential Address." *International Studies Quarterly* 36, no. 4 (1992): 347–71.

Allen, Carleton Kemp. *Law in the Making.* 2nd ed. Oxford: Clarendon, 1930.

Allsen, Thomas T. *Mongol Imperialism: The Policies of the Grand Qan Möngke in China, Russia, and the Islamic Lands, 1251–1259.* Berkeley: University of California Press, 1987.

Altekar, Anant Sadashiv. *State and Government in Ancient India.* 2nd ed. Banaras: Motilal Banarsidass, 1955.

Amin, Samir. "Imperialism and Globalization." *Monthly Review* 53, no. 2 (2001): 6–24.

Anderson, Walter Truett. *All Connected Now: Life in the First Global Civilization.* Boulder, CO: Westview, 2001.

Anghie, Antony. "Finding the Peripheries: Sovereignty and Colonialism in Nineteenth-Century International Law." *Harvard International Law Journal* 40, no. 1 (1999): 1–80.

———. "Francisco de Vitoria and the Colonial Origins of International Law." *Social & Legal Studies* 5, no. 3 (1996): 321–36.

———. *Imperialism, Sovereignty and the Making of International Law.* Cambridge: Cambridge University Press, 2005.

Anwar Ibrahim. "Universal Values and Muslim Democracy." *Journal of Democracy* 17, no. 3 (2006): 5–12.

Aristotle. *The Politics.* London: Dent & Sons, 1912.

Armitage, David. *The Ideological Origins of the British Empire.* Cambridge: Cambridge University Press, 2000.

Arneil, Barbara. "Trade, Plantations, and Property: John Locke and the Economic Defense of Colonialism." *Journal of the History of Ideas* 55, no. 4 (1994): 591–609.

Bagehot, Walter. *Physics and Politics.* London: Kegan Paul, Trench, Trubner, [1875].

Bain, William. *Between Anarchy and Society.* Oxford: Oxford University Press, 2003.

Baldry, H. C. *The Unity of Mankind in Greek Thought.* Cambridge: Cambridge University Press, 1965.

Ball, Terrence, James Farr, and Russell L. Hanson. Introduction to *Political Innovation and Conceptual Change,* edited by Terence Ball, James Farr, and Russell L. Hanson, 1–5. Cambridge: Cambridge University Press, 1989.

Barnett, Michael N. "Bringing in the New World Order: Liberalism, Legitimacy, and the United Nations." *World Politics* 49, no. 4 (1997): 526–51.

Bateson, Mary Catherine. "Beyond Sovereignty: An Emerging Global Civilization." In *Contending Sovereignties: Redefining Political Community,* edited by R. B. J. Walker and Saul H. Medlovitz, 145–58. Boulder, CO: Lynne Reinner, 1990.

Bauman, Zygmunt. *Legislators and Interpreters: On Modernity, Post-Modernity and Intellectuals.* Ithaca, NY: Cornell University Press, 1987.

Bautista, Veltisezar B. *The Filipino Americans (from 1763 to the Present): Their History, Culture, & Traditions.* 2nd ed. Farmington Hills, MI: Bookhaus, 2002.

Beale, Howard K. *Theodore Roosevelt and the Rise of America to World Power.* Baltimore: Johns Hopkins Press, 1956.

Beck, Lewis White. Editor's introduction to *Kant on History*, vii–xxvi. Indianapolis: Bobbs-Merrill, 1963.

Beck, Ulrich. "The Cosmopolitan Manifesto." *New Statesman*, March 20, 1998, 29–30.

———. "The Cosmopolitan Perspective: Sociology of the Second Age of Modernity." *British Journal of Sociology* 51, no. 1 (2000): 79–106.

———. "The Cosmopolitan Society and Its Enemies." *Theory, Culture & Society* 19, nos. 1–2 (2002): 17–44.

Beisner, Robert L. *Twelve against Empire: The Anti-Imperialists, 1898–1900.* New York: McGraw-Hill, 1968.

Beitz, Charles. *Political Theory and International Relations.* Princeton, NJ: Princeton University Press, 1979.

Bell, Duncan S. A. *The Idea of Greater Britain: Empire and the Future of World Order, 1860–1900.* Princeton, NJ: Princeton University Press, 2007.

———. "Language, Legitimacy, and the Project of Critique." *Alternatives: Global, Local, Political* 27, no. 3 (2002): 327–50.

Benedict, Brother. "The Narrative of Brother Benedict the Pole." In *The Mongol Mission*, edited by Christopher Dawson, 79–84.

Benjamin, Walter. *Illuminations.* Edited by Hannah Arendt. New York: Schocken, 1969.

Bentham, Jeremy. *Plan for an Universal and Perpetual Peace.* 1786–1789. London: Peace Book, 1939.

Benveniste, Emile. "Civilization: A Contribution to the History of the Word." In *Problems in General Linguistics*, translated by Mary Elizabeth Meek, 289–296. Coral Gables, FL: University of Miami Press, 1971.

Berlin, Isaiah. "Kant as an Unfamiliar Source of Nationalism." In *The Sense of Reality: Studies in Ideas and their History*, by Isaiah Berlin, edited by Henry Hardy, 232–48. London: Chatto & Windus, 1996.

Bernal, Martin. *Black Athena: The Afroasiatic Roots of Classical Civilization.* 2 vols. London: Free Association, 1987.

———. *Black Athena Writes Back: Martin Bernal Responds to His Critics.* Edited by David Chioni Moore. Durham, NC: Duke University Press, 2001.

Bhattasali, Deepak, Shantong Li, and William J. Martin, eds. *China and the WTO: Accession, Policy Reform, and Poverty Reduction Strategies.* Washington, DC: World Bank, 2004.

Blackburn, H. J. *The Future of Our Past: From Ancient Greece to Global Village.* Edited by Barbara Smoker. Amherst, NY: Prometheus, 1996.

Blair, Tony. "The Power of Community Can Change the World." Speech by the prime minister to the Labour Party Conference, Brighton, October 3, 2001. At www.ppionline.org/ndol/print.cfm?contentid=3881.

Bolton, John R. "Beyond the Axis of Evil: Additional Threats from Weapons of Mass Destruction." Speech delivered at the Heritage Foundation, Washington, DC, May 6, 2002. At www.state.gov/t/us/rm/9962.htm.

Boot, Max. "Colonise Wayward Nations." *Australian*, October 15, 2001, 13.

———. *The Savage Wars of Peace: Small Wars and the Rise of American Power.* New York: Basic, 2002.

Booth, Ken. "Discussion: A Reply to Wallace." *Review of International Studies* 23, no. 3 (1997): 371–77.

Boswell, James. *Boswell's Life of Johnson.* 1791. 6 vols. Oxford: Clarendon, 1934.

Boutros-Ghali, Boutros. *An Agenda for Peace.* New York: United Nations, 1992.

Bowden, Brett. "Civilization and Savagery in the Crucible of War." *Global Change, Peace & Security* 19, no. 1 (2007): 3–16.

―――. "The Colonial Origins of International Law: European Expansion and the Classical Standard of Civilisation." *Journal of the History of International Law/Revue d'histoire du droit international* 7, no. 1 (2005): 1–23.

―――. "The Ideal of Civilization: Its Origins and Socio-Political Character." *Critical Review of International Social and Political Philosophy* 7, no. 1 (2004): 25–50.

―――. "In the Name of Progress and Peace: The 'Standard of Civilization' and the Universalizing Project." *Alternatives: Global, Local, Political* 29, no. 1 (2004): 43–68.

―――. "The Perils of Global Citizenship." *Citizenship Studies* 7, no. 3 (2003): 349–62.

―――. "The River of Inter-civilisational Relations: The Ebb and Flow of Peoples, Ideas and Innovations." *Third World Quarterly* 28, no. 7 (2007): 1359–74.

Bowden, Brett, and Leonard Seabrooke, eds. *Global Standards of Market Civilization.* London: Routledge, 2006.

Bowden, Brett, and Michael T. Davis, eds. *Terror: From Tyrannicide to Terrorism.* St. Lucia: University of Queensland Press; London: Routledge, 2008.

Bradshaw, Steve. "The Coming Chaos?" *Moving Pictures Bulletin* 25 (1996): 18–19.

Brandon, William. *New Worlds for Old: Reports from the New World and Their Effect on the Development of Social Thought in Europe, 1500–1800.* Athens: Ohio University Press, 1986.

Braudel, Fernand. *A History of Civilizations.* Translated by Richard Mayne. New York: Allen Lane / Penguin, 1987.

―――. *On History.* Translated by Sarah Matthews. London: Weidenfeld & Nicolson, 1980.

Brennan, Timothy. *At Home in the World: Cosmopolitanism Now.* Cambridge, MA: Harvard University Press, 1997.

Brierly, J. L. *The Law of Nations.* 4th ed. Oxford: Clarendon, 1949.

Brown, Chris. "The Construction of a 'Realistic Utopia': John Rawls and International Political Theory." *Review of International Studies* 28, no. 1 (2002): 5–21.

Brownlie, Ian, ed. *Basic Documents in International Law.* 3rd ed. Oxford: Clarendon, 1994.

―――. *Principles of Public International Law.* 5th ed. Oxford: Clarendon, 1998.

Buchan, Bruce. "Explaining War and Peace: Kant and Liberal IR Theory." *Alternatives: Global, Local, Political* 27, no. 4 (2002): 407–28.

Bull, Hedley. *The Anarchical Society: A Study of Order in World Politics.* 2nd ed. London: Macmillan, 1995.

———. "The Emergence of a Universal International Society." In *The Expansion of International Society*, edited by Hedley Bull and Adam Watson, 117–26. Oxford: Clarendon, 1984.

———. "The Grotian Conception of International Society." In *Diplomatic Investigations*, edited by Herbert Butterfield and Martin Wight, 51–73. London: Allen & Unwin, 1966.

Bull, Hedley, and Adam Watson, eds. *The Expansion of International Society.* Oxford: Clarendon, 1984.

———. Introduction to *The Expansion of International Society.* Edited by Hedley Bull and Adam Watson, 1–9. Oxford: Clarendon, 1984.

Burke, Edmund. "India." In *Selections: With Essays by Hazlitt, Arnold & Others*, edited by A. M. D. Hughes, 111–27. Oxford: Clarendon, 1921.

Bury, J. B. *The Idea of Progress: An Inquiry into Its Origin and Growth.* New York: Dover, 1960.

Bush, George W. "Address to a Joint Session of Congress and the American People." September 20, 2001. www.whitehouse.gov/news/releases/2001/09/print/20010920-8.html.

———. Preface to *The National Security Strategy of the United States of America.* Washington, DC: White House, September 2002.

———. "President Addresses Nation, Discusses Iraq, War on Terror." June 28, 2005. www.whitehouse.gov/news/releases/2005/06/20050628-7.html.

———. President's State of the Union address, January 29, 2002. www.whitehouse.gov/news/releases/2002/01/20020129-11.html.

———. "Securing Freedom's Triumph." *New York Times*, September 11, 2002, A33.

Cassese, Antonio. *International Law in a Divided World.* Oxford: Clarendon, 1986.

Cederman, Lars-Erik. "Back to Kant: Reinterpreting the Democratic Peace as a Macrohistorical Learning Process." *American Political Science Review* 95, no. 1 (2001): 15–31.

Chenyang Li. "Confucian Value and Democratic Value." *Journal of Value Inquiry* 31, no. 2 (1997): 183–93.

Chossudovsky, Michel. *The Globalisation of Poverty.* London: Zed, 1997.

Chua, Amy. *World on Fire: How Exporting Market Democracy Breeds Ethnic Hatred and Global Instability.* New York: Doubleday, 2002.

Clark, Ian. *The Hierarchy of States: Reform and Resistance in International Order.* Cambridge: Cambridge University Press, 1989.

Clarke, J. J. *Oriental Enlightenment: The Encounter between Asian and Western Thought.* London: Routledge, 1997.

Cobb, Stanwood. *Islamic Contributions to Civilisation.* Washington, DC: Avalon, 1963.

Colby, Eldridge. "How to Fight Savage Tribes." *American Journal of International Law* 21, no. 2 (1927): 279–88.

Collingwood, R. G. *The New Leviathan*. Edited by David Boucher. Oxford: Clarendon, 1992.

Colton, Joel. Foreword to *Progress and Its Discontents*. Edited by Gabriel A. Almond, Marvin Chodorow, and Roy Harvey Pearce, ix–xii. Berkeley: University of California Press, 1982.

Columbus, Christopher. "Letter of 15th February 1493 on the Islands Newly Found by the King of Spain." In *The Journal of Christopher Columbus*, translated by Cecil Jane, 191–202. London: Anthony Blond and Orion Press, 1960.

Commission on Global Governance. *Our Global Neighborhood*. New York: Oxford University Press, 1995.

Condorcet, Antoine-Nicolas de. *Sketch for a Historical Picture of the Progress of the Human Mind*. Translated by June Barraclough. 1795. London: Weidenfeld & Nicolson, 1955.

Conrad, Joseph. *Heart of Darkness and Other Tales*. 1899. Oxford: Oxford University Press, 1998.

Cooper, Robert. "The New Liberal Imperialism." *Observer*, April 7, 2002, www.observer.co.uk/worldview/story/0,11581,680095,00.html.

———. *The Post-Modern State and the World Order*. London: DEMOS, 1996.

Darwin, John. "Civility and Empire." In *Civil Histories: Essays Presented to Sir Keith Thomas*, edited by Peter Burke, Brian Harrison, and Paul Slack, 321–36. Oxford: Oxford University Press, 2000.

Davies, Sir John. *Historical Relations; or, A discovery of the true causes why Ireland was never entirely subdued nor brought under obedience of the Crown of England until the beginning of the Reign of King James of happy memory*. Dublin: Samuel Dancer, 1664.

Dawson, Christopher, ed. *The Mongol Mission: Narratives and Letters of the Franciscan Missionaries in Mongolia and China in the Thirteenth and Fourteenth Centuries*. London: Sheed & Ward, 1955.

Diamond, Jared. *Guns, Germs, and Steel: The Fates of Human Societies*. New York: Norton, 1997.

Diamond, Larry. "Winning the New Cold War on Terrorism: The Democratic-Governance Imperative." Institute for Global Democracy, policy paper no. 1, March 2002.

Donne, John. "Meditation 17," from *Devotions upon Emergent Occasions*, 1624.

Donnelly, Jack. "Human Rights: A New Standard of Civilization." *International Affairs* 74, no. 1 (1998): 1–24.

Donnelly, Sally B. "Long-Distance Warrior." *Time*, December 12, 2005.

Doyle, Michael W. *Empires*. Ithaca, NY: Cornell University Press, 1986.

———. "Kant, Liberal Legacies, and Foreign Affairs, Part 2." *Philosophy and Public Affairs* 12, no. 4 (1983): 323–53.

———. "Liberalism and World Politics." *American Political Science Review* 80, no. 4 (1986): 1151–69.

Dunn, John. "The Identity of the History of Ideas." *Philosophy* 43 (1968): 85–104.

Dunne, Tim. *Inventing International Society: A History of the English School.* London: Palgrave Macmillan, 1998.

Durant, Will. In *Life* magazine, October 18, 1963.

Durkheim, E., and M. Mauss. "Note on the Notion of Civilization." *Social Research* 38, no. 4 (1971): 808–13.

Eakin, Emily. "'It Takes an Empire,' Say Several U.S. Thinkers." *New York Times*, April 2, 2002.

Edelstein, Ludwig. *The Idea of Progress in Classical Antiquity.* Baltimore: Johns Hopkins University Press, 1967.

Elias, Norbert. *The Civilizing Process.* Translated by Edmund Jephcott. Oxford: Basil Blackwell, 1994.

———. *The Civilizing Process.* Translated by Edmund Jephcott. Rev. ed. Oxford: Blackwell, 2000.

———. "Violence and Civilization: The State Monopoly of Physical Violence and Its Infringement." In *Civil Society and the State: New European Perspectives*, edited by John Keane, 177–98. London: Verso, 1988.

Elliot, J. H. *The Old World and the New, 1492–1650.* Cambridge: Cambridge University Press, 1970.

Engels, Frederick. *The Origin of Family, Private Property and the State.* 1884. Moscow: Progress, 1948.

Euben, Roxanne L. *Enemy in the Mirror: Islamic Fundamentalism and the Limits of Modern Rationalism: A Work of Comparative Political Theory.* Princeton, NJ: Princeton University Press, 1999.

Evans, Gareth. *Cooperating for Peace.* St. Leonards, NSW, Australia: Unwin & Hyman, 1993.

Falk, Richard. *Law in an Emerging Global Village: A Post-Westphalian Perspective.* New York: Transnational, 1998.

Farrar, Frederick. "Aptitude of the Races." *Transactions of the Ethnographical Society of London*, 1867.

Featherstone, Mike. "Cosmopolis: An Introduction." *Theory, Culture & Society* 19, nos. 1–2 (2002): 1–16.

Febvre, Lucien. "*Civilization*: Evolution of a Word and a Group of Ideas." In *A New Kind of History: From the Writings of Febvre*, edited by P. Burke, translated by K. Folca, 219–57. London: Routledge & Kegan Paul, 1973.

Fenton, William N., and Elizabeth L. Moore. Introduction to *Customs of the American Indians Compared with the Customs of Primitive Times* [1724], by Joseph Francois Lafitau. Edited and translated by William N. Fenton and Elizabeth L. Moore, xix–xxvii. 2 vols. Toronto: Chaplain Society, 1974.

Ferguson, Adam. *An Essay on the History of Civil Society 1767.* Edited by Duncan Forbes. Edinburgh: Edinburgh University Press, 1966.

———. *Principles of Moral and Political Science.* 1792. 2 vols. Hildesheim, Germany: Georg Olms Verlag, 1975.

Ferguson, Niall. *Colossus: The Price of America's Empire.* New York: Penguin, 2004.

———. *Empire: The Rise and Demise of the British World Order and the Lessons for Global Power.* New York: Basic, 2003.

———. "Hegemony or Empire?" *Foreign Affairs* 82, no. 5 (2003): 154–61.

Fidler, David P. "A Kinder, Gentler System of Capitulations? International Law, Structural Adjustment Policies, and the Standard of Liberal, Globalized Civilization." *Texas International Law Journal* 35, no. 3 (2000): 387–413.

Finnegan, William. "The Economics of Empire: Notes on the Washington Consensus." *Harper's Magazine*, May 2003, 41–54.

Fiore, Pasquale. *International Law Codified and Its Legal Sanction*. New York: Baker, Voorhis, 1918.

Forbes, Duncan. Introduction to *An Essay on the History of Civil Society 1767*, by Adam Ferguson. Edited by Duncan Forbes, xii–xli. Edinburgh: Edinburgh University Press, 1966.

Franck, Thomas M. "The Emerging Right to Democratic Governance." *American Journal of International Law* 86 (1992): 46–91.

———. *Fairness in International Law and Institutions*. Oxford: Clarendon, 1995.

Freud, Sigmund. *The Future of an Illusion*. Translated by W. D. Robson-Scott. London: Hogarth Press and the Institute of Psycho-analysis, 1949.

Fukuyama, Francis. "The End of History?" *National Interest* 16 (1989): 3–18.

———. *The End of History and the Last Man*. London: Penguin, 1992.

———. "Natural Rights and Human History." *National Interest* 64 (2001): 17–30.

———. "Second Thoughts: The Last Man in a Bottle." *National Interest* 56 (1999): 16–33.

Fuller, J. F. C. *The Reformation of War*. London: Hutchinson, 1923.

Gardels, Nathan. "Comment: The New Babel and the Noblest of Pains." *New Perspectives Quarterly* 8, no. 4 (1991): 2–3.

General Act of the Berlin Conference of 1884–1885, February 26, 1885.

Gibbon, Edward. *The Decline and Fall of the Roman Empire*. 1776–1788. Harmondsworth: Penguin, with Chatto & Windus, 1963.

Gibson-Graham, J. K. *The End of Capitalism (As We Knew It): A Feminist Critique of Political Economy*. Minneapolis: University of Minnesota Press, 2006.

Glave, E. J. "Cruelty in the Congo Free State: Concluding Extracts from the Journals of the Late E. J. Glave." *The Century Illustrated Monthly Magazine* 54, n.s., 32 (New York: Century; London: Macmillan, May–October 1897): 699–715.

Goddard, E. H., and P. A. Gibbons. *Civilisation or Civilisations: An Essay in the Spenglerian Philosophy of History*. London: Constable, 1926.

Goldgeier, James M., and Michael McFaul. "A Tale of Two Worlds: Core and Periphery in the Post-Cold War Era." *International Organization* 46, no. 2 (1992): 467–91.

Gong, Gerrit W. "Asian Financial Crisis: Culture and Strategy." Paper presented at the ICAS Fall Symposium, University of Pennsylvania, September 29, 1998, www.icasinc.org/f1998/gwgf1998.html.

———. "The Beginning of History: Remembering and Forgetting as Strategic Issues." *Washington Quarterly* 24, no. 2 (2001): 45–57.

──. *The Standard of "Civilization" in International Society.* Oxford: Clarendon, 1984.

──. "Standards of Civilization Today." In *Globalization and Civilizations,* edited by Mehdi Mozaffari, 75–96. London: Routledge, 2002.

Gray, John. *Enlightenment's Wake: Politics and Culture at the Close of the Modern Age.* London: Routledge, 1995.

──. *False Dawn: The Delusions of Global Capitalism.* London: Granta, 1998.

──. "Global Utopias and Clashing Civilizations: Misunderstanding the Present." *International Affairs* 74, no. 1 (1998): 149–64.

Great Britain War Office. *Manual of Military Law.* London: HMSO, 1914.

Guha, Ranajit. *History at the Limit of World-History.* New York: Columbia University Press, 2002.

Guizot, François. *The History of Civilization in Europe.* Translated by William Hazlitt. 1828. Harmondsworth: Penguin, 1997.

Guyuk Khan. "Guyuk Khan's Letter to Pope Innocent IV (1246)." In *The Mongol Mission,* edited by Christopher Dawson, 85–86.

Haase, Wolfgang, and Meyer Reinhold, eds. *The Classical Tradition and the Americas.* Berlin: W. de Gruyter, 1994.

Hall, Martin, and Patrick Thaddeus Jackson, eds. *The Production and Reproduction of "Civilizations" in International Relations.* New York: Palgrave, 2007.

Hall, William Edward. *A Treatise on International Law.* 3rd ed. Oxford: Clarendon, 1890.

Hampshire, Stuart. Introduction to *Sketch for a Historical Picture of the Progress of the Human Mind* [1795], by Antoine-Nicolas de Condorcet. Translated by June Barraclough, vii–xii. London: Weidenfeld & Nicolson, 1955.

Hankins, Frank H. *The Racial Basis of Civilization.* New York: Knopf, 1926.

Hardt, Michael, and Antonio Negri. *Empire.* Cambridge, MA: Harvard University Press, 2000.

Harries, Owen. *Benign or Imperial? Reflections on American Hegemony.* Sydney: ABC Books, 2004.

Hartmann, Eduard von. *Philosophy of Unconscious.* Translated by William Chatterton Coupland. 3 vols. London: Kegan Paul, Trench, Trübner, 1893.

Harvey, David. "Cosmopolitanism and the Banality of Geographic Evils." *Public Culture* 12, no. 2 (2000): 529–64.

──. *The New Imperialism.* Oxford: Oxford University Press, 2003.

Hasluck, Paul. "The Native Welfare Conference, 1951." In *Native Welfare in Australia: Speeches and Addresses.* Perth: Paterson Brakensha, 1953.

Hegel, G. W. F. *Aesthetics: Lectures on Fine Art.* 1835–1838. Translated by T. M. Knox. 2 vols. Oxford: Clarendon, 1975.

──. *The Philosophy of History.* Translated by J. Sibree. New York: Dover, 1956.

──. *Philosophy of Right.* 1821. Translated by T. M. Knox. Oxford: Clarendon, 1958.

Heidegger, Martin. "Letter on Humanism." In *Martin Heidegger: Basic Writings,* edited by David Farrell Krell. 2nd ed. London: Routledge, 1993.

Herder, Johann Gottfried. *On World History: An Anthology.* Edited by Hans Adler and Ernest A. Menze, translated by Ernest A. Menze and Michael Palma. Armonk, NY: Sharpe, 1997.

———. *Philosophical Writings.* Edited by Michel N. Forster. Cambridge: Cambridge University Press, 2002.

Herf, Jeffrey. *Reactionary Modernism: Technology, Culture, and Politics in Weimar and the Third Reich.* Cambridge: Cambridge University Press, 1984.

Hernstein, Richard J., and Charles Murray. *The Bell Curve: Intelligence and Class Structure in American Life.* New York: Free Press, 1994.

Hill, Lisa. "The Two *Republicae* of the Roman Stoics: Can a Cosmopolite Be a Patriot?" *Citizenship Studies* 4, no. 1 (2000): 65–79.

Himmelfarb, Gertrude. "In Defense of Progress." *Commentary* 69, no. 6 (1980): 53–60.

Hindess, Barry. "The Liberal Government of Unfreedom." *Alternatives: Global, Local, Political* 26, no. 2 (2001): 93–111.

Hobbes, Thomas. *Leviathan.* 1651. Edited by C. B. MacPherson. Harmondsworth: Penguin, 1985.

Hobsbawm, Eric. "Barbarism: A User's Guide." *New Left Review* 206 (1994): 44–54.

Hobson, John A. *Imperialism: A Study.* 3rd ed. London: Allen & Unwin, 1948.

Hobson, John M. *The Eastern Origins of Western Civilisation.* Cambridge: Cambridge University Press, 2004.

Hobson, John M., and Leonard Seabrooke. "Reimagining Weber: Constructing International Society and the Social Balance of Power." *European Journal of International Relations* 7, no. 2 (2001): 239–74.

Homer-Dixon, Thomas F. *Environment, Scarcity, and Violence.* Princeton, NJ: Princeton University Press, 2001.

———. "Environmental Scarcities and Violent Conflict: Evidence from Cases." *International Security* 19, no. 1 (1994): 5–40.

———. "On the Threshold: Environmental Changes as Causes of Acute Conflict." *International Security* 16, no. 2 (1991): 76–116.

Howard, Michael. *The Invention of Peace: Reflections on War and International Order.* London: Profile, 2000.

Humboldt, Alexander von. *Cosmos: A Sketch of a Physical Description of the Universe.* Translated by E. C. Otté. London: Henry G. Bohn, 1864–65.

Humphreys, David. *The Miscellaneous Works of David Humphreys.* New York: T. and J. Swords, 1804.

Huntington, Samuel P. "The Clash of Civilizations?" *Foreign Affairs* 72, no. 3 (1993): 22–49.

———. *The Clash of Civilizations and the Remaking of World Order.* London: Simon & Schuster, 1997.

———. *Political Order in Changing Societies.* New Haven, CT: Yale University Press, 1968.

———. *The Soldier and the State: The Theory and Politics of Civil-Military Relations.* Cambridge, MA: Belknap Press / Harvard University Press, 1957.

———. "The West Unique, Not Universal." *Foreign Affairs* 75, no. 6 (1996): 28–46.

Iggers, Georg G. "The Idea of Progress in Historiography and Social Thought since the Enlightenment." In *Progress and Its Discontents*, edited by Gabriel A. Almond, Marvin Chodorow, and Roy Harvey Pearce, 41–66. Berkeley: University of California Press, 1982.

Ignatieff, Michael. "The Burden." *New York Times Magazine*, January 5, 2003, 22–27 and 50–54.

———. *Empire Lite*. London: Vintage, 2003.

———. "Nation-Building Lite." *New York Times Magazine*, July 28, 2002, 26–31 and 54–56.

———. "The Seductiveness of Moral Disgust." *Social Research* 62, no. 1 (1995): 77–97.

———. *The Warrior's Honor: Ethnic War and the Modern Conscience*. London: Vintage, 1999.

Inayatullah, Naeem, and David L. Blaney. *International Relations and the Problem of Difference*. New York: Routledge, 2004.

Innocent IV, Pope. "Document 40: *Commentaria Doctissima in Quinque Libros Decretalium*." In *The Expansion of Europe: The First Phase*, edited by James Muldoon, 191. Philadelphia: University of Pennsylvania Press, 1977.

———. "Two Bulls of Pope Innocent IV to the Emperor of the Tartars." In *The Mongol Mission*, edited by Christopher Dawson, 73–76.

Jackson, Patrick Thaddeus. *Civilizing the Enemy: German Reconstruction and the Invention of the West*. Ann Arbor: University of Michigan Press, 2006.

Jahn, Beate. *The Cultural Construction of International Relations: The Invention of the State of Nature*. Basingstoke: Palgrave, 2000.

Johnson, Chalmers. *Nemesis: The Last Days of the American Republic*. New York: Metropolitan, 2006.

———. *The Sorrows of Empire: Militarism, Secrecy, and the End of the Republic*. New York: Metropolitan, 2004.

Johnson, James Turner. *The Holy War Idea in Western and Islamic Traditions*. University Park: Pennsylvania State University Press, 1997.

Johnson, Paul. "Colonialism's Back—and Not a Moment Too Soon." *New York Times Magazine*, April 18, 1993, 22 and 43–44.

Kacowicz, Arie M. "Explaining Zones of Peace: Democracies as Satisfied Powers? *Journal of Peace Research* 32, no. 5 (1995): 265–76.

Kagan, Robert. "The Benevolent Empire." *Foreign Policy* 111 (1998): 24–34.

Kant, Immanuel. *Kant: On History*. Edited by Lewis White Beck. Indianapolis: Bobbs-Merrill, 1963.

———. "Idea for a Universal History from a Cosmopolitan Point of View." 1784. In *Kant: On History*, 11–26.

———. "An Old Question Raised Again: Is The Human Race Constantly Progressing?" 1798. In *Kant: On History*, 137–54.

———. "Perpetual Peace." 1795. In *Kant: On History*, 85–135.

———. "Reviews of Herder's *Ideas for a Philosophy of the History of Mankind*." 1785. In *Kant: On History*, 27–39.

Kaplan, Robert D. *Balkan Ghosts: A Journey through History*. London: Macmillan, 1993.

——. "The Coming Anarchy." *Atlantic Monthly*, February 1994, 44–76.

Keal, Paul. *European Conquest and the Rights of Indigenous Peoples: The Moral Backwardness of International Society*. Cambridge: Cambridge University Press, 2003.

Keane, John. *The Life and Death of Democracy*. London: Free Press; New York: Norton, forthcoming.

——. *Reflections on Violence*. London: Verso, 1996.

Keegan, Sir John. Interviewed on *Foreign Correspondent*. Australian Broadcasting Corporation, October, 10 2001, www.abc.net.au/foreign/stories/s387060.htm.

——. "Why the West Will Win." *The Age* (Melbourne), October 9, 2001, 19.

Keene, Edward. *Beyond the Anarchical Society: Grotius, Colonialism and Order in World Politics*. Cambridge: Cambridge University Pres, 2002.

Kelsay, John, and James Turner Johnson, eds. *Just War and Jihad: Historical and Theoretical Perspectives on War and Peace in Western and Islamic Traditions*. New York: Greenwood, 1991.

Kennedy, Paul. *The Rise and Fall of the Great Powers: Economic Change and Military Conflict from 1500 to 2000*. New York: Random House, 1987.

Keohane, Nannerl O. "The Enlightenment Idea of Progress Revisited." In *Progress and Its Discontents*, edited by Gabriel A. Almond, Marvin Chodorow, and Roy Harvey Pearce, 21–40. Berkeley: University of California Press, 1982.

Keohane, Robert O. *Power and Governance in a Partially Globalized World*. London: Routledge, 2002.

Kepner, Charles D., Jr., and Jay H. Soothill. *The Banana Empire: A Case Study of Economic Imperialism*. New York: Russell & Russell, 1967.

Keynes, John Maynard. *The General Theory of Employment, Interest and Money*. London: MacMillan, 1936.

Kim Dae Jung. "Is Culture Destiny?" *Foreign Affairs* 73, no. 6 (1994): 189–94.

Kingsbury, Benedict. "Sovereignty and Inequality." In *Inequality, Globalization, and World Politics*, edited by Andrew Hurrell and Ngaire Woods, 66–94. Oxford: Oxford University Press, 1999.

Knox, Robert. *The Races of Men: A Philosophical Inquiry into the Influence of Race over the Destinies of Nations*. 2nd ed. London: Henry Renshaw, 1862.

Koselleck, Reinhart. *Futures Past: On the Semantics of Historical Time*. Translated by Keith Tribe. Cambridge, MA: MIT Press, 1985.

Koskenniemi, Martti. *The Gentle Civilizer of Nations: The Rise and Fall of International Law 1870–1960*. Cambridge: Cambridge University Press, 2001.

Krauthammer, Charles. "The Bush Doctrine: In American Foreign Policy, a New Motto: Don't Ask. Tell." *Time*, March 5, 2001, 42.

Kraynak, Robert P. "Hobbes on Barbarism and Civilization." *Journal of Politics* 45, no. 1 (1983): 86–109.

Kuper, Adam. *Culture: The Anthropologists' Account.* Cambridge, MA: Harvard University Press, 1999.

Kurtz, Stanley. "Democratic Imperialism: A Blueprint." *Policy Review* 118 (2003), www.policyreview.org/apr03/kurtz.html.

Landes, David S. "The Role of Culture in Sustainable Development." In *Culture Counts: Financing, Resources, and the Economics of Culture in Sustainable Development—Proceedings of the Conference.* Florence, Italy. Washington, DC: World Bank, 1999, 27–30.

———. *The Wealth and Poverty of Nations.* London: Little, Brown, 1998.

Lapham, Edward J. "Liberalism, Civic Humanism, and the Case of Adam Smith." *American Political Science Review* 78, no. 3 (1984): 764–74.

Las Casas, Bartolomé de. *In Defense of the Indians.* Edited and translated by Stafford Poole. DeKalb: Northern Illinois University Press, 1974.

Laursen, John Christian, ed. *Religious Toleration: The "Variety of Rites" from Cyrus to Defoe.* New York: St. Martin's, 1999.

Lauterpacht, H. *Recognition in International Law.* Cambridge: Cambridge University Press, 1947.

Lee Teng-hui. "Chinese Culture and Political Renewal." *Journal of Democracy* 6, no. 4 (1995): 3–8.

Lefkowitz, Mary R., and Guy MacLean Rogers, eds. *Black Athena Revisited.* Chapel Hill: University of North Carolina Press, 1996.

Lenin, V. I. *Imperialism, the Highest Stage of Capitalism: A Popular Outline.* Peking: Foreign Languages, 1965.

Lerner, Daniel. *The Passing of Traditional Society: Modernizing the Middle East.* New York: Free Press, 1964.

Levenson, J. R. *Revolution and Cosmopolitanism: The Western Stages and the Chinese Stages.* Berkeley: University of California Press, 1971.

Levy, Jack S. "Domestic Politics and War." *Journal of Interdisciplinary History* 18, no. 4 (1988): 653–73.

Lieven, Anatol. "The Empire Strikes Back." *Nation,* July 7, 2003, 25–30.

Lindqvist, Sven. *"Exterminate All the Brutes."* Translated by Joan Tate. London: Granta, 1998.

Lipschutz, Ronnie D. "Reconstructing World Politics: The Emergence of Global Civil Society." *Millennium: Journal of International Studies* 21, no. 3 (1992): 389–420.

Lloyd, John. "The Return of Imperialism." *New Statesman,* April 15, 2002, 21–22.

Locke, John. *Two Treatises of Government.* 1690. New York: New American Library, 1965.

Lorimer, James. *The Institutes of the Law of Nations.* 2 vols. Edinburgh: William Blackwood & Sons, 1883.

Lubbock, Sir John. *The Origin of Civilisation and the Primitive Condition of Man: Mental and Social Condition of Savages.* New York: Appleton, 1870.

Macklin, Ruth. "Moral Progress." *Ethics* 87, no. 4 (1977): 370–82.

Maier, Charles S. "An American Empire? The Problems of Frontiers and Peace in Twenty-First-Century World Politics." *Harvard Magazine* 105, no. 2 (2002): 28–31.

Maitland, Frederic William. *The Collected Papers of Frederic William Maitland*. Edited by H. A. L. Fisher. Cambridge: Cambridge University Press, 1911.

Mallaby, Sebastian. "The Reluctant Imperialist." *Foreign Affairs* 81, no. 2 (2002): 2–7.

Manji, Firoze, and Carl O'Coill. "The Missionary Position: NGOs and Development in Africa." *International Affairs* 78, no. 3 (2002): 567–83.

Marx, Karl. "The Eighteenth Brumaire of Louis Bonaparte" [3rd ed., 1885]. In *Selected Works*, by Karl Marx and Frederick Engels, 1:243–344. Moscow: Foreign Languages, 1958.

Marx, Karl, and Frederick Engels. "Manifesto of the Communist Party." In *Selected Works*, by Karl Marx and Frederick Engels, 1:21–65. Moscow: Foreign Languages, 1958.

Maverick, Lewis A. *China: A Model for Europe*. San Antonio, TX: Paul Anderson, 1946.

May, J. A. *Kant's Concept of Geography and Its Relation to Recent Geographical Thought*. Toronto: University of Toronto Press, 1970.

Mazlish, Bruce. *Civilization and Its Contents*. Stanford, CA: Stanford University Press, 2004.

———. "The Tragic Farce of Marx, Hegel, and Engels: A Note." *History and Theory* 11, no. 3 (1972): 335–37.

Mazrui, Ali. "The Message of Rwanda: Recolonize Africa?" *New Perspectives Quarterly* 11, no. 4 (1994): 18–20.

Mazzini, Giuseppe. *Life and Writings of Joseph Mazzini*, 2nd ed., 6 vols. London: Smith, Elder, 1891.

McMahon, Darrin M. *Enemies of the Enlightenment: The French Counter-Enlightenment and the Making of Modernity*. New York: Oxford University Press, 2001.

Meek, Ronald L. *Social Science and the Ignoble Savage*. Cambridge: Cambridge University Press, 1976.

Mehta, Uday Singh. *Liberalism and Empire: A Study in Nineteenth-Century British Thought*. Chicago: University of Chicago Press, 1999.

Melko, Matthew. *The Nature of Civilizations*. Boston: Porter Sargent, 1969.

Mertens, Thomas. "From 'Perpetual Peace' to 'The Law of Peoples': Kant, Habermas and Rawls on International Relations." *Kantian Review* 6 (2002): 60–84.

Merton, Robert K. "Civilization and Culture." *Sociology and Social Research* 21, no. 2 (1936): 103–13.

Mignolo, Walter D. Introduction to *Natural and Moral History of the Indies* [1590], by José de Acosta. Edited by Jane E. Mangan, translated by Frances M. López-Morillas, xvii–xxviii. Durham, NC: Duke University Press, 2002.

Mill, John Stuart. "Civilization." 1836. In *Essays on Politics and Culture*, edited by Gertrude Himmelfarb, 51–84. Garden City, NY: Doubleday, 1962.

———. "A Few Words on Non-Intervention." 1859. In *Essays on Politics and Culture*, edited by Gertrude Himmelfarb, 396–413. Garden City, NY: Doubleday, 1962.

————. *Utilitarianism, Liberty, and Representative Government.* 1859–1861. London: Dent & Sons, 1962.

Milne, Seumas. "The Battle for History." *Guardian Weekly,* September 19–25, 2002, 11.

Misra, Maria. "The Empire Strikes Back." *New Statesman,* November 12, 2001, 25–27.

Montesquieu. *The Spirit of the Laws.* 1748. Translated by Thomas Nugent. New York: Hafner, 1949.

Moravcsik, Andrew. "Taking Preferences Seriously: A Liberal Theory of International Politics." *International Organization* 51, no. 4 (1997): 513–33.

Morgan, Lewis H. *Ancient Society; or, Researches in the Lines of Human Progress from Savagery through Barbarism to Civilization.* 1877. Chicago: Kerr, 1907.

————. *The League of the Iroquois.* 1851. North Dighton, MA: JG Press, 1995.

Mosseau, Michael. "Market Prosperity, Democratic Consolidation, and Democratic Peace." *Journal of Conflict Resolution* 44, no. 4 (2000): 472–507.

Moynihan, Daniel Patrick. "Civilization Need Not Die." *Harvard Magazine,* July–August 2002, 67–69.

Mozaffari, Mehdi. "The Transformationalist Perspective and the Rise of a Global Standard of Civilization." *International Relations of the Asia-Pacific* 1, no. 2 (2001): 247–64.

Muhlberger, Steven, and Phil Paine. "Democracy's Place in World History." *Journal of World History* 4, no. 1 (1993): 23–45.

Muldoon, James. *The Americas in the Spanish World Order: The Justification for Conquest in the Seventeenth Century.* Philadelphia: University of Pennsylvania Press, 1994.

————, ed. *The Expansion of Europe: The First Phase.* Philadelphia: University of Pennsylvania Press, 1977.

————. "The Indian as Irishman." *Essex Institute Historical Collections* 111 (1975): 267–89.

————. *Popes, Lawyers, and Infidels.* Philadelphia: University of Pennsylvania Press, 1979.

Münkler, Herfried. *Empires: The Logic of World Domination from Ancient Rome to the United States.* Translated by Patrick Camiller. Cambridge: Polity Press, 2007.

Murray, Charles. *Human Accomplishment: The Pursuit of Excellence in the Arts and Sciences, 800 B.C. to 1950.* New York: Harper Collins, 2003.

————. "The Idea of Progress: Once Again, with Feeling." *Hoover Digest,* 2001, no. 3. www-hoover.org/publications/digest/3467936.html.

Muthu, Sankar. *Enlightenment against Empire.* Princeton, NJ: Princeton University Press, 2003.

————. "Enlightenment Anti-Imperialism." *Social Research* 66, no. 4 (1999): 959–1007.

"NATO Lines Up Russian Support." *New York Times (on the Web),* September 13, 2001.

Neumann, Iver B. *Uses of the Other: "The East" in European Identity Forma-tion*. Minneapolis: University of Minnesota Press, 1998.

Nietzsche, Friedrich. "Aus dem Nachlass der Achtzigerjahre." In *Werke*, 3:837. Munich: Carl Hanser Verlag, 1966.

Ninio, Julian. *The Empire of Ignorance, Hypocrisy and Obedience*. Mel-bourne: Scribe, 2004.

Nisbet, Robert. *History of the Idea of Progress*. London: Heinemann, 1980.

Norgaard, Richard B. *Development Betrayed: The End of Progress and a Coevolutionary Revisioning of the Future*. London: Routledge, 1994.

Nussbaum, Martha C. "Kant and Stoic Cosmopolitanism." *Journal of Political Philosophy* 5, no. 1 (1997): 1–25.

———. "Patriotism and Cosmopolitanism." In *For Love of Country: Debating the Limits of Patriotism*, edited by Joshua Cohen, 2–17. Boston: Beacon, 1996.

Nye, Joseph. "The New Rome Meets the New Barbarians." *Economist*, March 23, 2002, 23–25.

Nys, Ernest. Introduction to *De Indis et de Iure Belli Relectiones*, by Francis-cus de Vitoria. Edited by Ernest Nys, 9–53. Reprint of 1696 ed. New York: Oceana for the Carnegie Institution, 1964.

O'Hagan, Jacinta. *Conceptualizing the West in International Relations: From Spengler to Said*. Basingstoke: Palgrave, 2002.

Odom, William E, and Robert Dujarric. *America's Inadvertent Empire*. New Haven, CT: Yale University Press, 2004.

Offe, Clause. "Modern 'Barbarity': A Micro State of Nature." *Constellations* 2, no. 3 (1996): 354–77.

Onuf, Nicholas Greenwood. *The Republican Legacy in International Thought*. Cambridge: Cambridge University Press, 1998.

Oren, Ido. "The Subjectivity of the 'Democratic' Peace: Changing U.S. Per-ceptions of Imperial Germany." In *Debating the Democratic Peace: An International Security Reader*, edited by Michael E. Brown, Sean M. Lynn-Jones, and Steven E. Miller, 263–300. Cambridge, MA,: MIT Press, 1996.

Pagden, Anthony. "The 'Defence of Civilization' in Eighteenth-Century Social Theory." *History of the Human Sciences* 1, no. 1 (1988): 33–45.

———. *The Fall of Natural Man: The American Indian and the Origins of Comparative Ethnology*. Cambridge: Cambridge University Press, 1982.

———. "The Genesis of 'Governance' and Enlightenment Conceptions of the Cosmopolitan World Order." *International Social Science Journal* 50, no. 155 (1998): 7–15.

———. *Lords of All the World: Ideologies of Empire in Spain, Britain and France c.1500–c.1800*. New Haven, CT: Yale University Press, 1995.

———. *Peoples and Empires*. London: Weidenfeld & Nicholson, 2001.

———. "Stoicism, Cosmopolitanism, and the Legacy of European Imperial-ism." *Constellations* 7, no. 1 (2000): 3–22.

Pakenham, Thomas. *The Scramble for Africa (1876–1912)*. London: Abacus, 1992.

Palonen, Kari. "Rhetorical and Temporal Perspectives on Conceptual Change." *Finnish Yearbook of Political Thought* 3 (1999): 41–59.

Panitch, Leo, and Sam Gindin. "Global Capitalism and American Empire." In *The New Imperial Challenge: Socialist Register 2004*, edited by Leo Panitch and Colin Leys. New York: Monthly Review, 2003.

Pfaff, William. *The Wrath of Nations: Civilization and the Furies of Nationalism*. New York: Simon & Schuster, 1993.

Pitts, Jennifer. *A Turn to Empire: The Rise of Imperial Liberalism in Britain and France*. Princeton, NJ: Princeton University Press, 2006.

Pocock, J. G. A. "The History of Political Thought: A Methodological Enquiry." In *Philosophy, Politics, and Society*, 2nd ser., edited by Peter Laslett and W. C. Runicman, 183–202. Oxford: Blackwell, 1962.

Pogge, Thomas W. "Cosmopolitanism and Sovereignty." *Ethics* 103, no. 1 (1992): 48–75.

Poirot, Clifford S., Jr. "The Return to Barbarism." *Journal of Economic Issues* 31, no. 1 (1997): 233–44.

Pollock, S., H. K. Bhaba, C. A. Breckenridge, and D. Chakrabarty. "Cosmopolitanisms." *Public Culture* 12, no. 3 (2000): 577–89.

Prichard, J. C. "On the Extinction of Human Races." *Edinburgh New Philosophical Journal* 28 (1839): 166–70.

Pullapilly, Cyriac K., and Edwin J. Van Kley, eds. *Asia and the West: Encounters and Exchanges from the Age of Explorations*. Notre Dame, IN: Cross Cultural, 1986.

Rachewiltz, Igor de. *Papal Envoys to the Great Khans*. London: Faber & Faber, 1971.

Rawls, John. "The Law of Peoples." In *On Human Rights: The Oxford Amnesty Lectures*, edited by Stephen Shute and Susan Hurley, 41–82. New York: Basic, 1993.

———. *The Law of Peoples*. Cambridge, MA: Harvard University Press, 1999.

Razavi, Mehdi Amin, and David Ambuel, eds. *Philosophy, Religion, and the Question of Intolerance*. Albany: State University of New York Press, 1997.

Rée, Jonathon. "Cosmopolitanism and the Experience of Nationality." In *Cosmopolitics: Thinking and Feeling beyond the Nation*, edited by Pheng Cheah and Bruce Robbins, 77–90. Minneapolis: University of Minnesota Press, 1998.

Reichwein, Adolf. *China and Europe: Intellectual and Artistic Contacts in the Eighteenth Century*. London: Kegan Paul, Trench, Trubner, 1925.

Rhodes, Cecil. "Rhodes' 'Confession of Faith' of 1877." Appendix to *Cecil Rhodes*, by John Flint, 249–52. London: Hutchinson, 1976.

Ricardo, David. *Principles of Political Economy and Taxation*. Edited by E. C. K. Gonner. London: George Bell & Sons, 1891.

Rice, Condoleezza. "The Promise of Democratic Peace: Why Promoting Freedom Is the Only Realistic Path to Security." *Washington Post*, December 11, 2005, B07.

Richards, Paul. *Fighting for the Rainforest: War, Youth & Resources in Sierra Leone*. Oxford: International Africa Institute in association with James Currey; Portsmouth, NH: Heinemann, 1996.

Richter, Melvin. *The History of Political and Social Concepts: A Critical Introduction*. Cambridge: Cambridge University Press, 1995.

Ricoeur, Paul. *History and Truth*. Translated by Charles A. Kelbley. Evanston, IL: Northwestern University Press, 1965.

Roberts, J. M. *Triumph of the West*. London: British Broadcasting Corporation, 1985.

Robertson, William. *The History of America*. 12th ed. 4 vols. London: Cadell & Davies, 1812.

Robson, William A. *Civilisation and the Growth of Law*. London: Macmillan, 1935.

Rodrik, Dani. "How Far Will International Economic Integration Go?" *Journal of Economic Perspectives* 14, no. 1 (2000): 177–86.

Rogin, Michael Paul. *Ronald Reagan, the Movie: And Other Episodes in Political Demonology*. Berkeley: University of California Press, 1987.

Roosevelt, Theodore. "The Roosevelt Corollary to the Monroe Doctrine." United States' President Theodore Roosevelt's Annual Address to Congress, December 6, 1904.

Rosen, Stephen Peter. "The Future of War and the American Military." *Harvard Magazine* 104, no. 5 (2002): 29–31.

Rostow, W. W. *The Stages of Economic Growth: A Non-Communist Manifesto*. New York: Cambridge University Press, 1961.

Rothkopf, David. "In Praise of Cultural Imperialism?" *Foreign Policy* 107 (1997): 38–53.

Rousseau, Jean-Jacques. "Abstract and Judgement of Saint-Pierre's Project for Perpetual Peace." In *Rousseau on International Relations*, edited by Stanley Hoffman and David P. Fidler, 53–100. Oxford: Clarendon, 1991.

Rumelili, Bahar. *Constructing Regional Community and Order in Europe and Southeast Asia*. Basingstoke: Palgrave, 2007.

Russett, Bruce. *Controlling the Sword: The Democratic Governance of National Security*. Cambridge, MA: Harvard University Press, 1990.

———. *Grasping the Democratic Peace*. Princeton, NJ: Princeton University Press, 1993.

Russett, Bruce, John R. Oneal, and David R. Davis. "The Third Leg of the Kantian Tripod for Peace: International Organizations and Militarized Disputes, 1950–85." *International Organization* 52, no. 3 (1998): 441–67.

Ryan, Michael T. "Assimilating New Worlds in the Sixteenth and Seventeenth Centuries." *Comparative Studies in Society and History* 23, no. 4 (1981): 519–53.

Said, Edward W. *Culture and Imperialism*. New York: Vintage, 1994.

———. *Orientalism*. London: Routledge & Kegan Paul, 1978.

———. Preface to *Orientalism*. 25th anniversary ed. London: Penguin, 2003.

Salter, Mark B. *Barbarians & Civilization in International Relations*. London: Pluto, 2002.

Schäfer, Wolf. "Global Civilization and Local Cultures: A Crude Look at the Whole." *International Sociology* 16, no. 3 (2001): 301–19.

Schapiro, J. Salwyn. *Condorcet and the Rise of Liberalism*. New York: Octagon, 1963.

Schiller, F. C. S. Introduction to *Civilisation or Civilisations: An Essay in the Spenglerian Philosophy of History*. Edited by E. H. Goddard and P. A. Gibbons, vii–xvi. London: Constable, 1926.

Schiller, Friedrich von. "The Nature and Value of Universal History: An Inaugural Lecture [1789]." *History and Theory* 11, no. 3 (1972): 321–34.

Schirmer, Daniel B., and Stephen Rosskamm Shalom, eds. *The Philippines Reader: A History of Colonialism, Neocolonialism, Dictatorship, and Resistance*. Cambridge, MA: South End, 1987.

Schmidt, Brian. *The Political Discourse of Anarchy*. Albany: State University of New York Press, 1998.

Schwarzenberger, Georg. "The Standard of Civilisation in International Law." In *Current Legal Problems*, edited by George W. Keeton and Georg Schwarzenberger, 212–34. London: Stevens & Sons, 1955.

Schweitzer, Albert. *The Decay and the Restoration of Civilization*. Translated by C. T. Campion. 2nd ed. London: A. & C. Black, 1947.

Scott, David. *Refashioning Futures*. Princeton, NJ: Princeton University Press, 1999.

Scott, James Brown. *The Spanish Origin of International Law: Francisco de Vitoria and His Law of Nations*. Oxford: Clarendon, 1932.

Scruton, Roger. *The West and the Rest: Globalization and the Terrorist Threat*. London: Continuum, 2002.

Seabrooke, Leonard. "The Economic Taproot of U.S. Imperialism: The Bush Rentier Shift." *International Politics* 41, no. 3 (2004): 293–318.

Sen, Amartya. "Democracy as Universal Value." *Journal of Democracy* 10, no. 3 (1999): 3–17.

Sepúlveda, Ginés. "Summary of Sepúlveda's Position." In *In Defense of the Indians*, by Bartolomé de Las Casas, edited and translated by Stafford Poole, 11–13. DeKalb: Northern Illinois University Press, 1974.

Sharma, Jagdish P. *Republics in Ancient India, c. 1500 BC–500 BC*. Leiden: Brill, 1968.

Shils, E. "Political Development in the New States—The Will to Be Modern." In *Readings in Social Evolution and Development*, edited by S. N. Eisenstadt, 379–419. Oxford: Pergamon, 1970.

Shweder, Richard A. "On the Return of the 'Civilizing Project.'" *Dædalus* 131, no. 3 (2002): 117–21.

Sinclair, Timothy J. "Passing Judgement: Credit Rating Processes as Regulatory Mechanisms of Governance in the Emerging World Order." *Review of International Political Economy* 1, no. 1 (1994): 133–59.

Skinner, Quentin. "Language and Social Change." In *Meaning and Context: Quentin Skinner and His Critics*, edited by James Tully, 119–32. Cambridge: Polity, 1988.

———. "Meaning and Understanding in the History of Ideas." *History and Theory* 8, no. 1 (1969): 3–53.

———. "Rhetoric and Conceptual Change." *Finnish Yearbook of Political Thought* 3 (1999): 60–72.

Smith, Adam. *An Inquiry into the Nature and Causes of the Wealth of Nations*. 1776. London: Nelson & Sons, 1869.

Smith, Steve. "Is the Truth out There? Eight Questions about International Order." In *International Order and the Future of World Politics*, edited by T. V. Paul and John A. Hall, 99–119. Cambridge: Cambridge University Press, 1999.

Snow, Alpheus Henry. *The Question of Aborigines in the Law and Practice of Nations*. New York: Putnam's Sons; Knickerbocker, 1921.

Snyder, Craig. "Democracy and the Vitality of Evil." *National Interest* 17 (1989): 81–84.

Spencer, Herbert. *Social Statistics*. Rev. ed. London: Williams & Norgate, 1892.

Spengler, Oswald. *The Decline of the West*. Edited by Helmut Werner, translated by Charles Francis Atkinson. New York: Knopf, 1962.

Spiro, David E. "The Insignificance of the Liberal Peace." In *Debating the Democratic Peace: An* International Security *Reader*, edited by Michael E. Brown, Sean M. Lynn-Jones, and Steven E. Miller, 202–38. Cambridge, MA: MIT Press, 1996.

Starobinski, Jean. "The Word Civilization." In *Blessings in Disguise; or, The Morality of Evil*. Translated by Arthur Goldhammer, 1–35. Cambridge, MA: Harvard University Press, 1993.

Stephanson, Anders. *Manifest Destiny: American Expansionism and the Empire of Right*. New York: Hill & Wang, 1995.

Stevenson, John R. "South West Africa Cases (Ethiopia v. South Africa; Liberia v. South Africa), Second Phase." *American Journal of International Law* 61, no. 1 (1967): 116–210.

Stiglitz, Joseph E. "Towards a New Paradigm for Development: Strategies, Policies, and Processes." 1998 Prebisch Lecture at UNCTAD, Geneva, October 19, 1998.

Suskind, Ron. "Without a Doubt." *New York Times Magazine*, October 17, 2004, 44–51, 64, 102, 106.

Suzuki, Shogo. *Civilisation and Empire: East Asia's Encounter with the European International Society*. London: Routledge, forthcoming.

———. "Japan's Socialization into Janus-Faced European International Society." *European Journal of International Relations* 11, no. 1 (2005): 137–64.

Tatham, George. "Environmentalism and Possibilism." In *Geography in the Twentieth Century: A Study of Growth, Fields, Techniques, Aims and Trends*, edited by Griffith Taylor, 3rd ed., 128–62. New York: Philosophical Library; London: Methuen, 1957.

Tipps, Dean C. "Modernization Theory and the Comparative Study of Societies: A Critical Perspective." *Comparative Studies in Society and History* 15, no. 2 (1973): 199–226.

Todorov, Tzvetan. *The Conquest of America: The Question of the Other*. Translated by Richard Howard. New York: HarperPerennial, 1984.

Tolson, Jay. "A Civilizing Mission?" *Wilson Quarterly* 18, no. 1 (1994): 6–9.

Toulmin, Stephen. *Cosmopolis: The Hidden Agenda of Modernity*. New York: Free Press, 1990.

Toynbee, Arnold J. *Civilization on Trial.* New York: Oxford University Press, 1948.

———, ed. and trans. *Greek Historical Thought from Homer to the Age of Heraclius.* New York: Mentor, 1952.

———. *A Study of History.* Rev. and abr. ed. London: Thames & Hudson and Oxford University Press, 1972.

———. *The World and the West.* London: Oxford University Press, 1953.

Tribe, Keith. Translator's introduction to *Futures Past: On the Semantics of Historical Time,* by Reinhart Koselleck. Translated by Keith Tribe, vii–xvii. Cambridge, MA: MIT Press, 1985.

Tuck, Richard. *The Rights of War and Peace: Political Thought and the International Order from Grotius to Kant.* Oxford: Oxford University Press, 2001.

Tully, James. *An Approach to Political Philosophy: Locke in Contexts.* Cambridge: Cambridge University Press, 1993.

———. *Strange Multiplicity: Constitutionalism in an Age of Diversity.* Cambridge: Cambridge University Press, 1995.

Turgot, Anne Robert Jacques. "A Philosophical Review of the Successive Advances of the Human Mind." In *Turgot on Progress, Sociology and Economics,* edited and translated by Ronald L. Meek, 41–62. Cambridge: Cambridge University Press, 1973.

Turney-High, Harry Holbert. *Primitive War: Its Practice and Concepts.* 2nd ed. Columbia: University of South Carolina Press, 1971.

Van Doren, Charles. *The Idea of Progress.* New York: Praeger, 1967.

van Krieken, Robert. "The Barbarism of Civilization: Cultural Genocide and the 'Stolen Generations.'" *British Journal of Sociology* 50, no. 2 (1999): 297–315.

Vattel, Emerich de. *The Law of Nations; or, The Principles of Natural Law.* 1758. Translated by Charles G. Fenwick. New York: Oceana Publications for the Carnegie Institution, 1964.

Vega, Bartolomé de la. "Introductory Letter." In *In Defense of the Indians,* by Bartolomé de Las Casas, edited and translated by Stafford Poole, 3–5. DeKalb: Northern Illinois University Press, 1974.

Venn, Couze. "Altered States: Post-Enlightenment Cosmopolitanism and Transmodern Socialities." *Theory, Culture & Society* 19, nos. 1–2 (2002): 65–80.

Vidal, Gore. *Imperial America: Reflections on the United States of Amnesia.* New York: Nation, 2004.

———. *Perpetual War for Perpetual Peace.* New York: Nation, 2002.

Virgil. *The Aeneid.* Translated by Robert Fitzgerald. New York: Random House, 1983.

Vitoria, Franciscus de. *De Indis et de Iure Belli Relectiones.* 1539. Edited by Ernest Nys. Reprint of 1696 ed. New York: Oceana Publications for the Carnegie Institution, 1964.

Voltaire. *The Philosophy of History.* Reprint of 1766 ed. London: Vision, 1965.

von Hippel, Karin. "Democracy by Force: A Renewed Commitment to Nation Building." *Washington Quarterly* 23, no. 1 (2000): 95–112.

———. *Democracy by Force: US Military Intervention in the Post-Cold War World*. Cambridge: Cambridge University Press, 2000.

Wade, Robert Hunter. "The Invisible Hand of the American Empire." open-Democracy, www.opendemocracy.net, March 13, 2003.

Walker, R. B. J. *Inside/Outside: International Relations as Political Theory*. Cambridge: Cambridge University Press, 1993.

Wallerstein, Immanuel. *The Decline of American Power: The US in a Chaotic World*. New York: New Press, 2003.

———. "The Eagle Has Crash Landed." *Foreign Policy* 131 (2002): 60–68.

Walzer, Michael. *Just and Unjust Wars*. 3rd ed. New York: Basic, 2000.

———. "The Politics of Rescue." *Social Research* 62, no. 1 (1995): 53–66.

———. "Spheres of Affection." In *For Love of Country: Debating the Limits of Patriotism*, edited by Joshua Cohen, 126–27. Boston: Beacon, 1996.

Ward, Robert. *An Enquiry into the Foundation and History of the Law of Nations in Europe from the Time of the Greeks and Romans to the Age of Grotius*. Reprint of 1795 ed. 2 vols. New York: Garland, 1973.

Wattles, Jeffrey. *The Golden Rule*. New York: Oxford University Press, 1996.

Welsh, Jennifer M. *Edmund Burke and International Relations: The Commonwealth of Europe and the Crusade against the French Revolution*. New York: St. Martin's, 1995.

Werbner, P. "Global Pathways: Working-Class Cosmopolitans and the Creation of Transnational Ethnic Worlds." *Social Anthropology* 7, no. 1 (1999): 17–35.

Westlake, John. *The Collected Papers of John Westlake on Public International Law*. Edited by L. Oppenheim. Cambridge: Cambridge University Press, 1914.

Wheaton, Henry. *Elements of International Law*. 3rd ed. London: Sampson Low, Son and Co., 1863.

———. *Wheaton's Elements of International Law*. Edited by Coleman Phillipson. 5th ed. London: Stevens & Sons, 1916.

Wheeler, Everett L. "Terrorism and Military Theory: An Historical Perspective." *Terrorism and Political Violence* 3, no. 1 (1991): 6–33.

Wheeler, Nicholas J. "Guardian Angel or Global Gangster: A Review of the Ethical Claims of International Society." *Political Studies* 44, no. 1 (1996): 123–35.

White House. *The National Security Strategy of the United States of America*. Washington, DC: White House, September 2002.

Whitney, William Dwight. *Oriental and Linguistic Studies*. Reprint of 1872 ed. 2 vols. Freeport, NY: Books for Libraries, 1972.

Wight, Martin. *Systems of States*. Edited by Hedley Bull. Leicester: Leicester University Press, 1977.

———. "Western Values in International Relations." In *Diplomatic Investigations*, edited by Herbert Butterfield and Martin Wight, 89–131. London: Allen & Unwin, 1966.

———. "Why Is There No International Theory?" In *Diplomatic Investigations: Essays in the Theory of International Politics*, edited by Herbert Butterfield and Martin Wight, 17–34. London: Allen & Unwin, 1966.

Wiktorowicz, Quintan, and John Kaltner. "Killing in the Name of Islam: Al-Qaeda's Justification for September 11." *Middle East Policy* 10, no. 2 (2003): 76–92.

Wiktorowicz, Quintan. "A Genealogy of Radical Islam." *Studies in Conflict & Terrorism* 28, no. 2 (2005): 75–97.

Williams, Raymond. *Keywords: A Vocabulary of Culture and Society*. Rev. ed. New York: Oxford University Press, 1985.

Williams, Robert A., Jr. *The American Indian in Western Legal Thought: The Discourses of Conquest*. New York: Oxford University Press, 1990.

Williams, William Appleman. *The Tragedy of American Diplomacy*. 2nd ed. New York: Delta, 1972.

Wolf, Eric R. *Europe and the People without History*. Berkeley: University of California Press, 1982.

Wolff, Christian. *Jus Gentium Method Scientifica Pertactatum*. 1749. New York: Oceana, 1964.

Wolfsenberger, Donald R. "The Return of the Imperial Presidency? *Wilson Quarterly*, Spring 2002, 36–41.

Wood, Ellen Meiksins. "Kosovo and the New Imperialism." *Monthly Review* 51, no. 2 (1999), www.monthlyreview.org/699wood.htm.

Wright, Quincy. "The Bombardment of Damascus." *American Journal of International Law* 20, no. 2 (1926): 263–80.

Wright, Robert. *Nonzero: The Logic of Human Destiny*. New York: Vintage, 2001.

Wright, Robert, Paul Davies, Samantha Power, Eric J. Hobsbawm, Francis Fukuyama, Martha Nussbaum, Alice M. Rivlin, and Fareed Zakaria. "The World's Most Dangerous Ideas." *Foreign Policy* 144 (2004): 32–49.

Zacher, Mark W., and Richard A. Matthew. "Liberal International Theory: Common Threads, Divergent Strands." In *Controversies in International Relations Theory*, edited by Charles W. Kegley, 107–50. New York: St. Martin's, 1995.

Zagorin, Perez. *How the Idea of Religious Toleration Came to the West*. Princeton, NJ: Princeton University Press, 2003.

Zakaria, Fareed. "Culture Is Destiny: A Conversation with Lee Kuan Yew." *Foreign Affairs* 73, no. 2 (1994): 109–25.

# 索　引

（索引页码为原著页码，即本书边码）

图书在版编目（CIP）数据

文明的帝国：帝国观念的演化／（澳）布雷特·鲍登（Brett Bowden）著；杜富祥，季澄，王程译. －－北京：社会科学文献出版社，2020. 11
（思想会）
书名原文：The Empire of Civilization：The Evolution of an Imperial Idea
ISBN 978 - 7 - 5201 - 6945 - 5

Ⅰ . ①文… Ⅱ . ①布… ②杜… ③季… ④王… Ⅲ . ①文明 －研究 －世界 Ⅳ . ①G11

中国版本图书馆 CIP 数据核字（2020）第 133276 号

·思想会·

# 文明的帝国
## ——帝国观念的演化

著　者／〔澳〕布雷特·鲍登（Brett Bowden）
译　者／杜富祥　季　澄　王　程

出 版 人／谢寿光
组稿编辑／祝得彬
责任编辑／郭红婷　刘学谦

出　　版／社会科学文献出版社·当代世界出版分社（010）59367004
　　　　　　地址：北京市北三环中路甲 29 号院华龙大厦　邮编：100029
　　　　　　网址：www. ssap. com. cn
发　行／市场营销中心（010）59367081　59367083
印　装／三河市东方印刷有限公司

规　格／开　本：880mm×1230mm　1/32
　　　　　印　张：11.75　字　数：262 千字
版　次／2020 年 11 月第 1 版　2020 年 11 月第 1 次印刷
书　号／ISBN 978 - 7 - 5201 - 6945 - 5
著作权合同登记号／图字 01 - 2020 - 2601 号
定　价／79.00 元

本书如有印装质量问题，请与读者服务中心（010 - 59367028）联系